Michael Scanlan

DIE AUGEN GINGEN IHNEN AUF

Michael Scanlan

DIE AUGEN GINGEN IHNEN AUF

Sakramente und innere Heilung

Verlag Styria

Ins Deutsche übertragen von P. Michael Marsch OP.
Dieses Buch faßt die folgenden amerikanischen Originaltitel zusammen: Michael Scanlan und Ann-Thérèse Shields, „And Their Eyes Were Opened“, Servant Publications, Ann Arbor, Michigan (= Kap. 1 bis 12);
Michael Scanlan, „Inner Healing“, Paulist Press, New York (= Kap. 12 bis 18);
Michael Scanlan, „Power In Penance“, Ave Maria Press, Notre Dame, Indiana (= Kap. 19).

CIP-Kurztitelaufnahme der Deutschen Bibliothek

Scanlan Michael

Die Augen gingen ihnen auf: Sakramente und innere Heilung.
Michael Scanlan. Unter Mitarbeit von Ann-Thérèse Shields.
Aus d. Amerikan. von Michael Marsch.
Graz, Wien, Köln: Verlag Styria, 1979.
ISBN 3-222-11154-5

1979 Verlag Styria Graz Wien Köln

Printed in Austria
Umschlaggestaltung: Christoph Albrecht
Gesamtherstellung: Druck- und Verlagshaus Styria, Graz
ISBN 3-222-11154-5

Ich danke den Hausgemeinschaften des *Christlichen Erneuerungs-Zentrums* im Steubenville-College, Ohio, und meinen franziskanischen Mitbrüdern für ihre liebevolle Anteilnahme und Ermutigung, Herrn Dr. *Kevin Ranaghan* für seine großzügige und fachkundige Mitarbeit und besonders Pater *Augustine Donegan* T. O. R., dem Theologen und Mitbruder, dem dieses Buch gewidmet ist.

Inhalt

Geleitwort von Kardinal Suenens .. 9
Die Emmausjünger .. 11

1. Reliquien und Rituale .. 13
2. Sakramente im Überblick .. 17
3. Lebendige Kirche .. 26
4. Begegnung mit Jesus .. 39
5. Buße .. 50
6. Taufe .. 70
7. Firmung .. 76
8. Eucharistie .. 85
9. Krankensalbung .. 100
10. Ehe und Weihen .. 109
11. Die Augen gingen ihnen auf .. 120
12. Der Dienst der Inneren Heilung .. 124
13. Der Friede Jesu Christi .. 139
14. Der Mittler Innerer Heilung .. 150
15. Entscheidung .. 161
16. Der Heilungsverlauf .. 167
17. Heilende Gemeinschaft .. 180
18. Der Geist spricht zu den Kirchen .. 187
19. Versöhnung und Heilwerden .. 192

Anmerkungen .. 214

Geleitwort von Kardinal Suenens

Für die Welt wird die *Charismatische Erneuerung* besonders im Bereich der Gebetsgruppen sichtbar. Innerhalb der Erneuerung hält man sich oft an dem auf, was die Phantasie beschäftigt, was neu oder zumindest außergewöhnlich erscheint. Man sieht den Wald vor Bäumen nicht! Aber das muß nicht so sein. Die Gnade charismatischer Erneuerung fließt vorwiegend und grundsätzlich durch jene Kanäle der Gnade, die wir *Sakramente* nennen. Das vorliegende Buch hat den besonderen Verdienst, darauf hinzuweisen, *wie* der Heilige Geist im sakramentalen Leben der Kirche immer von neuem gegenwärtig ist. Das Buch betont ebenfalls die Tatsache, daß in jedem Sakrament eine persönliche Begegnung mit Jesus geschieht. Dadurch erhalten die Sakramente ihren echten Stellenwert: „Der Herr lebt auch heute noch; er ist eine Kraft, die im Dienst unermeßlicher Liebe steht." Dieselbe Kraft, die Jesus zu seiner Zeit ausstrahlte, ist auch heute noch unter uns gegenwärtig, wenn wir sie nur recht erkennen. „Die Augen gingen ihnen auf" — das bleibt eine Szene des Evangeliums, die nichts an Aktualität verloren hat: Auf die eine oder die andere Weise sind wir alle Jünger auf dem Wege nach Emmaus — Männer und Frauen voller Verwirrung, die jemand brauchen, der ihnen die Schrift erklärt und mit ihnen zu Tische sitzt.

Michael Scanlans und Ann Thérèse Shields Sprache ist erfüllt von Glauben und Einfachheit. Ihre Pastoral ist ausgewogen und genau. Es ist eine Botschaft, die der Leser versteht. Sie ist durchdrungen vom Mitgefühl Gottes für alle Menschen. Wir schätzen dieses Buch sehr. Ein aufrichtiger Wunsch ist, daß die Charismatische Erneuerung zur

Neubelebung jedes der sieben Sakramente beiträgt. Der Liturgie unserer Pfarrgemeinden mag dadurch zu einem Start, zu einem neuen Frühling verholfen werden. Dieses Buch vermittelt uns einen Vorgeschmack von diesem Frühling.

Kardinal Leon Joseph Suenens,
Erzbischof von Mecheln und Brüssel

Die Emmausjünger

Am selben Tag gingen zwei von den Jüngern in ein Dorf etwa 11 km von Jerusalem entfernt mit Namen Emmaus. Sie sprachen miteinander über alles, was sich zugetragen hatte. Während sie miteinander redeten und nachdachten, nahte sich Jesus selbst und schloß sich ihnen an. Doch waren ihre Augen gehalten, so daß sie ihn nicht erkannten. Er redete sie an: „Was sind das für Gespräche, die ihr im Wandern miteinander führt?" Sie blieben traurigen Blikkes stehen. Einer von ihnen, Kleophas mit Namen, gab ihm zur Antwort: „Bist du der einzige Fremdling in Jerusalem, der nicht weiß, was dort in diesen Tagen geschehen ist?" Er sprach zu ihnen: „Was denn?" Sie erwiderten ihm: „Was mit Jesus von Nazaret zusammenhängt — das war ein prophetischer Mann, mächtig in Tat und Wort vor Gott und allem Volke — und wie ihn unsere Hohenpriester und Vorsteher dem Todesurteil überantwortet und ans Kreuz gebracht haben. Wir hofften, er sei es, der Israel erlösen werde. Und nun ist nach all dem schon der dritte Tag, seit sich dies zugetragen hat. Freilich haben einige von unseren Frauen uns in Aufregung versetzt. Als sie des Morgens zur Gruft kamen und seinen Leichnam nicht fanden, kehrten sie zurück und sagten, sie hätten sogar eine Erscheinung von Engeln gehabt, die versicherten, er lebe. Darauf gingen einige von unseren Gefährten hin zum Grabe und fanden es so, wie die Frauen gesagt hatten. Aber ihn selbst sahen sie nicht."

Da sprach er zu ihnen: „Oh, ihr Unverständigen, wie lange braucht euer Herz, um an alles zu glauben, was die Propheten sagten? Mußte nicht der Messias dies leiden, um so in seine Herrlichkeit einzugehen?" Und von Mose und von allen Propheten angefangen legte er ihnen aus, was in allen Schriftstellen auf ihn Bezug hatte. Unterdessen kamen sie dem Dorf näher, wohin sie wanderten, und er tat, als wolle er weitergehen. Aber sie nötigten ihn und sagten: „Bleibe bei uns, denn es will Abend werden, und der Tag hat sich schon geneigt."

So trat er ein, um bei ihnen zu bleiben. Als er mit ihnen zu Tische saß, nahm er das Brot, sprach den Lobspruch, brach es und gab es ihnen. *Die Augen gingen ihnen auf,* und sie erkannten ihn. Er aber verschwand vor ihnen.

Da sagten sie zueinander: „Brannte nicht unser Herz in uns, wie er auf dem Wege zu uns redete und uns die Schrift erschloß?" Zur selben Stunde standen sie auf und kehrten nach Jerusalem zurück. Dort fanden sie die elf und andere mit ihnen versammelt, die ihnen zuriefen: „Wirklich, der Herr ist auferweckt worden und dem Simon erschienen." Da erzählten auch sie, was sich auf dem Wege zugetragen und wie sie ihn am Brotbrechen erkannt hatten. (Lukas 24,13—35)

1. Reliquien und Rituale

„Die Sakramente? Tot!“ — „Sie sagen nichts aus.“ — „Sie bedeuten mir nichts, auch wenn ich möchte.“ — „Etwas, das die katholische Kirche tut.“ — „Oft erscheinen sie wie gesellschaftliche Formen. Etwas, das man tut, weil es dazugehört, wie die Taufe, die Erstkommunion, die Hochzeit.“ — „Ich habe das nur mitgemacht, weil meine Eltern so stolz auf mich waren.“ — „In der Schule war es noch aufregend, sich auf den Empfang der Sakramente vorzubereiten. Wir meinten, wir wären etwas Besonderes. Aber dann war auch das ein alter Hut. Man ging zu den Sakramenten, weil man katholisch war.“ — „Die Sakramente haben mir immer Angst gemacht, ich meinte, ich wäre nicht würdig.“ — „Das ist nur Gewohnheit. Ich weiß schon, Gott gibt seine Gnaden; wir haben das ja so gelernt; ich habe aber nie etwas dabei empfinden können; ich wußte nur, daß ich das sollte.“ — „Ich habe das nur mitgemacht, weil die andern das auch taten und ich in einer katholischen Schule war. Es gehörte zum Stundenplan, es wurde von uns erwartet.“ — „Ich weiß, Gott ist gegenwärtig; ich dachte immer, ich müßte auf der Höhe sein, bevor ich ihn empfangen kann; es war sehr anstrengend, oft fühlte ich mich schuldig.“

Diese Aussagen scheinen typisch für den Stellenwert der Sakramente im Leben vieler Katholiken. Manch einer berichtet freilich von einer wichtigen Erfahrung mit dem einen oder andern Sakrament, aber entweder ist es *eine* Begegnung mit Gott, die sich kaum wiederholen läßt, oder man ist ihm zwar häufiger, aber in nur *einem* Sakrament begegnet. Unserer Erfahrung nach betrachten die meisten Katholiken die Sakramente durchaus nicht als den *übli-*

chen Weg Jesu, seinem Volk andauernd schöpferisch, kraftvoll und verwandelnd zu begegnen. Selten nur sind sich Katholiken bewußt, daß *jede* Begegnung in *jedem* Sakrament die Kraft hat, ihr Leben zu verändern.

Vor vier Jahren veröffentlichte ich (Pater Michael) ein kleines Buch: *„Die Kraft der Buße."* Darin wurde ein neuer Zugang zum Sakrament der Buße diskutiert. Das Buch gründete auf persönlicher Erfahrung: Das Bekenntnis der Sünde kann lebenverwandelnde Kräfte freisetzen. Im einzelnen beschrieb ich, wie Priester und Beichtende sich in diesem Sakrament dem Wirken des Heiligen Geistes öffnen. Die Reaktion auf dieses Buch überwältigte mich. Rund hundert Priester schrieben mir, der neue Zugang zum Buß-Sakrament trage bereits Frucht. Noch mehr Beichtende berichteten, daß sie durch diesen Zugang zum Sakrament Heilung und neue Freiheit erfahren. Das letzte Kapitel dieses Buches gibt „Die Kraft der Buße" gekürzt wieder.

In den Jahren seit dem Erscheinen der *„Kraft der Buße"* wurde mir ein allgemeiner Zugang zu allen Sakramenten geschenkt, von dem eine lebenverwandelnde Kraft ausgeht. Ich glaube heute, daß Katholiken und andersgläubigen Christen eine persönliche und machtvolle Begegnung mit Jesus in den Sakramenten zuteil werden kann. Ebenso bin ich allerdings davon überzeugt, das wird solange nur in einem sehr begrenzten Maße geschehen, als wir die Sakramente und ihre neuen Riten nur theoretisch zur Kenntnis nehmen. Selbstverständlich müssen wir die Sakramentenlehre des Zweiten Vatikanischen Konzils (1962—1965) und die neuen Riten gründlich studieren. Aber im Grunde geht es um die praktische *Wiederentdeckung der Sakramente* für den einzelnen und die betende Gemeinde — gerade so lebendig wie die Urkirche unter Führung des Heiligen Geistes ursprünglich die Existenz der Sakramente in ihrer Mitte entdeckte. Wir mögen mit den Sakramenten vertraut sein, wir mögen sie häufig empfangen, aber das bedeutet noch nicht, daß wir sie so kennen, wie Gott möchte.

Eine Erfahrung von vor zehn Jahren mag als Beispiel dienen. Wir Franziskaner bereiten uns traditionsgemäß auf das Fest des heiligen Franz am 4. Oktober durch eine Novene vor. Im Steubenville-College gehörte es zur abendlichen Feier der Novene, daß wir eine besonders wertvolle Reliquie des heiligen Franz verehrten. Die Verehrung bestand darin, daß wir die Glasscheibe auf dem Reliquiar küßten. Im Sturm der nachkonziliaren Liturgiereform waren viele von uns mit der herkömmlichen Art dieser Novene unzufrieden geworden. Dennoch machten wir immer so weiter, niemand hatte etwas anderes vorzuschlagen. Eines Abends, während der Novene im Herbst 1966, standen wir wie üblich vor dem Reliquiar aufgereiht. Plötzlich hörten wir eine Kinderstimme quer durch die ganze Kapelle: „Mutti, darf ich da auch mal dran riechen?“ Mit einem Schlag wurde uns bewußt, daß uns diese Form der Verehrung nicht sinnvoller erschien als diesem Kind. Niemand versuchte auch nur zu erklären, was wir da taten. Der Mutter gelang es, das Kind zu beruhigen, wir machten mechanisch weiter. Aber das war das letzte Mal, daß wir die Reliquie küßten. Einstimmig beschlossen wir, das fallenzulassen. Wir besprachen, wie wir die Novene in Zukunft anders und in einem Geist des Gebets begehen könnten.

Das vorliegende Buch möchte die Rolle dieses Kindes übernehmen; es möchte auf das hinweisen, was im Umgang mit den Sakramenten nicht mehr stimmt. Von daher soll gezeigt werden, was durch die Sakramente geschehen kann. Seit wir uns in der *Charismatischen Erneuerung* engagiert haben, sind uns die Sakramente auf neue Weise lebendig geworden. Wir haben unsere Erfahrungen mit denen anderer verglichen. Dabei sind wir zur Überzeugung gelangt, daß unsere persönlichen Einsichten Gültigkeit haben. In einer Umfrage bei 600 Priestern, die an der

Ersten Nationalen Priesterkonferenz für Charismatische Erneuerung im Steubenville-College im Juni 1975 teilnahmen, und durch Repräsentativ-Umfragen bei Laien sind wir zum Schluß gekommen, daß die Sakramente für alle Gläubigen Ereignisse werden können, die ein Leben verwandeln. Wir sind überzeugt, daß Priester und Laien nicht besonders heilig und nicht besonders theologisch gebildet sein müssen, um die Sakramente auf diese Art zu erleben. Jeder, der glaubt, daß Jesus der Herr ist, kann in den Sakramenten ihm persönlich begegnen. Sein Leben kann sich dadurch wandeln. Das vorliegende Buch bietet keine ausführliche Abhandlung der Sakramente. Es geht uns nicht darum, die Theologie der einzelnen Sakramente erschöpfend zu behandeln. Nicht einmal die Bedeutung der nachkonziliaren Liturgiereform für die Sakramente wollen wir erörtern.

Wir möchten uns einfach auf das konzentrieren, was wir im Umgang mit den Sakramenten lebenspendend und verwandelnd erfahren haben. Wir hoffen, daß dadurch unsere neugewonnenen Erkenntnisse nicht untergehen inmitten sicher auch wichtiger, aber für unsere Zielsetzung doch zweitrangiger Erwägungen. Das vorgelegte Material ist von uns gemeinsam erforscht und gesichtet worden. In gewissen Bereichen sind wir durch unsere Erfahrungen zu verschiedenen Ansichten geführt worden. In diesen Fällen wird die Ichform mit nachfolgendem Namen des Autors in Klammern gebraucht. Die folgenden Seiten bieten also kein endgültiges und erschöpfendes Material. Es sind eher Anhaltspunkte für eine Wegweisung — unerläßlich für jeden im Gottesvolk, der nach vertiefter geistiger Nahrung durch die Sakramente hungert.

2. Die Sakramente im Überblick

Wir sind eine treffliche Generation! Wo wir auch gehen und stehen, immer müssen wir uns treffen: Akademiker-Treffen, Geschäftsleute-Treffen, religiöse und politische Versammlungen. Wir haben uns angewöhnt, diese Zusammenkünfte sehr schnell mit Ausdrücken wie „tödlich“ oder „besonders lebhaft“ abzustempeln. Damit meinen wir zumeist den Geist, in dem eine Sitzung verlief. Wir wollen damit für uns selbst ausdrücken: a) wie wichtig die Begegnung den Teilnehmern war; b) wie direkt die Probleme angegangen wurden; c) wie intensiv die Teilnehmer mitgemacht haben. Ähnlich wie von solchen Sitzungen sagen wir von Einzelgesprächen, sie wären „erschöpfend“ oder „anregend“ oder sogar „aufregend“ gewesen. Diese Ausdrucksweise bezieht sich deutlich auf die persönliche Reaktion der Beteiligten. Abgesehen von diesen subjektiven Urteilen können aber auch in den „tödlichsten“ Sitzungen wesentliche menschliche Transaktionen stattfinden. Es ist wichtig, das zu sehen.

Auf dem Hintergrund dieser alltäglichen Erfahrungen wollen wir jetzt einen ersten Blick auf die Sakramente werfen. Sakramente sind *Begegnungen mit Jesus*. Verstehen wir die Sakramente als Begegnung, dann verstehen wir die *Gnade* richtig. Oft verstehen wir Gnade quantitativ, wie ein Bankkonto oder eine Vorratskammer, wo bis zu unserem Tod etwas gehortet wird. Gnade wird uns aber zuteil durch die Begegnung mit Jesus. Gott selbst segnet uns, berührt uns, verwöhnt uns auf liebevolle, rettende Weise. Gnade ist eine kraftvolle, lebendige Beziehung: Auf geheimnisvolle Weise teilen wir das Leben Gottes. Sakramente verheißen uns Gnade, als wären wir Jesus auf einer

Straße in Galiläa begegnet. Damals hätten wir jemanden erlebt, der den Menschen die Wahrheit über ihr Leben sagt, der gute Nachrichten bringt, die Kranken heilt, die bösen Geister austreibt, Wunder wirkt und Menschen in eine Gemeinschaft der Jünger beruft. Sicher wären wir durch eine solche Begegnung gesegnet worden. Aber sie hätte uns persönlich nicht viel zu sagen brauchen. Je mehr uns bewußt gewesen wäre, wer Jesus ist und welche Kraft von ihm ausgeht, desto intensiver hätten wir ihn erlebt. Aber ebensogut hätten wir ein Stück Weges mit ihm ziehen können, ohne daß es uns viel bedeutet hätte. Möglicherweise wäre die Begegnung fade verlaufen.

Auch in den Sakramenten können wir Jesus begegnen, ohne innezuwerden, was eigentlich geschieht. Durch die Taufe werden wir neu geboren, durch die Kommunion wird Jesus uns neu gegenwärtig. Oft aber empfindet man diese Begegnungen als leblos und leer. Trotz ihrer gehaltvollen Riten laufen die häufiger gefeierten Sakramente wie Beichte und Eucharistie Gefahr, mechanisch absolviert zu werden. Niemand wird die Wirkung von Lossprechung und Wandlung bezweifeln. Bedeutendes geschieht — aber *subjektiv* geschieht vieles nicht. Die Empfangenden sind sich der Gegenwart Jesu nicht bewußt. Sie sind nicht offen für eine Begegnung, die ihr Leben verwandeln könnte. Sie erwarten den Herrn nicht betend. Sie geben sich nicht hin, weder dem Nächsten noch dem Herrn. Sie bleiben passive Teilnehmer, sie empfangen ein Minimum all des Guten, das ihnen geboten wird. Sie wissen, daß dieser Augenblick geheiligt ist, aber sie verharren in einem Gefühl der Ohnmacht.

Fast allgemeine *Unzufriedenheit* kennzeichnet heute den Umgang mit den Sakramenten — und das trotz offensichtlicher Besserungen durch die nachkonziliare Liturgiereform. Freilich gibt es auch Ausnahmen. Viele Pfarreien bieten heute ausgezeichnete Vorbereitungskurse auf die Taufe, die Beichte, die Eucharistie und die Firmung an, sowohl für die Erwachsenen als auch für Kinder und ihre Eltern. Von vielen Pfarreien sind die Ehevorbereitungs-Seminare übernommen und weiterentwickelt worden. Eheseminare werden als wesentlich für Vorbereitung und Wachstum guter christlicher Ehen empfohlen. Mit Hilfe von Pfarrgemeinderäten und interessierten Laien haben einige Pfarreien ausgezeichnete Liturgieseminare entwikkelt. Die zur Feier der Sakramente versammelte Gemeinde lernt dadurch tiefer verstehen, was es heißt, als Leib Christi den Herrn anzubeten. Schließlich gibt es im Leben jedes Katholiken unvergeßliche Augenblicke der Erfahrung mit den Sakramenten. Das Zweite Vatikanische Konzil hat also bereits sichtbare Früchte getragen, bei engagierten Laien, Ordensleuten, Diakonen und Priestern ist der Geist Gottes machtvoll am Werk.

Dennoch wird man zugestehen müssen, daß ein Gefühl lähmender Schwere heute noch weitgehend vorherrscht. Viele sind der unausgesprochenen Meinung, die Sakramente wären etwas, „was die Kirche tut, was die katholische Kirche erst katholisch macht“. Die Taufe gilt als „gesellschaftliches“ Sakrament, als kirchlich-gesellschaftliche Verpflichtung. Eltern, die nur das Beste für ihre Kinder wollen, machen das mit, damit ihr Kind in den Himmel kommt, aber ohne zu verstehen, was die Taufe für sie und ihr Kind bedeutet. Die Beichte wird oft nur als Last empfunden, etwas, „das erledigt werden muß“. Bestenfalls meint man, die Auswirkungen von Sünde, Schuld und Angst würden auf Bewährung ausgesetzt. Auf immer dieselben Sünden folgen immer dieselben Bußen; es ist ein leeres Abspulen von Formeln, um seiner Osterpflicht zu genügen. In der Firmung sieht man kaum noch einen Sinn; der als Zeuge für die Frohe Botschaft Gefirmte verhält sich weder innerhalb noch außerhalb der Kirche anders als vorher. Viele Firmlinge meinen, bei der Taufe hätte man sie „umsonst hereingelassen“, jetzt aber müßten sie zeigen, was sie können, nämlich die Antworten auf die Fragen auswendig wissen, die ihnen die Kirche beim Firmgespräch stellt.

Das Sakrament der Trauung wird oft als ein Mittel angesehen, gesellschaftlichen Verpflichtungen nachzukommen und gleichzeitig Gottes Segen zu empfangen. Aber wer sieht in diesem Sakrament die beständige Kraftquelle dafür, daß die Ehe gutgeht? Die Krankensalbung wird noch viel zu oft als ein freundliches Lebewohl aufgefaßt, bei dem man noch einmal reinen Tisch machen kann. Selten erwartet jemand von diesem Sakrament wirkliche Heilung. Diese Aussagen sind eine Zusammenfassung von Kommentaren vieler Laien und Kirchenleute. Tödliche Schwere kennzeichnet offensichtlich die Sakramentenpraxis unserer Tage.

Und dennoch haben wir erlebt, wie *lebendig* die Sakramente sein können. Bei einer Taufliturgie haben wir erfahren, wie der Pfarrgemeinde ein neues Gefühl der Einheit zuteil wurde: Der Täufling wurde zu unser aller Kind, wir konnten uns mit ihm identifizieren. Wir haben an Hochzeiten teilgenommen, bei denen man die Umarmung zwischen Jesus und seiner Braut, der Kirche, ebenso lebhaft mitvollziehen konnte wie die Umarmung der Neuvermählten. Als Priester und als Gläubige haben wir die heilende Gegenwart Jesu so überwältigend erfahren, daß wir wußten, der Kranke wird genesen. In einem Exerzitienhaus bat eine alte kranke Schwester um die Spendung dieses Sakraments; sie wollte aufstehen und an der Feier der Osternacht teilnehmen. Sie wurde geheilt, stand auf und blieb zwei Jahre lang gesund. Für mich (Pater Michael) ist die Feier des Buß-Sakraments am häufigsten zur Quelle neuen Lebens geworden. Viele Beichtende haben dabei neue Hoffnung, neuen Mut, neue Liebe, neue Einsichten und echte Heilung von seelischen Wunden erfahren.

Unsere Erfahrung ist noch nicht zum Allgemeingut der Kirche geworden. Wir haben Liturgien erleben müssen, bei denen diese Zeichen neuen Lebens noch fehlten. Es waren weniger als vor unserem Engagement in der Charismatischen Erneuerung, aber dennoch zu viele. Wir sind überzeugt, daß Gott nicht sosehr daran liegt, daß wir die Sakramente feiern, indem wir sie äußerlich gut vorbereiten: durch Liturgiekommissionen, gute Musik, besondere Lesungen, viel Licht, farbenfreudige Gewänder und gut einstudierte Predigten. All das ist sicher nicht unwichtig. Aber allein dadurch werden die Sakramente für die Gläubigen noch nicht lebendig. Der Vater möchte, daß wir von der Feier der Sakramente erwarten, Jesus zu begegnen. Wo Jesus ist, dort ist auch Leben und Licht und Hoffnung.

Während der Ersten Nationalen Priesterkonferenz für Charismatische Erneuerung im Steubenville-College im Juni 1975 beteiligten sich 215 der anwesenden 600 Priester an einer Umfrage über die Sakramente. Mehr als die Hälfte gab an, das Buß-Sakrament würde von den Gläubigen neu und tiefer erlebt. Ein Viertel sagte, durch die Eucharistie würden neues Leben und Heilung geschenkt. Fast ein Drittel bezeugte körperliche, seelische und geistige Heilungen durch die Krankensalbung. Während der ganzen Konferenz regte sich neue Hoffnung in bezug auf die Zukunft der Sakramente. Alle wiesen darauf hin, daß für Priester und Gläubige gleichermaßen neues Leben in die Sakramente gefahren sei. Noch viel mehr Menschen sehnten sich nach einem Leben mit Gott und suchten es in den Sakramenten, aber sie hätten keine klaren Vorstellungen, was sie möglicherweise davon erwarten können.

Aus Einzelgesprächen und Interviews mit den Priestern ergab sich einerseits die tödliche Schwere im Umgang mit den Sakramenten, andererseits aber auch der Hunger danach. Einige Hoffnungen konnten formuliert werden, ebenso die Vorstellungen vom Stellenwert der Sakramente im Leben des Gottesvolkes. Sicher wird die ganze Kraft der Sakramente nur inmitten einer *betenden Gemeinde* offenbar, und der Empfang der Sakramente läßt sich niemals nur auf eine „Gott-und-ich-Erfahrung“ reduzieren. Dennoch bestanden viele Priester ebenso wie wir darauf, daß ein *persönliches Verständnis* und eine persönliche Erwartung in bezug auf die Sakramente wesentlich zu einer vollkommenen Stärkung und Heilung durch Gott beitragen kann, daß er uns dadurch zu gesunden und lebenstüchtigen Gliedern seines Leibes machen kann. In den folgenden Überlegungen sind die Erwartungen, Überzeugungen und Erfahrungen vieler Priester und Laien zusammengefaßt.

Bei der *Taufe* verwehrt der Erwachsene (oder das Kind durch seine Eltern) in der Kraft des Heiligen Geistes den Mächten der Finsternis jede Form der Herrschaft über sein Leben. Er nimmt das Reich des Lichtes an. Damit wird er dem Herrn geheiligt und übergibt sein Leben ihm. Das Sakrament der Taufe ermächtigt ihn, jenen Sieg zu leben, den Christus für ihn am Kreuz errungen hat. Die Gemeinde nimmt den Neugetauften auf. Sie übernimmt damit Verantwortung, ihn liebevoll und hilfreich in den Leib Christi einzugliedern.

Bei der *Firmung* nehmen wir Verantwortung auf uns, als Glieder des Leibes Christi zu leben und ihn durch jene Gaben zu kräftigen, die Gott uns dazu geschenkt hat. Die Kirche wacht und bestätigt, daß diese Gaben echte Geistesgaben sind, sie ermächtigt und ermuntert uns, sie im Dienst an der Gemeinschaft einzusetzen. Wir sind zu Zeugen göttlicher Liebe und Stärke geworden. Wir erweisen sie andern durch unsere Dienste. Die Gemeinschaft der Kirche übernimmt es, uns in unserem Wachstum mitzutragen.

Von der *Eucharistie* können wir erwarten, daß wir bei jedem Empfang der heiligen Kommunion körperlich und geistig geheilt werden, daß wir die Kraft erhalten, mit der Weisheit und der Liebe Jesu die Beziehungen und Situationen des Tages durchzustehen. Wir empfangen diese Gaben unter der Gestalt seines Leibes und seines Blutes. Empfangen wir seinen Leib, so erkennen wir besser unseren Platz, unsere Beziehung zu den andern Gliedern des Leibes Christi. Wir erfahren auch, wie wir diese neue Erkenntnis praktisch anwenden können. Durch die Eucharistie werden wir in eine tiefere persönliche Einheit mit dem hineingenommen, der Herr unseres Lebens ist.

Das *Buß-Sakrament* hat uns neu gelehrt, daß heilig sein wollen zunächst darin besteht, Vergebung zu erbitten und zu empfangen. Die Beichte ist eine Erfahrung, aus der neues Leben wächst. Gott erweist sich darin nicht herablassend. In seiner heilenden Gegenwart können wir aufgrund der Gaben von Priester und Beichtendem die Wurzel einer Sünde erkennen. Wir dürfen wissen, daß sie vernichtet werden und unser Schmerz durch Gottes Kraft geheilt werden kann. Durch jede Vergebung der Sünde erleben wir neue Freiheit, tiefer hineinzuwachsen in die Liebe Jesu. Das ist eine ganz persönliche Beziehung. Wir sind eine neue Schöpfung, wir sind nie mehr derselbe. Wir sind gewandelt, wir können erwarten, daß wir anders handeln und fühlen. Durch das Buß-Sakrament werden ganze Bereiche der Sündhaftigkeit geheilt. Die Sünden sind uns für immer vergeben, wir sind frei. Jesus möchte uns frei und heil und lebendig. Er möchte es mehr als wir selbst.

In der *Krankensalbung* können wir Gottes Liebe am stärksten erfahren. In unserer Not erwarten wir, daß das geschieht, für uns selbst und auch für die andern, für die wir zusammen beten, wenn sie das Sakrament empfangen. Wir erwarten, daß dem Kranken die Gesundheit wiedergegeben wird. Wir erwarten, daß Frieden denjenigen zuteil wird, die dem Willen Gottes folgend erlösendes Leiden annehmen. Wir erwarten, daß die, die abberufen werden, dem Tod voller Freude und mit vollkommenem Vertrauen entgegensehen. Diese Kraft haben wir erlebt. Wir dürfen sie immer dann erwarten, wenn wir am Sakrament der Krankensalbung teilnehmen oder es miterleben.

Durch die heiligen *Weihen* wird ein Mensch zu einem

besonderen Stand innerhalb des Leibes Christi berufen. Er nimmt eine einzigartig heilige Stellung ein: Er wird durch die Gemeinde berufen, die seine Gaben und sein Leben bis dahin mitgetragen hat, nun ihr Fürsprecher und Vermittler vor Gott zu sein, das heilige Opfer darzubringen und zu Anbetung und Gotteslob aufzurufen. Beim Heranwachsen dieses Menschen haben die Gemeindeglieder erkannt, daß sie ihm ein besonderes Vertrauen entgegenbringen können, daß sein Leben stellvertretend für das ihre stehen kann. Sie möchten, daß er sozusagen eine Mittlerstellung zwischen ihnen und Gott einnimmt. Durch den Bischof läßt die Gemeinschaft diesen Ruf besiegeln und ihn zum Priester in Ewigkeit salben. Die Gemeinschaft ist auch danach noch verantwortlich für den, den sie selbst großgezogen, berufen und bestätigt hat. Der den Ruf angenommen hat, ist nun durch das Sakrament mit der Vollmacht ausgestattet, sein Leben hinzugeben, um Gottes Leben zu empfangen.

Bei der *Trauung* salbt Gott zwei Menschen, Zeichen und Zeugnis zu sein, wie er seine Kirche liebt und ihr vereint ist. Zwei Menschen bekennen öffentlich ihren Wunsch, in Liebe füreinander ihr Leben hinzugeben. Sie wollen so sehr für den andern dasein, daß ihre Liebe den ganzen Leib Christi ermutigt und mitträgt und ihm als Zeichen der Hoffnung dient. Ihr Bund — öffentlich bekannt durch das Sakrament — soll zum Abglanz jenes Liebesbundes werden, den Gott mit seinem Volk geschlossen hat. Das Sakrament erfüllt sie mit der Kraft, ihr Leben einander hinzugeben, einszuwerden. Diese körperliche und geistige Vereinigung ist ein konkretes Zeichen von Gottes Wunsch, einszusein mit seinem Volk. Die Gemeinschaft, die das Heranwachsen dieses Paares mitgetragen und die ihm nötigen Gaben erbeten hat, bestätigt seine Liebe als lebenspendendes Zeichen der Hoffnung und als Licht für alle. Die Gemeinschaft wünscht, daß seine Liebe ihm ein ständiges Leuchtfeuer ist. Sie bestärkt das Paar, seine Vereinigung in der Kraft Gottes zu besiegeln. Das Sakrament gibt dem Paar auch die Kraft, in Liebe und Verantwortung neues Leben für das Reich Gottes zu zeugen. Das Paar hat die Vollmacht, dieses Leben zu Reife und verantwortlicher Freiheit zu führen.

In diesem Kapitel haben wir die Erfahrung all jener zusammengetragen, denen die Sakramente bis dahin wie tot erschienen und die jetzt neues Leben erfahren haben. Aufgrund ihrer Erfahrungen glauben sie, daß der weitverbreitete Hunger nach einer neuen Lebendigkeit der Sakramente durch das Wirken des auferstandenen Herrn in seinem Volk gestillt werden kann. Aber wie kommen wir vom Tod zum Leben? Von Frustration zu Hoffnung und Erwartung? Offensichtlich können wir nicht einfach beschließen: Die Sakramente sind tot — es leben die Sakramente! Ein Wandlungsprozeß muß stattfinden. Wir müssen Jesus begegnen können und uns als seine Kirche versammeln, um das Leben in unserer Mitte zu empfangen und zu feiern. In den nächsten beiden Kapiteln wollen wir ausführen, durch welche Mittel dieser Wandlungsprozeß in Gang kommen kann.

3. Lebendige Kirche

Die Sakramente werden solange nicht zu neuem Leben erwachen, wie *das* Sakrament nicht lebendig ist. *Das* Sakrament ist die *Kirche*. Die sieben Sakramente leiten sich von dem einen Sakrament, der Kirche, ab.[1] Die Kirche ist jener Leib der Gläubigen, der sich zur Feier der einzelnen Sakramente versammelt. Soweit dieser Leib der Gläubigen nicht als Kirche lebt, soweit wird auch die Feier des einzelnen Sakraments nicht lebendig sein. Das bedarf der Erklärung. Die Welt ist voller Menschen, die sich ungeliebt und ungeborgen fühlen. Die wenigsten suchen die Liebe bei Gott. „Wer hat mich schon lieb?“ fragen sie voller Ungeduld. „Gott“ ist ihnen keine Antwort. Er ist nicht wirklich, er ist nicht persönlich. Man kann ihn nicht fassen, man kann ihn nicht einmal sehen. Wie kann er den Hunger nach Liebe von Millionen aus Fleisch und Blut stillen? Ihre Sehnsucht führt zu Angst und Einsamkeit. Die wiederum führen zu Überaktivität im Alltag. Für die meisten Christen ist Gott tatsächlich noch der Jahve des Alten Bundes. Er ist der, der ist: Der allmächtige Gott der Stärke, der Heilige außer Reichweite. Gott ist anders, aber wirklich und persönlich ist er nicht.

Jesus hat uns einen anderen Gott offenbart: *Gott ist Familie*. Er hat uns einen Vater offenbart, der seinen Sohn unendlich geliebt hat und der uns liebt als seine Söhne und Töchter. Er offenbarte sich selbst als das Wort, das Fleisch geworden ist. In menschlicher Gestalt und voll menschlichen Empfindens war er dennoch Gott. In Jesus rühren wir Gott an, können wir ihn wirklich und persönlich erreichen. In Jesus identifiziert sich Gott mit uns. Gott wurde gegenwärtig in Fleisch und Blut, man konnte ihn sehen und berühren. Erreichte man ihn im Glauben, so änderte sich ein Leben. Die blutflüssige Frau sagte sich: „Wenn ich auch nur den Saum seines Gewandes berühre, so werde ich geheilt.“ Sie kämpfte sich durch die Menge, streckte die Hand aus und berührte seinen Saum. Sogleich fragte Jesus: „Wer hat mich berührt?“ Die Jünger verstanden nicht. Die Menge umdrängte ihn, viele berührten ihn gleichzeitig. Jesus wurde deutlich: „Eine Kraft ist von mir ausgegangen.“ Schließlich wird die Frau erkannt. Jesus sagt ihr: „Dein Glaube hat dich geheilt.“ Die Evangelisten schreiben: „Alle, denen er die Hände auflegte, wurden geheilt.“ Wir können uns vorstellen, *wie* sich die Menschen drängten, zu Jesus zu kommen. Ganze Scharen folgten ihm in die Wüste. Er mußte von Simons Boot aus predigen, weil die Menge das Ufer besetzt hielt. Die Evangelisten schildern uns einen Jesus, der von der Menge belagert wurde, die ihn zum König machen wollte, besonders im Augenblick der wunderbaren Brotvermehrung: Tausende von Hungernden wurden satt (Mt 14,13—21).

Als Mensch konnte Jesus nur wenige Männer und Frauen anrühren. Nicht einmal mit allen Leuten in der Gegend konnte er Kontakt aufnehmen. Im Angesicht der Not der Menschen verstehen wir, warum Jesus den Aposteln sagte: „Es ist besser für euch, daß ich gehe.“ Denn der Vater sandte den Heiligen Geist, und die Apostel sollten noch größere Taten vollbringen. Das aber verstanden sie nicht. Jesus leitete, lehrte, heilte, wirkte Wunder. Er war der Inhalt ihres Lebens. Sie konnten sich also nur verarmt fühlen durch sein Gehen. Jesus aber kannte die Wirklichkeit des Heiligen Geistes. Lukas sagt von dieser Wirklichkeit: „Eines Tages lehrte Jesus, und die Kraft des Herrn ließ ihn andere heilen“ (Lk 5,17). Jesus wußte, daß die Kraft zu heilen vom Geist kam, der über *alle* Menschen ausgegossen werden sollte.

Jesus kannte den Heiligen Geist. Durch ihn war er mit dem Vater verbunden. Der Heilige Geist war die Liebe des

Vaters zu ihm — und seine Liebe zum Vater. Er wußte, daß der Vater ihm alles übergeben hatte und daß er nichts tun wollte als den Willen des Vaters. Er und der Vater waren einander vollkommen hingegeben in Liebe. Der vollkommene Ausdruck dieser Liebe ist die ihnen gleiche dritte Person. Diese dritte Person ist der Heilige Geist. Der Geist, dessen Aufgabe es ist, die Liebe Gottes auszudrücken, ist die Kraft heilender und rettender Liebe. Jesus wußte, daß durch seinen Tod, seine Auferstehung und seine Verherrlichung dieser Geist allen Menschen zuteil werden wird. Jesus wußte, daß die Jünger in diesem Geist ausziehen werden und mit seiner heilenden Liebe mehr Menschen anrühren als er. Dennoch sagte er ihnen: „Ich will mit euch sein alle Tage bis zum Ende der Welt.“ *Wie* wird er mit ihnen sein? Durch den Heiligen Geist, seinen Geist, der in ihnen wohnt. Sie werden seine Kirche sein. So wie Jesus das Sakrament Gottes war, Gott den Menschen sichtbar machte, so soll dieser Leib aus Männern und Frauen, also die Kirche Jesu, auch das Sakrament Jesu sein, durch das Jesus sichtbar und gegenwärtig wird für alle. Von der Kirche aber wird eine besondere Gegenwart Jesu ausgehen in Wort und Sakrament. Wir haben gesehen, wie Jesus in seiner Kirche gegenwärtig ist. Auf diesem Hintergrund wollen wir jetzt über Vorstellungen und Handlungen nachdenken, die uns die Feier der Kirche erschließen.

Feier der Kirche

In jedem Sakrament feiert die *Kirche* durch die anwesenden Glieder ihres Leibes. Die Sakramente können nur in dem Maß gefeiert werden, wie das *Ursakrament,* die Kirche, gefeiert wird. Kennen die Teilhabenden den Heiligen Geist nicht, so sind sie unfähig, als Kirche zu feiern. Sie bleiben weitgehend Zuschauer und Funktionäre eines vorgeschriebenen Rituals. Sie können nicht erleben, wer sie sind. Das Ursakrament, die Kirche, wird nicht wahrgenommen. Darum kann es auch nicht gefeiert werden. Und darum wird die Feier des einzelnen Sakraments leblos bleiben. Wie also feiern wir das Ursakrament, die Kirche? Auf diese Frage kann man mehrfach antworten. Dort, wo wir als Glieder des einen Leibes Christi handeln, wachsen auch unsere gegenseitigen Beziehungen als Glieder der einen Kirche. Dort, wo wir das Werk Jesu weiterführen, bringen wir seinen Leib zum Ausdruck. Dem Durchschnittschristen, der als Glied der Kirche feiern möchte, der einen lebendigen Zugang zu den Sakramenten sucht, müssen diese Antworten wenig sinnvoll erscheinen.

Der erste Schritt zur Feier des Ursakraments, der Kirche, ist die Erkenntnis, daß das Reich Gottes mitten unter uns ist und daß Jesus für uns der Herrscher dieses Reiches ist. Wenn das so ist und wenn wir darauf bestehen, daß es so ist, dann müssen wir uns als nächstes darüber klar werden, was es heißt: „Das Reich Gottes ist mitten unter euch", und was der Ruf der Urchristen heißt: „Jesus ist der Herr." Erst dann können wir *praktisch* verstehen, wie wir die Kirche als das Sakrament Christi feiern sollen.

Das Reich Gottes

„Das Reich Gottes ist mitten unter euch" ist die ursprünglichste Aussage der Evangelisten. Lukas erwähnt sie unterschiedlich formuliert vierzigmal. Sie wiederholt, was Johannes der Täufer und auch Jesus verkündet haben. Jesus sendet die Zwölf und auch die Zweiundsiebzig aus, diese Botschaft zu verkünden. Sie gibt Zeichen und Wundern einen Sinn. Sie lehrt das Volk, daß Heilungen und Wunder Zeichen für das Reich Gottes sind, das mitten unter ihnen ist. Gott herrscht jetzt, wie er verheißen hat. Diese Aussage ist für uns heute ebenso gültig wie für die ersten Jünger. Durch die Kraft des Heiligen Geistes sehen wir, wie Gott Krankheit, Blindheit, Taubheit, Unterdrükkung, Unwissenheit und alles Böse überwindet. Christliche Lebensgemeinschaften entstehen dort, wo die Seligpreisungen (Mt 5) zu prägenden Werten täglichen Lebens werden, wo junge Leute, von denen viele in materiellem Wohlstand aufgewachsen sind, alles verkaufen, es den Armen geben und ihr Leben der Verbreitung der Frohen Botschaft widmen, wo Alte und Junge gemeinsam lernen, mit neuer Kraft das Kreuz Christi auf sich zu nehmen. Gottes Herrschaft ist wirklich und wahrhaftig, sie ist greifbar unter uns. Wir können die Hand ausstrecken und sie berühren, wenn wir Jesus anrühren. Jesus hat die Welt überwunden, sein Reich ist mitten unter uns.

Das war tatsächlich etwas Neues für das jüdische Volk, das von Assyrern, Babyloniern und Griechen beherrscht worden war und nun unter römischer Besatzung stand. Ob wir selbst unter einer Diktatur gelitten haben oder nicht, alle haben wir Zeiten gekannt, in denen unser Denken und Handeln von irgend etwas kontrolliert oder diktiert worden ist. Vielleicht haben wir uns und unsere Nächsten vom Materialismus beherrschen lassen, vielleicht von Drogen oder vom Konkurrenzdenken. Unsere Freiheit als Kinder Gottes wurde eng, unser Friede gestört. Wir waren vom Erfolgsdenken beherrscht, wir haben Menschen und Ideen manipuliert, um uns selbst ins Licht zu stellen und vor anderen zu glänzen. Vielleicht war der Herr unseres Lebens jener Teufelskreis, mindestens soviel zu besitzen wie die Nachbarn, und uns von Sorgen und Schulden erdrücken zu lassen. Wir kennen alle die Diktatur der Drogen und des Alkohols. Wer ihr verfällt, lebt nur noch auf den nächsten Schuß oder den nächsten Schluck hin. Wir kennen alle die Herrschaft der Mächte der Finsternis in den Städten: Betrug, Pornographie, Prostitution, Perversion. Wohin wir auch sehen, es ist erdrückende Schwere. Solche Last läßt keinen Zweifel, wer regiert.

Jesus kam, die gute Nachricht zu bringen: Das *Reich Gottes* ist unter uns. Er *war* die gute Nachricht, er heilte die Kranken, trieb die bösen Geister aus und verkündete: Das Reich Gottes ist da. Seit seiner Auferstehung ist Jesus der Herr. Er ist der Weg zum Reich. Er ist der Mittler, die

Herrschaft Gottes ist für alle Menschen da. Seit der Auferstehung ruft man nicht mehr nur: „Das Reich Gottes ist unter uns“, sondern viel mehr noch: „Jesus ist der Herr.“ Das Reich Gottes ist jetzt da, greifbar für jeden. Jesus, den wir kennen, ist der Herr dieses Reiches. „Jesus ist der Herr“ ist die Hymne aller Christen aller Zeiten.

Die Herrschaft Jesu

Aber wie erreichen wir das Reich Gottes? Wie wird Jesus zum Herrn unseres Lebens? Der Apostel Paulus ist deutlich: „Niemand kann sagen, Jesus ist der Herr, es sei denn in der Kraft des Heiligen Geistes.“ Paulus meint nicht nur die Worte: „Jesus ist der Herr“, er meint, nur in der Kraft des Heiligen Geistes kann ein Mensch die Herrschaft Jesu genügend kennenlernen, um sie zu verkünden. Anders gesagt, der Glaube, die Herrschaft Jesu zu erkennen, erwächst uns allein aus der Kraft des Heiligen Geistes. Dieses Wissen und Glauben gründet zwar in der objektiven Wirklichkeit, aber es übersteigt die Vernunft. Der Glaube an die Herrschaft Jesu geht tiefer als der Glaube an eine verstandesmäßige Wirklichkeit wie zum Beispiel die Entfernung und die Größe der Sterne. Paulus meint eine unmittelbare Wirklichkeit, die Wirklichkeit, daß Jesus der Herr meines Lebens ist. Wenn ich verkünde: „Jesus ist der Herr meines Lebens“, dann sage ich damit, Jesus hat einen direkten Einfluß auf mein Leben. Er gebietet über mein Leben wie ein Herr über seine Knechte. Er hat einen Plan für mich im Gesamtplan des Reiches Gottes. Ich kann seine Führung erkennen, ihr vertrauen. Das ist ein spontanes Bekenntnis. Wird es zur anerkannten Wirklichkeit meines Lebens, so ändern sich mein Denken und Handeln grundlegend. Ich lebe in erwartendem Glauben.

Antwort im Glauben

Erwartender Glaube ist etwas anderes als lehrmäßiger und vertrauender Glaube. Lehrmäßiger Glaube ist der Glaube an die grundlegenden Wahrheiten und Dogmen der Kirche; er drückt sich aus in Glaubenssätzen. Vertrauender Glaube ist Glaube an die göttliche Vorhersehung; letztlich sorgt Gott für alles. Dem vertrauenden Glauben genügt es zu vertrauen, daß Gott das Gute belohnt und das Böse bestraft, daß letztlich Gerechtigkeit siegt. Das aber bedeutet: Gott muß nicht notwendig in mein Leben eingreifen, er sieht alles, wendet alles zum Guten und belohnt alles, wie er verheißen hat.

Erwartender Glaube schließt lehrmäßigen und vertrauenden Glauben ein, aber er geht weiter; er verkündet, daß Gott an allem Anteil nimmt. Gott herrscht hier und jetzt, seine Kraft kann alles verändern. Darum sprechen wir von den Überraschungen des Heiligen Geistes. Wir können sie als direkte Eingriffe Gottes sehen. Wir müssen sie nur nicht mit der herkömmlichen Auffassung vom Deus ex machina verwechseln. Die Vorstellung von einem Deus ex machina (wörtlich: Gott aus dem Schnürboden) kommt vom klassischen griechischen Theater her: Die Götter greifen direkt in das Leben der Menschen ein. Durch eine Klappe wurden sie vom Schnürboden in die Situation der Menschen hinuntergelassen. War deren Problem behoben, wurden die Götter wieder heraufgekurbelt. Erwartender Glaube bedeutet nicht, Gott in unsere laufenden Angelegenheiten zu verwickeln. Erwartender Glaube vertraut auf die beständige Anteilnahme Gottes durch die ständige Gegenwart des Heiligen Geistes, der die Christen erfüllt und seine Kirche leitet.

Im erwartenden Glauben kann ich als Christ vertrauen, erwarten, daß der Herr in jedem Detail Herr meines Lebens ist. Ich darf erwarten, daß ich erkennen werde, wie er mich führt und stärkt. Er wird nicht in meinen freien Willen eingreifen, ich werde weiter sündigen und unkluge Entscheidungen treffen. Er wird nicht plötzlich alles an sich reißen und sichtbar in meinem Leben in Erscheinung treten. Ich muß bemüht bleiben, im Glauben mich seiner

Führung anzuvertrauen. Aber ich kann *erwarten,* daß er mich durch seine Gegenwart leitet und stärkt.

Wie erreiche ich das? Wie werden diese Worte zu mehr als zu frommen Phrasen? Wie kann ich Jesus ganz persönlich als Herrn meines Lebens *erfahren?* Die Antwort ist ein ganzer Prozeß. Zunächst einmal müssen wir die Wirklichkeit hinnehmen, daß wir von Gott geliebt sind. Im 17. Kapitel des Johannes-Evangeliums lesen wir, wie die Urkirche das Gebet Jesu für die Jünger verstand: „Ich habe die Herrlichkeit, die du mir gegeben hast, auch ihnen gegeben, damit sie eins seien, so wie wir eins sind: Ich in ihnen und du in mir, damit sie vollendet seien zur Einheit — damit die Welt erkenne, daß du mich gesandt und sie geliebt hast, so wie du mich geliebt hast. Vater, die du mir gegeben hast, von ihnen will ich, daß, wo ich bin, auch sie bei mir seien, daß sie meine Herrlichkeit sehen, die du mir gegeben, weil du mich geliebt hast schon von Anbeginn der Welt. — Gerechter Vater, die Welt hat dich nicht erkannt, ich aber habe dich erkannt. Und diese haben erkannt, daß du mich gesandt hast. Ich habe ihnen deinen Namen kundgetan und werde ihn kundtun, damit die Liebe, mit der du mich geliebt hast, in ihnen sei und ich in ihnen" (Joh 17,22—26). Wissen wir, was das heißt? Sind wir in der Lage, die Wahrheit dieser Worte aufzunehmen? Ich bin geliebt, wie der Vater den Sohn liebt! Das ist derart überwältigend, daß wir versucht sind, es wegzuschieben. Wir sagen: „Das kann doch nicht gemeint sein." Aber es *ist* gemeint!

Persönliche Erfahrungen (Schwester Ann)

Die Erkenntnis, daß ich von Gott so geliebt werde, wie der Vater seinen Sohn liebt, drang nur langsam in meinen Verstand und mein Herz ein. Sie veränderte mein Leben radikal. Ich erkannte, daß diese Liebe nicht am Maß meiner Unwürdigkeit gemessen wird. Langsam begann ich einzusehen, daß diese überwältigende Liebe eine Gabe ist

— ich brauchte sie nur anzunehmen! Sehnen wir uns nicht alle zutiefst danach? Suchen wir nicht alle jemanden, der uns liebt, uns mitträgt und uns beschützt? Wie oft wenden wir uns anderen Dingen zu, um Alleinsein, Frustration und Leiden zu kompensieren. In Jesus bietet Gott uns das Geschenk seiner Liebe dar: eine Liebe, die beständig ist, eine Liebe, die uns niemand nehmen kann, auf die wir bauen können. Der freie Wille gibt uns das Recht, diese Liebe anzunehmen oder abzuweisen.

Ich habe erfahren, daß die Annahme dieser Liebe und die aufrichtige Hingabe unseres Lebens (mit allem, was es an dunklen und bitteren und schmerzenden Winkeln enthält), uns eine Gegenwart und eine Kraft erfahren läßt, wie wir sie nicht für möglich hielten. Gottes Geist, die Liebe zwischen Vater und Sohn, gießt diese Liebe in unser Herz aus und zieht uns in eine immer tiefere und vertrautere Einheit mit Jesus und dem Vater. Aus der Gewißheit dieser Liebe erwächst uns der Mut, unsere Sünden zu erkennen: die Bereiche der Finsternis unseres Lebens. Aus der Erfahrung dieser Liebe lernen wir seine ewige, erbarmungsvolle Vergebung kennen. Wir nehmen es hin, niemals würdig zu sein. Wir sehen unsere Schuld und unsere Untreue. Aber wie nie zuvor fühlen wir uns nicht verurteilt durch dieses Wissen, nicht von der Sünde erdrückt. Wir haben die Liebe des Vaters erfahren, wir haben den größten Beweis seiner Liebe erlebt: Jesus. Jesus ist unser Retter. Er hat uns befreit. Die Kenntnis unserer Untreue bewegt uns dazu, Jesus noch hingebender zu umarmen, seine heilende erlösende Liebe noch intensiver zu spüren, ihn zu bitten, uns zu gebieten und zu führen — in jene Freiheit, die wir jetzt nur anfänglich erkennen. Diese Freiheit ist echt, sie ergreift uns durch und durch. In der Kraft des Heiligen Geistes läßt er uns seine heilende Liebe ersehnen. Wir brauchen ihn als Herrn. Wir rufen zu ihm: „Jesus, sei Herr! Sei Herr meines Lebens! Sei Herr meiner Zukunft! Sei Herr meiner Hoffnung und meiner Begabung! Sei Herr meines Lebens! Herrsche über mich! In deiner Herrschaft ist keine Härte, nur der überführende und dennoch trostvolle Ruf zur Wahrheit und Freiheit."

Die Wirklichkeiten, die ich hier mitteile, sind mir erst nach und nach aufgegangen. Jede aber war wie ein Felsen, auf den ich mein Leben neu bauen konnte. Mehr und mehr bewegte ich mich in die Fülle des Lebens hinein. Gott möchte, daß wir sie mit ihm teilen. Es ist die alles übersteigende Kraft seiner Liebe im Heiligen Geist. Es ist die Wandlung der Liebe, die wir für unser Leben erwarten können. In seiner Liebe können wir die ganze Wahrheit unseres Lebens ansehen, wie schmerzlich sie auch sein mag. Wir können die Echtheit göttlichen Friedens erfahren. In dieser Gabe können wir erkennen, wer er ist und wer wir sind. Diese Wahrheit wird uns frei machen. Diese Liebe ist eine solide Grundlage unseres Wachstums im erwartenden Glauben. Was auch im Alltag geschehen mag, der Liebe Gottes gewiß können wir erwarten, daß er nur das Beste für uns tut. Alles andere wäre seiner Natur zuwider. Selbst dort, wo unser Glaube schwer geprüft wird, können wir inmitten des Todes noch auf göttliche Zeichen neuen Lebens zählen und sie erwarten, die durch das Leben seines Geistes auch zu unserer Kraft werden.

Lebendige Kirche — Anfänge

Das also ist der Ausgangspunkt zur Feier der Kirche. Christen sind berufen, den Heiligen Geist auf diese Art kennenzulernen und auszurufen: „Jesus ist der Herr." Der Apostel Paulus meint das mit dem Wort: „Jesus ist der Herr." Ein Christ meint das mit dem Ausdruck: „Das Reich Gottes ist mitten unter uns." Zu Pfingsten geschah das, als er die Jünger von einer Bande herrenloser Sympathisanten neu schuf und zu einer Zeugengemeinschaft aussandte im Glauben an die Gegenwart ihres Herrn und Meisters. Dieser Glaube, diese Erfahrung des Reiches Gottes befähigt uns zur Sammlung, zur Feier der Kirche als sichtbarem Zeichen, daß Jesus unter uns lebt und herrscht.

Über 600.000 Katholiken in den Vereinigten Staaten und Tausende Christen in der ganzen Welt haben dies erfahren durch die *„Geisttaufe“* oder durch eine andere Form der Freisetzung jener Kraft, die ihnen schon im Sakrament der Taufe zuteil wurde. Diese Christen haben Jesus gebeten, Herr ihres Lebens zu sein und sie durch die Kraft seines Heiligen Geistes zu leiten. Sie haben neue Kraft in sich entdeckt zu loben und auf die Worte der Heiligen Schrift einzugehen, neue Fähigkeiten, lange Zeit im Gebet zu verweilen. Andere Geistesgaben wie Glossolalie, Prophetie, Heilung gehen von dieser Erfahrung aus (vgl. 1 Kor 12—13; Eph 4,11—16; Röm 12,3—13).

Für uns ist es das wichtigste, nach der Geisttaufe mit anderen zusammen zu beten. Das führt zu *Gebetstreffen,* wie Paulus sie beschreibt (vgl. 1 Kor 14,26—33; Kol 3,16 bis 18; Apg 2,46—47). Solche Gebetstreffen finden heute im Rahmen der Charismatischen Erneuerung statt. Diese Zusammenkünfte sind geprägt vom Gefühl der Einheit im Heiligen Geist, vom intensiven Gotteslob, tiefen Gebet und der zentralen Stellung des Wortes Gottes. Eine Zusammenkunft steht von Anfang bis Ende unter dem ausdrücklichen Anruf, Jesus als Herrn nachzufolgen. Die versammelten Christen feiern, um Kirche zu sein. Ihr Gebet ist feiernde Kirche zu einer bestimmten Zeit an einem gegebenen Ort. Sie haben entdeckt, daß Jesus der Herr ihres Lebens ist. In Wort, Gebet und Gesang verkünden sie, das Reich Gottes ist mitten unter uns.

Diese Gebetstreffen geben vielen Christen Kraft, die sie nirgendwo anders finden. Die Schrift lehrt uns, durch das Gebet des Glaubens wird unbegrenzte Kraft verfügbar: „Ich sage euch, wenn jemand zu diesem Berge sagt: ‚Hebe dich fort und stürze ins Meer!‘ und ist nicht geteilt in seinem Herzen, sondern glaubt einfach, es werde geschehen, was er sagt, so wird es ihm zuteil werden. Darum sage ich euch: Bei allem, was ihr im Gebet erfleht, sollt ihr glauben, daß ihr es bereits empfangen habt, und es wird euch zuteil werden" (Mk 11,23—24).

Die Gaben, die in diesen Gebetstreffen offenbar werden, gründen sich auf das, was wir aus der Schrift über die Gebetstreffen der Kirche in Korinth wissen. Nach der Lehre des Paulus sind die Geistesgaben und ihre Ausdrucksformen für alle zugänglich: „Verschiedene Zuteilungen von Geistesgaben, aber derselbe Geist; verschiedene Zuteilungen von Diensten, aber derselbe Herr; verschiedene Zuteilungen von Geisteswirkungen, aber derselbe Gott, der alles in allem wirkt. Einem jeden wird die Kundgebung des Geistes zum allgemeinen Besten verliehen; dem einen wird Weisheitsrede durch den Geist, einem andern Erkenntnisrede nach dem Maße desselben Geistes; dem einen wird Glaubenskraft in demselben Geiste, einem andern werden Heilungsgaben im einen Geiste, einem dritten wunderbare Machterweise; dem einen wird Rede aus Erleuchtung, dem andern wird Unterscheidung der Geister, dem einen verschiedene Arten entrückter Sprache, dem andern Deutung dieser Sprachen — aber all das wirkt ein und derselbe Geist, der es einem jeden auf besondere Weise zuteilt, wie er will" (1 Kor 12,4—11; vgl. Röm 12,4—8).

Wir haben Grund, anzunehmen, daß diese Gebetstreffen zur Eucharistiefeier der Urkirche gehörten. Heute sind Gebetstreffen und Liturgie voneinander getrennt. *Gebetstreffen* würde man eher als paraliturgisch bezeichnen. Sie treten also nicht an die Stelle der Liturgie, sondern tragen das liturgische Leben der Gemeinde mit. Sie sind auch als Paraliturgie gestaltet. Zum Beispiel die „Bibelvigil", die in Amerika verbreitetste paraliturgische Feier der sechziger Jahre, war eine besondere Verehrung des Wortes Gottes durch Lesungen, Inthronisation der Bibel, Predigten und Gesänge. Sie gab der Gemeinde die Möglichkeit, sich außerhalb des eucharistischen Opfers ausschließlich auf das Wort Gottes zu konzentrieren. Gleichzeitig wurde damit der Platz der Heiligen Schrift und der Predigt innerhalb der Liturgie gestärkt. Tatsächlich wurden einige Teile der Bibelvigil als reguläre Möglichkeiten in die Feier der Eucharistie übernommen. Gebetstreffen haben ihren eigenen Bestand, sie müssen nicht mit der Eucharistie zusammen gefeiert werden. Aber sie haben bereits Gebetsformen voller Kraft gezeitigt und die Eucharistiefeier durch neue Formen der Verkündigung (Prophetie), neue Formen des Gotteslobes (Singen in Sprachen) und Formen der Fürbitte (Handauflegung) bereichert.

Auch außerhalb von Gebetstreffen kann Kirche auf vielfache Art gefeiert werden. Gebetstreffen aber sind die beste Grundlage für eine lebendige Feier der Eucharistie. Menschen, die ihr Leben einander in einer Gemeinschaft hingeben, Christen, die den Armen dienen und sich in andern kirchlichen Diensten begegnen, bauen gemeinsam ihre Beziehungen als Kirche auf. Christen aber, die das alles tun und gleichzeitig auch noch zusammen *beten*, insbesondere gemeinsam Gott *loben*, feiern Kirche; sie sind dadurch besonders gut vorbereitet, die Sakramente mit Macht zu feiern. Was läßt diese geheiligten Augenblicke oder Sakramente einzigartig und so wichtig werden? Viele Christen, die Jesus im Gebet begegnet sind, haben sich besonders beim Gebetstreffen gefragt: Wozu brauchen wir noch Sakramente? Denn Jesus, der mich liebt, der mich heilt und der mich lehrt, lerne ich in Gebetstreffen, beim Feiern der Kirche kennen. Warum brauche ich dann zusätzlich noch die sieben Sakramente? Die Antwort heißt: Wir müssen verstehen lernen, wie wir Jesus in den Sakramenten begegnen.

4. Begegnung mit Jesus

In den Sakramenten verheißt uns Jesus seine Gegenwart in ihrer ganzen Kraft. Wir wissen mit Sicherheit, daß er zur Stelle sein wird und daß uns soviel Gnade und Kraft geboten werden, wie wir brauchen. Die Sakramente sind die Fortsetzung des Lebens Jesu auf Erden. In ihnen begegnen wir demselben Jesus, der mit seinen Jüngern umherzog. Die Jünger begegneten einem Jesus, der sie liebte. Waren sie krank, so heilte er sie. Waren sie durch die Mächte des Bösen gebunden, so befreite er sie. Waren sie unwissend, so lehrte er sie. Waren sie hungrig und ohne Nahrung, so ernährte er sie. Die Jünger kannten jenen Jesus, der ihnen gab, was sie brauchten und sie in Vollmacht berief, andern zu geben, wessen sie bedurften. Die Jünger kannten jenen Jesus, der auf die Nachricht von einem todkranken zwölfjährigen Mädchen zu ihr ging und sie heilte, nämlich die Tochter des Jairus (Lk 8,49—56). Das Leben Jesu war damit erfüllt, für andere dazusein, wenn sie ihn brauchten.

Wie sehr Jesus die Seinen liebte und für sie sorgte, können wir an der Erfahrung eines seiner Jünger ermessen: *Petrus*. Er hat die Liebe Jesu auf so vielfältige Art erlebt. Er kannte einen Jesus, der mit Brot und Fisch für seinen Lebensunterhalt gesorgt hat, einen Jesus, der den Sturm gestillt hat, einen Jesus, der Geld zur Bezahlung der Steuern herbeigeschafft hat. Petrus hat auch den heilenden Jesus erlebt, besonders als er seine Schwiegermutter heilte. Petrus kannte auch jenen Jesus, der zu korrigieren und zu vergeben wußte. Er kannte einen Jesus, der ihn berief und der ihm die Füße wusch. Petrus kannte einen Jesus, der ihm die Vollmacht gab, seine Herde zu weiden. Die Sakramente sind in Jesus verwurzelt. Sie sind dazu geschaffen, uns die rettende Gnade so frei und so sichtbar gegenwärtig zu machen, wie es Jesus unterwegs in Galiläa für jene war, die ihm nachfolgten. Die Sakramente können uns nur dann etwas bedeuten, wenn wir verstehen lernen, daß sie direkt aus der realen Gegenwart Jesu hervorströmen. Jesus ist das Sakrament Gottes, das er den Menschen offenbart hat durch die Menschwerdung. Wieder und wieder müssen wir uns vergegenwärtigen, daß Jesus in seinem Leib, der Kirche, fortlebt und daß die Kirche darum Sakrament Christi ist.

Die Sakramente sind von der Kirche für besondere Augenblicke unseres Lebens bestimmt, Meilensteine auf dem Weg zur vollkommenen Vereinigung mit Gott. Taufe und Firmung stehen am Beginn unserer Rettung. Durch die Eucharistie wird diese Einführung vollkommen, sie gibt uns andauernde Nahrung für unser geistliches Leben. Der Apostelgeschichte zufolge sind seit den Tagen der Urkirche diese drei Sakramente immer als *Hoch-Zeiten der Gnade* gefeiert worden. Sogar das Sakrament der heiligen Weihen spielte schon eine Rolle bei der Aussonderung von Jüngern für besondere kirchliche Dienste. Aber mehr als tausend Jahre vergingen, bevor sich die Kirche für das Wort „Sakrament" entschied. Sie lehrte, daß es deren sieben gibt. Die Kirche als das Sakrament Christi verkündete und übte die Kraft, zu heilen, zu vergeben, zu versöhnen, Zeugen zu stärken, Vermählte feierlich zu bestätigen und Männer als Diakone, Priester und Bischöfe zu berufen. Bis zum 11. Jahrhundert jedoch galten diese Gnaden nicht als spezifisch für die sieben Sakramente.

Dieser Bedeutungswandel der Sakramente im Laufe kirchlicher Erfahrung ermöglicht uns, die Sakramente nicht sosehr als objektive Einheiten, sondern vielmehr als persönliche Begegnungen zu erleben. Wir feiern die Sakramente, weil jahrhundertelang die Kirche die Sakramente als eine besonders vitale Art der Begegnung des Christen mit Christus verstanden hat. Sakramente versteht man am besten als *Zuwendung Jesu*: Bald rettet er, bald vergibt er, bald weiht und segnet er, bald vereinigt er, bald stärkt und bald heilt er. Die Sakramente sind eins, denn sie gehen von Jesus aus durch die Kirche hindurch, die eins ist. Sie sind viele, denn sie wirken auf verschiedene Weise, zu verschiedenen Zeiten und in verschiedenen Situationen.

Im Laufe der Jahrhunderte bildeten sich Rituale heraus, um die besondere Gnadenwirkung der Sakramente zu symbolisieren. Besondere Gewänder, Worte und Gesten entwickelten sich, um die Erfahrung und die Feierlichkeit des Geschehens auszudrücken. Zu Zeiten aber ging das Bewußtsein von der Herkunft dieser Riten beim Gottesvolk verloren. Die Kirche begann, die automatische Wirkung der Sakramente zu betonen *(ex opere operato)*. Das verminderte die persönliche Offenheit des einzelnen für die rettende Wirkung des Herrn *(ex opere operantis)*. Der Aspekt der persönlichen Begegnung geriet dabei immer stärker in den Hintergrund. Vom feierlichen Ritual erwartete man die Befriedigung aller geistigen Bedürfnisse und die Erledigung aller Gebets- und Gottesdienstpflichten. Die *persönliche Begegnung* in den Sakramenten wird in der Charismatischen Erneuerung unserer Zeit von neuem erkannt und erwartet.

Aber *wie* begegnen wir Jesus persönlich in den Sakramenten? Die Urkirche schlug sich mit dem Problem der Abwesenheit eines persönlichen Jesus herum. Die Apostel waren einem Jesus begegnet, den sie anrühren, umarmen und mit dem sie von Angesicht zu Angesicht sprechen konnten. Die Begebenheiten ihres Lebens mit Jesus bildeten die Grundlage der Frohen Botschaft der Urkirche. Zu neuen Christen sagte man: „Jesus kommt bald.“ Paulus predigte ihnen: Macht euch bereit! Macht euch keine Sorgen um euren Stand: Verheiratete, bleibt verheiratet! Ledige, bleibt ledig! Jesus kommt bald! Marantha! Die Urchristen waren sicher, das Kommen Jesu stünde unmittelbar bevor. Doch die Jahre vergingen — und das Warten wurde schwieriger. Anstatt Jesus zu begegnen, begegnete man wachsenden Schwierigkeiten; Verfolgung und Hunger bedrohten die Christen von außen. Innerhalb der Kirche bildeten sich widerstreitende Gruppen. Judenchristen lagen im Streit mit Heidenchristen. Man begann zu sagen: Ich gehöre zu Paulus, ich zu Apollos, ich zu Petrus. Zänkereien und Streit waren entmutigend. Statt Jesus zu begegnen, traf man offenbar nur noch mehr Schwierigkeiten. Paulus, so schien es jedenfalls, hatte davon gesprochen, man würde Jesus noch zu Lebzeiten wiedersehen. Aber Freunde und Verwandte starben dahin.

Auf diesem Hintergrund berichtet Lukas im 24. Kapitel seines Evangeliums, was in *Emmaus* geschah. Er erzählt diese Geschichte so, wie sie gepredigt wurde: Sie sollte neue Hoffnung geben, wo sich Entmutigung ausbreitete. Die Predigtwiedergabe des Geschehenen hat zum Ziel, den Urchristen jenen Übergang zu ermöglichen, den die Jünger auf ihrem Weg nach Emmaus vollziehen mußten. Für uns enthält die Emmaus-Geschichte eine ähnliche Lehre, wie wir Jesus in den Sakramenten begegnen können. Lukas beschreibt die beiden Jünger, entmutigt durch die Abwesenheit Jesu, unterwegs von Jerusalem nach Emmaus. Die Brüder in Jerusalem haben sie verlassen. Noch einmal gehen sie die Ereignisse bei der Kreuzigung Jesu durch. Sicher bezieht sich Lukas hier auf all jene Christen, die mutlos geworden waren, weil sie nichts wußten von der Gegenwart Jesu in ihrem Leben.

Die Jünger begegnen nun einem Fremden. Sie erwarten nicht viel von ihm. Von Jesus scheint er nichts zu wissen. Aber als er anfängt, von der Schrift zu reden, brennen ihnen die Herzen. Sie drängen ihn, zu bleiben und mit ihnen zu essen. Während des Mahls nahm der Fremde das Brot, „sprach den Segen, brach das Brot und gab es ihnen“ (Lk 24,30). So wie er das tut, erkennen ihn die Jünger. Mit anderen Worten, sobald Eucharistie gefeiert wird, erkennen die Beteiligten Jesus als jemand, der ihrem Leben nicht fernsteht, sondern der wirklich gegenwärtig unter ihnen ist. In der Lukas-Erzählung verschwindet Jesus im gleichen Augenblick, in dem die Jünger ihn am Brotbrechen erkennen. Damit will Lukas der Urkirche sagen: Habt ihr Jesus im Glauben als wirklich gegenwärtig in der Eucharistie erkannt, so braucht er euch nicht mehr wie den Emmaus-Jüngern zu erscheinen.

In der Lukas-Erzählung wandelt die Begegnung die Jünger. Sie werden zu Hoffenden. Die Wegrichtung ändert sich, sie fliehen die Gemeinschaft nicht mehr. Sie kehren um, sie eilen nach Jerusalem zurück, die frohe Botschaft zu verkünden: Jesus lebt, wir sind ihm begegnet! Lukas will die Urkirche lehren: Begegnet Jesus in der Eucharistie, und das Herz wird euch brennen durch sein Wort. Ihr werdet euch freuen und voll Hoffnung sein, wenn ihr sein Fleisch und sein Blut teilt. Ihr werdet euch nach den Brüdern sehnen. Ihr werdet umkehren. Im Herzen der Gemeinde werdet ihr leben wollen.

Die Lukas-Erzählung kann als *Vorbild aller Eucharistie-Feiern* gelten. Wir sind berufen, einem Jesus zu begegnen, der uns liebt. Er stärkt uns durch sein Wort und durch seine tiefinnere liebevolle Gegenwart. Die Begegnung in den Sakramenten kann uns jener Jesus erschließen, der Petrus auf so vielen Ebenen begegnete, der sein Leben wandelte, jener Jesus, der den Jüngern auf dem Weg nach Emmaus begegnete. Von den Sakramenten sollten wir nicht weniger erwarten, als von einer liebevollen Begegnung mit Jesus an den Ufern des Sees Genezaret. Tatsächlich sollten wir mehr erwarten. Denn Tod, Auferstehung und Herrlichkeit Jesu haben seine erlösende Kraft freigesetzt. Diese Kraft wurde am Pfingstfest für uns alle ausgegossen. Die Sakramente sind Kanäle der Gnade, durch die auf besondere Weise rettende Kraft in unser Leben strömt. Sie sind nicht die einzige Art, Jesus und der Kraft seiner Auferstehung zu begegnen; auch durch sein Wort und seinen Geist ist uns

Jesus nahe. Dennoch sind die Sakramente *Hoch-Zeiten der Begegnung*.

Zur persönlichen Begegnung mit Jesus gehört außer dem Glauben auch noch das *Verständnis des Bundes*. Jesus als das Sakrament Gottes lädt uns ein zu einem neuen Bund mit Gott: Das neue Gottesvolk sollen wir werden. Wir begegnen Jesus nicht allein. Es ist keine „Jesus-und-ich-Begegnung". Der einzelne begegnet Jesus immer als Glied des Leibes Christi, als einer aus dem Gottesvolk. Jesus aber ist durch den Bund mit dem Vater vereint. Wir können Jesus nicht begegnen, ohne daß er uns zum Vater führt. Jesus kann uns nur innerhalb der Kirche, nur mit dem ganzen Gottesvolk empfangen. Es ist entscheidend wichtig, das richtig zu verstehen. Ein Bund ist ein Vertrag zwischen Personen, durch den eine neue Beziehung bestimmter Art hergestellt wird. Ein Ehebund besiegelt die eheliche Vereinigung, er wandelt die Beziehung zwischen Mann und Frau in jene zwischen Gatte und Gattin. Ein Bund zwischen Völkern kann sie zu Bürgern desselben Staates oder zu Alliierten gegen einen gemeinsamen Feind machen. Ein Bund kann Beziehungen herstellen, durch welche Menschen zu Geschäftspartnern oder zur Erbengemeinschaft werden. Ein Bund ist eine besondere Vertragsform. Ein Vertrag aber beinhaltet Vereinbarungen über Eigentumsrechte, Güter und Materialien, die nicht direkt unter einen Bund fallen würden. Ein Bund kann das alles beinhalten, zunächst jedoch ordnet er Beziehungen zwischen Personen, und gewöhnlich bedeutet er eine neue Ebene der Freundschaft und Vertrautheit.

Bündnisse verschiedenster Art verbanden die Völker der Antike. Jahve gebrauchte eine dieser Bündnisformen, um seine Beziehung mit Abraham und dessen Nachkommen zu ordnen. Die Schwierigkeit dieses Bündnisses bestand im Austausch von Versprechungen, zusammengefaßt in der Klausel: „Ich will euer Gott sein und ihr werdet mein Volk sein." Daraus ergab sich eine vollendete Partnerschaft zwischen Gott und Mensch. Sie wurde erreicht durch eine ihrer Natur nach unwiderrufliche Bündnisform. Keiner der Partner hatte das Recht, zu verzichten oder auszuscheiden. Jahve erwählte Israel zu seinem Volk. Israel erwählte Jahve zu seinem Gott unter Ausschluß aller anderen Götter. Dieser Bund ergab sich aus einer Reihe anderer Bündnisse, zunächst mit Abraham (Gen 15,9—12,17f), dann mit ganz Israel am Sinai (Ex 20,34). Nach dem Bundesschluß am Sinai übertrat Israel wiederholt die Bundesvorschriften. Dennoch verhieß Jahve dem David einen messianischen Bund: David wurde ein Nachkomme zugesichert, der Gottes Sohn sein würde; durch ihn würde das Haus Davids auf ewig bestehen (2 Sam 7). Die Propheten verkündeten die Art dieses neuen Bundes: ein ins Herz geschriebenes Gesetz zur Zeit des Messias.

Jesus ist der Messias des neuen Bundes. Er gibt sein Leben hin, um den Willen des Vaters zu tun. Er vergießt sein Blut als Opfer und Siegel für den neuen und ewigen Bund zwischen Gott und seinem Volk, der Kirche. Die Eucharistie macht er zur festlichen Erneuerung, zur Feier des Bundes. Unterpfand des neuen Bundes ist der Heilige Geist, ausgegossen in die Herzen des Gottesvolkes. In der Kraft des Heiligen Geistes dringt die innere Wirklichkeit nach außen und wird allen kund: „Jesus ist der Herr." Gott ist unser Vater. Die Gegenwart Jesu in den Sakramenten steht im *Zeichen des Bundes.* Die Intensität der Jesus-Begegnung hängt ab von unserem Eingehen in den Bund. Je vollkommener wir als Gottesvolk unter der Herrschaft Jesu leben, desto mehr gewinnt die Begegnung an Bedeutung. Ähnlich gilt: Je mehr wir als Gottesvolk kommen und nicht nur als einzelne, desto vollkommener können wir feiern, was wir sind, und für den Herrn dasein. Je bewußter eine Gruppe als christliche Gemeinschaft versammelt ist, desto erfüllter kann sie die Sakramente feiern.

Wie fruchtbar die Feier des Bundes wird, hängt ab von der Intensität, mit der sich der einzelne hingibt an Gott, von der Entschiedenheit, mit der er sich mit der Kirche als Gottesvolk identifiziert, von der Einheit der Gemeinde als Teil des Bundesvolkes. Praktisch gesprochen heißt das, die Kraft der Begegnung mit Jesus steigt in dem Maß, wie der einzelne Christ seinen Glauben und seine Hingabe vertieft, seine Aufgabe als Glied der Kirche spürbar wahrnimmt, sein Leben mit andern Christen teilt. Das ist selbstverständlich für Menschen, die eine Eucharistie-Feier erlebt haben, bei der die Beteiligten dem Herrn und einander zutiefst hingegeben sind. Eine solche Erfahrung ist überwältigend im Vergleich zu einer Messe, bei der die Anwesenden einander fremd sind und die Hingabe an den Herrn an der Oberfläche bleibt.

Wir sollten aus diesen Wirklichkeiten einige Schlüsse ziehen. Die *Hingabe* innerhalb des Bundes gehört notwendig zur Feier eines Sakramentes. Hingegeben sind wir zunächst an Gott und dann an das Gottesvolk, und zwar nicht nur innerlich, sondern auch durch sichtbare Zeichen; sichtbar zunächst in der Beziehung zu denjenigen, die uns am nächsten stehen, mit denen wir berufen sind, unser Leben zu teilen. Die anderen sollten an unserer Lebensart erkennen können, daß wir in heiliger Weise einander hingegeben leben. Diese Hingabe sollte auch in der Hingabe an jene sichtbar werden, die außerhalb unserer unmittelbaren Gemeinschaft leben. In der Liebe Jesu sind wir auf bestimmte Art dem gesamten Gottesvolk verbunden, also allen Menschen, die zum Gottesvolk berufen sind. Anders gesagt, wir feiern in jedem Sakrament unser Engagement, allen Brüdern und Schwestern im Herrn beizustehen. Dieses Engagement drückt sich konkret aus in der Nahrung der Hungrigen, in der Kleidung der Nackten, in der Sorge für die Waisen und Witwen, in der Befreiung der Unterdrückten, im Eintreten für Gerechtigkeit und im Dienst an den Armen. Die *soziale Dimension* ist in jedem Sakrament gegenwärtig; ihre Gestaltung ist abhängig von den Umständen.

Bei der Betrachtung jedes einzelnen Sakramentes sollten wir nicht nur auf die Begegnung mit Jesus, sondern mit allen sehen, die mit Jesus und auch mit uns verbunden sind. Wir werden gerettet und geheilt, gestärkt und genährt als Glieder des *Bundesvolkes*. Wir kommen um diese Wahrheit nicht herum, auch wenn wir uns beim Empfang der Sakramente ihrer Bedeutung nicht immer gleich intensiv bewußt sind. Im Hinblick auf den Bund hat jedes Sakrament seine besondere Funktion. Bei jeder Feier eines Sakraments sind wir auf einen neuen Platz berufen oder doch zur Besinnung auf unseren Platz. Zur Einführung in den neuen Bund bestimmte Jesus die Taufe. Mit der Entfaltung der Kirche unter Führung des Heiligen Geistes wurde als Ergänzung dieser Initiation die Firmung Vorschrift. Die Christen sollten erkennen, daß sie „mit Geist und Feuer" getauft sind. Durch die Firmung wurden sie aber nicht nur in das Gottesvolk aufgenommen, sondern sie wurden auch zu Zeugen des neuen Bundes. In der Eucharistie feiern Christen den neuen Bund und öffnen sich dem Wirken des Heiligen Geistes zur Vertiefung der Bundesbeziehung. Im Buß-Sakrament werden Christen mit Gott und seinem Volk versöhnt, sie bereuen ihre Untreue dem Bund gegenüber, die verbindliche Beziehung wird wiederhergestellt und vertieft. Durch Ehe und Weihen entstehen besondere Bundesbeziehungen sowohl als Funktionen innerhalb des Volkes Gottes als auch als Symbol des weiteren Bundes Gottes mit allen Menschen. Den Bund als heilende, versöhnende und lebenspendende Beziehung feiern wir schließlich in der Kraft der Krankensalbung.

Sicher ist es wichtig, die Sakramente als Feier des Bundes richtig zu verstehen. Ebenso wichtig aber ist es, sie mit erwartendem Glauben zu empfangen. Wir sollten erwarten, Jesus in Kraft zu begegnen, und zwar hier und jetzt. Wir sollten erwarten, daß die Sakramente unseren Bund mit Gott und Menschen vertiefen. Lebendiger, erwartender Glaube bedeutet, den Saum des Gewandes Jesu zu berühren: „Wenn ich das tue, so werde ich geheilt." Die Priester sollten erwarten, daß Kraft von ihnen ausgeht. Die Gemeinde sollte diesen Glauben füreinander erbitten. Je mehr Wort und Wirkung der Sakramente von seiten der Priester und der Gläubigen die Gegenwart Jesu und seiner Kraft darstellen und je lebendiger der Bund erfahren wird, desto stärker wird der erwartende Glaube in unserer Mitte.

Vor allem aber müssen wir wissen, wer wir sind, was wir brauchen und was wir in den Sakramenten vom Herrn erwarten. Wir müssen bereit sein, ihm zu begegnen, durch und durch wach für seine Gegenwart. Jedes Sakrament ist anders — wie zum Beispiel die Begegnung mit einem Bruder oder einer Schwester in einem Krankenhaus anders ist als bei einer Hochzeit oder im Gefängnis. Aber niemals begegnen wir Jesus allein. Immer begegnen wir ihm als Kirche, als Volk, das feiert. In jeder Begegnung erneuern und vertiefen wir den Bund mit Gott und miteinander.

Auf dieser Grundlage zur Feier der Sakramente möchten wir nun eine *Arbeits-Definition* vorschlagen, die zum Verständnis unserer Darstellung der einzelnen Sakramente beitragen kann: Ein Sakrament ist ein sichtbares Zeichen von Gottes Wunsch, seine Beziehung zu uns zu vertiefen. Es verheißt jene Gnadengabe, die wir suchen: Es heilt, nährt, reinigt, befreit, heiligt, segnet, bestärkt uns, seine Herrschaft für unser Leben anzunehmen und den Bund mit ihm und seinem Volk zu vertiefen. Diese Definition scheint brauchbar zum Verständnis dessen, wie die Kirche sich zur Fülle ihres Lebens entfalten kann und wie sie sich in den sieben Sakramenten darstellt.

In den folgenden Kapiteln versuchen wir aufzuzeigen:

a) welche Probleme heute den Empfang und die Feier der einzelnen Sakramente besonders belasten; b) wie die Kirche durch die Vertiefung des Gottesbundes in der Vollmacht bestärkt werden kann, die rettende Gegenwart Jesu darzustellen und weiterzugeben; c) wie eine wirklich lebendige Kirche in den Hoch-Zeiten ihres Lebens, nämlich den Sakramenten, Jesus begegnen kann; d) wie diese Hoch-Zeiten oder Sakramente ihre eigenen Symbole und ihre besonderen Gnaden haben, um die Gegenwart des Herrn darzustellen; e) wie schließlich die Sakramenten-Pastoral in der Praxis diesen lebendigen Wirklichkeiten angepaßt werden sollte.

5. Buße

Wir behandeln die Beichte, offiziell das Buß-Sakrament genannt, zuerst, weil die Analyse der mit diesem Sakrament verbundenen Probleme uns eine implizite Grundlage zur Behandlung der anderen Sakramente gibt. Die Beichte ist auf vielfache Weise zu *dem* Problem unter den Sakramenten geworden. Ihrer komplizierten Pastoral wegen sollte sie nach den Weisungen des Zweiten Vatikanums an letzter Stelle erneuert werden.[2] Dem Trend der Zeit entsprechend dürfte die Beichte am ehesten zum Aussterben verdammt sein. Wir und andere aber haben durch dieses Sakrament neue Kraft und neues Leben empfangen. Daher, so meinen wir, läßt die Beichte den Gegensatz zwischen bestehender Praxis und vorhersehbaren Verbesserungen besonders deutlich werden. An das Buß-Sakrament zu denken bedeutet, eine ganze Reihe brennender Fragen aufzuwerfen. Wie steht es um die Zukunft der Beichte? Wird sie noch unwichtiger werden? Was wird durch den *neuen Beichtritus* bewirkt?

Die meisten Katholiken der älteren Generation sind mit festen Vorstellungen von Himmel, Hölle und Fegefeuer groß geworden. Sie wußten, ihre Zukunft hängt vom Stand ihrer Sünden ab. Starb jemand im Zustand der Todsünde, so kam er in die Hölle. Starb er im Zustand läßlicher Sünde oder ohne für die zeitlichen Folgen bereits vergebener Sünden Buße getan zu haben, so kam er ins Fegefeuer und dann in den Himmel. War er ausnehmend heilig und starb weder im Zustand der Sünde noch mit einer zeitlichen Sündenstrafe, so konnte er direkt in den Himmel aufgenommen werden. Sünde bestimmte die Zukunft des Menschen, das war eindeutig.

Man hatte auch kaum Schwierigkeiten festzustellen, was Sünde war. Sünde war alles, was gegen das Gesetz Gottes verstieß. Das Gesetz bestand aus den Geboten Gottes und den Geboten der Kirche. Die Sünden wider diese Gebote wurden im Katechismus und im Beichtspiegel aufgezählt. Die Sünden waren eingeteilt in schwere und läßliche Sünden. Das richtete sich nach dem Ernst und der Art der Übertretung. Man nannte das die Schwere der Sache. Jemand beging eine *Todsünde*, wenn die Sünde ihrer Natur nach schwere Sünde war und wenn sie vorsätzlich und freiwillig begangen wurde. Beging jemand eine Todsünde und starb sofort, so war es klar, daß er in die Hölle kam. Uns wurde gelehrt, daß Gott in seiner Güte nicht versuchte, uns in die Falle zu locken, und daß er guten Menschen genügend Zeit gab, ihre Sünden zu bereuen. Aber darauf konnte man sich nicht verlassen. Hatte jemand eine Todsünde begangen, so hatte er einen Akt vollkommener Reue zu versuchen. Gelang es ihm, sich in vollkommener Reue zu bekehren, so war die Sünde vergeben. Gelang es ihm nicht, dann hatte er die Sünde sobald wie möglich einem Priester zu beichten. In der Beichte konnte er jene zusätzliche Gnade empfangen, die er zur Vergebung der in unvollkommener Reue bekannten Sünde brauchte. Die sakramentale Gnade gab ihm, was ihm an Reue außerhalb des Sakramentes abging.

Wie die Beichte wirkte, war also klar, und das war ganz besonders wichtig. Man kannte die Vorschriften und man wußte, wie man sich zu benehmen hatte, wollte man von diesem Sakrament Gebrauch machen. Wer meinte, eine Todsünde begangen zu haben, wußte, daß er sofort zur Beichte zu gehen hatte. Wer gewöhnlich nur läßliche Sünden beging, ging im Normalfall wöchentlich oder monatlich beichten. Er wollte, daß man sich um seine Sünden kümmert. Er wollte auch die zusätzlichen Gnaden erlangen, die sowohl die zeitlich begrenzte Strafe für die alten Sünden aufheben als auch vor neuen Sünden schützen würden. Andere gingen vor der Kommunion zur Beichte, noch andere schoben es bis Weihnachten oder Ostern auf. Als Katholik wußte man, daß man zumindest einmal im Jahr während der Osterzeit zur Kommunion zu gehen hatte und daß man für gewöhnlich vorher beichten mußte. Regeln und Vorschriften waren also eindeutig. Wechseln konnte nur die Buße, die der Priester auferlegte, und der Kommentar dazu. Das jedoch war bedeutsam. Zwischen einigen „Vaterunser“ oder „Gegrüßet seist du, Maria“ als Buße oder rigoroseren Gebeten oder gar Wiedergutmachungs-Akten konnten erhebliche Unterschiede bestehen. Einige Priester pflegten ihre Beichtkinder laut auszuschimpfen. Andere dagegen sprachen von Gottes Liebe und Erbarmen. Es war also wichtig, zum richtigen Priester zu gehen.

Im ganzen gesehen hatten Katholiken also klare Vorstellungen von Himmel, Hölle, Fegefeuer, Todsünde, läßlicher Sünde, Heiligkeit, Beichte und Buße für die Sünde. Sie hatten feststehende Ideen, mit denen sie sich diese Bereiche auf überschaubare Weise einrichten konnten. Eigentlich war das unerhört, denn schließlich geht es bei diesen Vorstellungen um Geheimnisse, die menschliches Verstehen übersteigen. Niemand kann Himmel und Hölle verstehen. Die Natur Gottes, der Sünde und der Vergebung übersteigen ebenfalls menschliches Verstehen. Daher waren die Prinzipien, nach denen Katholiken diese Wirklichkeiten zu organisieren pflegten, so außerordentlich wichtig. Sie versetzten die Menschen in die Lage, mit Wirklichkeiten umzugehen, die den Verstand übersteigen. Der theologische Fachausdruck für derlei Organisations-Prinzipien ist *„Mythos“*. Wir kennen jene Art fiktiver Mythen, die man Märchen nennt. In der Fachsprache der Theologen aber bedeutet „Mythos“ etwas ganz anderes: *Er ist ein Mittel, Wirklichkeiten so einzuordnen, daß man mit ihnen umgehen kann.*

Zwar wäre es für theologische Zwecke besser, den

Ausdruck Mythos zu verwenden; aber wegen der allgemeinen Tendenz, „Mythos“ mit Fiktion oder Unwahrheit zu verbinden, wollen wir in diesem Abschnitt als gleichbedeutend den Ausdruck „Organisationsprinzip“ oder „Rahmen“ verwenden. Zur Zeit des Zweiten Vatikanischen Konzils begann sich jene Grundstruktur der Beichte als kaum noch hilfreich zu erweisen, bei der es um die Organisation der Wirklichkeiten von Sünde und ewiger Belohnung ging. Dieses Organisationsprinzip ließ keinen Raum, neu auftauchende Fragen hinreichend zu beantworten. Die Sorge wuchs, daß die Beichte dem Menschen nicht mehr dazu verhilft, Sünde zu vermeiden und heiligmäßiger zu leben. Immer schien man dieselben Sünden zu beichten und sich dieselben Bußen und Ermahnungen einzuhandeln. Man erwartete schon gar nicht mehr, daß sich Sünden, Buße und Ermahnungen je ändern würden. Im besten Fall schien das Sakrament eine Hinhalte-Aktion. Der Priester war frustriert, denn er konnte kaum helfen, die gewohnten Sünden loszuwerden. Also schaltete er um auf Trost für die Entmutigten.

Der zweite Bereich, den man durch dieses Organisationsprinzip der Beichte nicht in den Griff bekam, war die *Sexualität*. Seit 1965 stellten die in der Kirche vorherrschenden Lehren zur Sexual-Moral die Vorstellung in Frage, alle Sünden gegen das sechste und neunte Gebot wären schwere Sünden. Diese Lehren zweifelten an, ob gewisse Dinge wirklich schwere Sünde wären, und wiesen außerdem darauf hin, daß bei Sünden der Leidenschaft volle Zustimmung des freien Willens häufig nicht gegeben war. Die Leute fingen an, die Beichte sexueller Sünden zu überprüfen. Sie flüchteten sich in allgemeine Aussagen wie „ich habe gegen die Reinheit verstoßen“, „ich habe nicht gelebt, wie ich sollte“. Einige Bereiche wurden einfach nicht mehr gebeichtet, weil man sie nicht mehr für Sünde hielt. Man begann, die Beichtspiegel zur Gewissenserforschung mit der Begründung abzulehnen, die Einteilung der

Sünden träfe auf die Wirklichkeit des Lebens nicht zu. Man machte geltend, daß Unterlassungssünden im Bereich der Nächstenliebe in der Familie gewöhnlich schwerer wiegen als ein vereinzelter Akt der Leidenschaft. Liebe und mangelnde Nächstenliebe bildeten sich immer deutlicher als Wertmaßstäbe einer auch von jungen Menschen anerkannten Moral heraus.

Ein dritter Bereich, der vom herkömmlichen Rahmen der Beichte nicht erfaßt wurde, enthielt die verschiedenen Probleme *sozialer Gerechtigkeit.* Amerika befand sich inmitten einer Bürgerrechtsbewegung. Ihr folgten bald darauf Kampagnen gegen die Armut und für den Frieden. Daraus erwuchs schließlich eine umfassende „Theologie der Befreiung". Ihr oberstes Anliegen war die Befreiung aller Minderheiten von Unterdrückung jeglicher Art. Im herkömmlichen Rahmen war die Beichte nicht in der Lage, auf die neuen Fragen über Sünden gegen soziale Gerechtigkeit einzugehen. Immer mehr Menschen hielten verborgene Sünden für weniger wichtig als die Mitverantwortung für die Sünden der Gesamtgesellschaft gegenüber Schwarzen, Armen, Mexicanos und Puertoricanern. Das Fernsehen ließ den Vietnamkrieg zu einer Wirklichkeit werden, die jeden anging. Viele Menschen nahmen alles, was diesen Krieg unterstützte, als persönliche Sünde hin. Andere wieder meinten, alles, was zur Zersetzung von Amerikas Kriegsanstrengungen beiträgt, wäre Sünde.

Ein vierter Bereich ergab sich aus der Arbeit jüngerer Theologen. Pater Charles Curran war der bekannteste Vertreter einer Schule von Moraltheologen, die lehrten, die Todsünde erfordere weit mehr vom Sünder, als man bis dahin annahm. Sie sprachen von einer *Grundsatzentscheidung,* durch die sich jemand für oder gegen Gott ausspricht, und sie lehrten, daß ein Mensch diese Grundsatzentscheidung durch eine Reihe persönlicher Handlungen treffe und im Normalfall eine solche Handlungsreihe vorliegen müsse, bevor jemand eine Todsünde begehen kann. Noch andere Auffassungen erfuhren eine Wandlung. Die zur Umkehr notwendige vollkommene Reue bedeutete jetzt nur noch intensive Trauer. Mehr und mehr betrachtete man es als etwas, das innerhalb der menschlichen Möglichkeiten lag. Das Fegefeuer wurde weniger als Ort menschlicher Qualen verstanden und vielmehr als Ort notwendiger Reinigung für den Himmel, sozusagen als Entree zur himmlischen Heimstatt. Ein neuer Trend in der Verkündigung betonte die Frohbotschaft und daß das Reich Gottes schon längst angebrochen ist: Das Reich Gottes ist mitten unter uns — in Zukunft werden wir es in seiner ganzen Fülle erleben. Man begann ernstlich daran zu zweifeln, ob überhaupt jemand in die Hölle kommt. Es sah so aus, als hätte man dazu ganz besonders schlecht zu sein.

Schließlich kamen auch in der Pastoral-Theologie neue Lehren auf. In der Predigt wurde die Notwendigkeit wöchentlicher oder monatlicher Beichte nicht mehr herausgestellt. Man konnte auch nicht mehr sicher sein, was der Beichtvater als schwere Sünde betrachten würde und was überhaupt noch als Sünde. Und dann kam die große Sensation, das päpstliche Rundschreiben „*Humanae vitae*". Der Papst lehrte, künstliche Geburtenverhütung wäre sündhaft. Eine Gruppe geachteter Moraltheologen lehrte, der Papst habe das nicht als Glaubensartikel verkündet, also sei er nicht unfehlbar. Sie stellten fest, man könne dieser Lehre widersprechen — und sie widersprachen ihr. Priester und Beichtende rangen im Beichtstuhl darum, ob gewisse Praktiken der Geburtenverhütung in bestimmten Fällen sündhaft wären oder nicht. Weiter entwickelten sich neue Praktiken, kirchlich geschlossene Ehen zu annullieren und wiederverheirateten Katholiken unter bestimmten Bedingungen den Zugang zu den Sakramenten zu gestatten. Es gab noch weitere Problemkreise, die vom herkömmlichen Rahmen der Beichte nicht erfaßt werden konnten. Aber der genannten Herausforderungen waren schon zu viele. Das Organisationsprinzip der Beichte brach einfach zusammen.

Dieser *Zusammenbruch* hatte zur Folge, daß die Katholiken nun keine klare Lehre mehr besaßen, wie sie mit ihrem Verständnis von Himmel, Hölle, Fegefeuer, Sünde und Vergebung umzugehen hatten. Ohne diesen Rahmen verlor die Beichte viel an Bedeutung, und man nahm sie auch viel weniger wichtig. Viele hörten einfach auf, zum Sakrament zu gehen. Das war nicht das erste Mal, daß ein brauchbares Verständnis des Buß-Sakraments zusammenbrach. In den ersten Jahrhunderten der Kirche galt die Beichte als Sakrament für all jene, die die öffentliche Sünde der Glaubensfälschung, des Mordes oder des Ehebruchs begangen hatten. Der Bischof gab harte öffentliche Bußen wie zum Beispiel Fasten, Tragen von Sackkleidern und Betteln während eines Jahres oder mehr, an dessen Ende die Lossprechung erteilt werden konnte. Später verstand man die Beichte als Sakrament, das nur einmal im Leben empfangen wurde, und zwar von denen, die ernsthaft gesündigt hatten, nachdem sie bekehrt und getauft worden waren. Tertullian lehrte, in diesem Licht gespendet wäre das Buß-Sakrament die zweite Rettungsplanke. Die erste war die Taufe. Um in der Analogie fortzufahren: War das rettende Boot eines Menschen durch die Sünde gekentert, so warf ihm die Kirche durch das Buß-Sakrament einen zweiten rettenden Balken zu.

Im Mittelalter entwickelte sich dann das *Tarifkonzept der Beichte*. Die geheime Einzelbeichte war zur Norm geworden, aber die Kirche betonte die Verantwortung des Beichtenden, alle begangenen Sünden wiedergutzumachen. Schwere Bußen wurden auferlegt, wie zum Beispiel eine Pilgerfahrt nach Jerusalem oder Fasten bei Brot und Wasser. Die Belastung des einzelnen war derart, daß sich Praktiken entwickelten, sie zu erleichtern. Dazu gehörte, daß man jemand andern beauftragte, der auferlegten Buße zu genügen, oder auch Ablaß zu gewähren, um damit die ausstehende Buße abzugelten. Nachdem sich diese Praktiken zeitweise weit verbreitet hatten, erwies sich das Tarifkonzept als ebenso unbrauchbar wie jenes der zweiten Rettungsplanke.

Nach dem Konzil von Trient entwickelte die Kirche den *Bekenntnischarakter* des Buß-Sakraments. Am wichtigsten war jetzt, was man bekannte. Das neue Beichtverständnis betonte die genaue Darstellung der Sünden und deren korrekte Einschätzung durch den Priester. Die Bußen wurden leichter. Gewöhnlich bestanden sie in Gebeten und in der Wiedergutmachung gegenseitig zugefügter Schäden. In den Jahren nach dem Tridentinum entwickelte sich jenes Organisations-Prinzip der Beichte, das bis in die sechziger Jahre des 20. Jahrhunderts Gültigkeit behalten sollte. Innerhalb dieses Rahmens bleibt das Buß-Sakrament heute weitgehend unverständlich. Für viele Katholiken ist es gleich unbefriedigend, regelmäßig zur Beichte zu gehen oder ganz wegzubleiben. Es fällt ihnen schwer, über das Buß-Sakrament zu sprechen. Sie fühlen sich unfähig, die meisten vorgeschlagenen Änderungen der Beichtpraxis richtig einzuschätzen oder mitzuvollziehen.

Was kann den Bekenntnisrahmen des Buß-Sakraments ersetzen? Die Lehre des Zweiten Vatikanischen Konzils und die Weisungen zum *neuen Beichtritus* legen das Schwergewicht auf die *Versöhnung*. Der Ritus selbst wird offiziell *„Feier der Versöhnung"* genannt. Das Grundanliegen des Sakraments ist, den Beichtenden mit Gott und den Menschen zu versöhnen. Der neue Beichtritus ist darauf angelegt, Versöhnung zu gewähren; aber wenige Katholiken sind offen dafür. Den meisten fehlt es an Erfahrung, wann sie sich entfremdet haben und wann sie versöhnt sind. Sie hören, daß es nach dem neuen Ritus drei verschiedene Möglichkeiten zur Feier des Buß-Sakraments gibt: a) die Feier der Versöhnung für einzelne, b) die gemeinschaftliche Feier der Versöhnung mit Bekenntnis und Lossprechung der einzelnen, c) die gemeinschaftliche Feier der Versöhnung mit allgemeinem Bekenntnis und Generalabsolution. — Selbst wenn diese verschiedenen Möglichkeiten erläutert werden, bestehen die meisten kaum darauf. Sie sehen nicht, wie diese neuen Riten ihnen etwas für den Alltag geben. Der Zusammenbruch persönlicher Beziehungen ist ihnen oft nicht einmal bewußt — folglich auch nicht, daß Versöhnung not tut. Sie wissen, daß ihr geistliches Leben nicht so ist, wie es sein sollte. Aber sie sehen nicht, wie das Buß-Sakrament etwas daran ändert.

Im Grunde ist das ein Problem der Beziehungen. Wer nie eine persönliche Beziehung zum Herrn gehabt hat, der hat auch nichts zu versöhnen. Nur wer eine *persönliche Freundschaft* mit dem Herrn hat, kann die Notwendigkeit einsehen, daß diese Freundschaft wiederhergestellt werden muß, sobald sie von der Sünde gebrochen oder gestört wurde. Er wird aber auch wissen, daß der Heilige Geist jene Kraft ist, die die Beziehung geschaffen hat und sie nach einer Sünde wiederherstellen kann. Hat jemand kein Organ dafür, daß er Glied einer christlichen Gemeinschaft ist, so wird er auch kein Verständnis dafür haben, wie seine Sünde das Gemeinschaftsleben gestört haben soll. Er wird auch nicht einsehen können, daß ihm von der Gemeinschaft vergeben werden muß, damit seine Beziehung zur Gemeinschaft wiederhergestellt werden kann. Er muß verstehen lernen, daß er im Neuen Bund lebt, daß Gottes Volk zur Gemeinschaft berufen ist, zum Leib Christi. Er muß neu entdecken, daß er eine Ortsgemeinde hat, die ihm Beziehungen zu Brüdern und Schwestern gibt, die ihm etwas bedeuten. Hat er einmal seinen Platz in der Gemeinde, so kann er auch Verantwortung übernehmen, zu wachsen und sich zu heiligen und so die Beziehungen innerhalb der Gemeinde zu kräftigen.

Ist die Beziehung zum Herrn und zu den Gliedern seines Leibes hergestellt, so können wir auch darüber sprechen, wie Versöhnung durch das Sakrament stattfinden kann. Was braucht der Beichtende, daß ihm im Sakrament *Versöhnung zur Erfahrung* werden kann? Er muß durch das Sakrament eine Kraft erfahren, die die tiefsten Bereiche der Entfremdung erreicht. Er muß einem vergebenden, versöhnenden Jesus begegnen, der ihn dazu führt, zu seinen Sünden zu stehen und sich zu bekehren, der ihn wissen läßt, daß ihm vergeben ist, und der ihm die Kraft gibt, sein Leben zu ändern. Er muß aus Erfahrung lernen, daß er mit Gott und auch mit Brüdern und Schwestern versöhnt ist. Er muß neu leben und neu hoffen lernen.

Die Erfahrungen christlicher Lebensgemeinschaften, die aus der Charismatischen Erneuerung hervorgegangen sind, zeigen uns, wie wichtig es ist, Vergebung zu erbitten und zu erhalten. Die Sünden und Verfehlungen der Glieder einer solchen Gemeinschaft sind oft dergestalt, daß ohne ausdrückliche Vergebung keine vollkommene Versöhnung stattfindet. Ein Bruder oder eine Schwester, die einen andern Bruder oder eine andere Schwester ignorierten, lächerlich machten oder enttäuschten, müssen lernen, das zu sehen und den Betroffenen persönlich um Verzeihung zu bitten. Ist die Vergebung gewährt, so ist damit nicht nur Versöhnung entstanden, sondern gewöhnlich geht die ganze Gemeinschaft gestärkt aus dieser Erfahrung hervor. Das Erbitten und Empfangen von Vergebung sollte sich sogar auf die Bereiche zweifelhafter Sündhaftigkeit erstrecken. Gegenseitige Vergebung und Versöhnung gehören zwar nicht direkt zum Buß-Sakrament, aber sie sind notwendig damit verbunden. Ist ein solcher Schritt dem Sakrament nicht vorausgegangen, so sollte in der Beichte der Vorsatz gefaßt werden, ihn nachzuholen.

Das bis dahin Gesagte mag zu idealistisch klingen. Wir haben es so stark betont, weil es sich als möglich erwiesen hat. Seit dem Erscheinen meines Buches „Die Kraft der Buße“ (1974) habe ich (Pater Michael) die Auswirkungen bei vielen Menschen weiterverfolgen können, die beichten kamen, um sich aus dem Sakrament neue Kraft zu holen. Zahllose Priester haben mir diese neue Kraft der Beichte bestätigt. Ich habe das schriftliche Zeugnis von 131 Priestern, die am Ersten Nationalen Priestertreffen für Charismatische Erneuerung in Steubenville 1975 teilgenommen haben. Sie bestätigen, daß den Beichtenden neues und tieferes Erleben geschenkt wurde. Sie bezeugen außerdem Heilungen von Ressentiments, Bitterkeit, Migränen, Kopfschmerzen, Depressionen, krankhaften Schuldgefühlen, Haß, chronischer Selbstbefriedigung und zwanghafter Homosexualität. Diese Heilungen geschahen, weil Priester und Beichtende gemeinsam an die Wurzeln der Sündhaftigkeit im Leben des einzelnen vorstießen und dann beteten, in der Kraft des Heiligen Geistes möge die Liebe des Herrn sie heilen. Die Priester berichteten weiter, prophetische Worte der Erkenntnis, Schriftworte, Worte der Weisheit und andere Offenbarungsgaben hätten dem Priester als wirksame Hilfen zur Beratung des Beichtenden gedient.

Die *„Feier der Versöhnung für einzelne“* (Einzelbeichte) ist aufgeteilt in: 1. Empfang, 2. Schriftlesung, 3. Bekenntnis, 4. Gebet des Gläubigen, 5. Lossprechung, 6. Lobpreis Gottes und Entlassung.

1. Beim *Empfang* sollte der Priester die Einheit mit dem Gläubigen suchen, so daß sie gemeinsam zum versöhnenden Herrn gehen können, um seinen Willen für dieses Mal zu erkennen. Dabei kann er zum Beispiel sagen: „Wir wollen zusammen zum Herrn gehen. Er ist nicht für die Gerechten gekommen, sondern für die Sünder. Wir wollen uns ihm anvertrauen.“ Außerdem sollte die Begrüßung so persönlich sein, daß der Gläubige sich wirklich entspannen kann.

2. Vor der *Schriftlesung* sollte der Priester den Gläubigen fragen, wie ihm zumute ist, um dann den geeigneten Text auszuwählen. Fühlt der Beichtende sich kalt und gleichgültig, so kann der Priester Hesekiel 11,19—20 lesen:

„Ich werde ihnen ein neues Herz und einen neuen Geist geben, ich werde ihnen das Herz von Stein ausreißen und ihnen ein Herz aus Fleisch und aus Blut geben, so daß sie nach meinen Geboten leben und meine Gebote beachten und ausführen. Sie werden mein Volk sein, und ich werde ihr Gott sein." — Fühlt sich der Gläubige entmutigt und von Sünden bedrückt, so kann der Priester Jesaja 53,4 lesen: „Er hat unsere Schwächen getragen, unsere Leiden hat er auf sich genommen." Oder auch Röm 8,1: „Nein, jetzt gibt es keine Verurteilung für die, die in Christus Jesus sind." — Ist der Beichtende durch Streitsucht oder Ressentiments oder Verletzungen befangen, die ihm andere zugefügt haben, dann kann der Priester Mt 6,14—15 lesen: „Wie ihr dem Menschen ihre Fehler vergebt, so wird euer himmlischer Vater auch euch vergeben. Wenn ihr aber den Menschen nicht vergebt, so wird euch euer Vater auch eure Verfehlungen nicht vergeben." — Häufig wird der Gläubige die geeignete Schriftstelle selber wissen. Wenn es die Zeit erlaubt, können Gebet und Nachdenken über diesen Text hilfreich sein.

3. Das *Bekenntnis der Sünde* ist als Dialog gemeint, in dem Priester und Gläubiger gemeinsam die wesentlichen Bereiche aufdecken, die der Versöhnung bedürfen. Sie sollten bemüht sein, die Wurzel der Sündhaftigkeit zu erkennen und sich zu einigen, was davon in dieser Beichte zu besprechen ist. Im Normalfall sollte der Priester den Gläubigen davon abbringen, zu viele Lebensbereiche gleichzeitig anzusprechen. In *einer* Beichte kann der Gläubige gewöhnlich nur ein oder zwei Bereiche von Herzen bereuen. Der Priester sollte die Führung des Heiligen Geistes suchen, welche der erwähnten Bereiche die vordringlichsten sind. Durch aufmerksames Hinhören kann er jenen Bereich ausfindig machen, der die Hauptursache der Entfremdung ist, und erkennen, welche Bereiche Grund zu Traurigkeit und wirklicher Bekehrung des Gläubigen sind. Diese Bereiche sollten behandelt werden.

Andere sollten beiseite gelassen werden, soweit sie nicht schwere Sünde beinhalten. Auch bei dieser Entscheidung sollte der Priester auf den Heiligen Geist hören. Der Heilige Geist wird den Priester in vielem bestätigen, was er über den Verlauf des Beichtgesprächs denkt. Sucht der Priester zu erkennen, wie der *Herr* möchte, daß er dem Gläubigen hilft, so wird er Freiheit, Liebe und Frieden erfahren.

4. Der Priester sollte darauf bedacht sein, dem Gläubigen den möglichen *Wurzelgrund der Sünde* zu zeigen. Am offenkundigsten ist das in Fällen, in denen der Gläubige häufige Lieblosigkeit einem Menschen gegenüber bekennt. Gewöhnlich verbirgt sich dahinter ein seit langem bestehendes Ressentiment diesem Menschen gegenüber. Es kann in einem Zwischenfall seinen Grund haben, der niemals ganz aufgearbeitet worden ist. Was den Gläubigen verletzt hat, sollte aufgedeckt und besprochen werden. Der Gläubige muß diesem Menschen von ganzem Herzen vergeben. Im Normalfall sollte er zu dem Betroffenen hingehen und mit ihm das Problem ganz offen besprechen. Wo notwendig, sollten beide Seiten einander um Verzeihung bitten. In einem andern Fall kann die Lieblosigkeit auf andauerndem Konkurrenzneid beruhen. Der Gläubige kann sich durch den Erfolg eines andern irgendwie bedroht fühlen, zum Beispiel durch dessen Aufstieg oder Beliebtheit. Der Gläubige sollte das einsehen, sein Habenwollen bereuen und auf jeden Konkurrenzneid verzichten.

Die Wurzeln gebeichteter Sünden finden sich in fast allen Lebensbereichen. Ressentiments dem ablehnenden Vater gegenüber können zu Haß gegen Gott als Vater führen oder auch zu Problemen mit der Homosexualität. Sich selbst als hoffnungsloser Versager anzusehen, kann die Wurzel vieler Flucht-Sünden sein: Drogenabhängigkeit, Trunksucht, sexuelle Ausschweifungen und Neid. Die meisten Beichtenden kennen die Wurzeln ihres Problems. Man muß sie nur ermutigen, sie auszusprechen. Fehlt die

Ermutigung, bleibt der Gläubige bei den üblichen Formeln und umgeht, was ins Persönliche reicht und tiefer blicken ließe. Gewöhnlich können sich Priester und Beichtender in wenigen Minuten einigen, worüber sie sprechen wollen. Der Priester sollte vorschlagen, daß man nach der Lossprechung gemeinsam für das betet, was dem Gläubigen am stärksten not tut: für die Heilung einer Wunde früher erfahrener Lieblosigkeit, für Entscheidungsfreudigkeit und Mut, Wachstum an Weisheit und Liebe, oder gegen die Mächte des Bösen, die sich in das Leben des Beichtenden eingeschaltet haben.

5. Nach dem neuen Ritus sollte der Priester zur *Lossprechung* beide Hände oder zumindest eine Hand über dem Beichtenden ausstrecken. Das ist die herkömmliche Geste der Lossprechung. Sie leitet auf natürliche Weise zu Heilungs- und Stärkungsgebeten über.

6. Schließlich sagt der Priester: „Danket dem Herrn, denn er ist gütig", und der Gläubige erwidert: „Sein Erbarmen währt ewig." Der Priester entläßt den Beichtenden mit den Worten: „Der Herr hat dir die Sünden vergeben. Geh hin in Frieden!"

Die zweite Möglichkeit innerhalb des neuen Beichtritus ist die sogenannte *„Gemeinschaftliche Feier der Versöhnung mit Bekenntnis und Lossprechung der einzelnen"*. Die Feier gründet auf den seit einigen Jahren üblichen Bußandachten. Der Ritus enthält Angaben über den äußeren Ablauf. Auf die Begrüßung folgt ein Eröffnungsgebet, dann ein Wortgottesdienst mit Lesung und Predigt und schließlich ein Versöhnungsritus, bei dem ein Priester in allgemeiner Form zum Schuldbekenntnis einlädt und das Volk antwortet: „Wir bitten dich, erhöre uns" oder ähnliches. Anschließend begibt man sich zur Einzel-Beichte und -Lossprechung. Danach kehrt man in die Gemeinschaft zurück zum gemeinsamen Dankgebet.

Dieser Ritus bietet besonders denen viele Möglichkeiten, die Gebetstreffen gewohnt sind. Man kann hier singen und Gott loben wie bei einem Gebetstreffen. Die Predigt ist eine Möglichkeit, die im Dienst *„innerer Heilung“* gewonnenen Einsichten andern mitzuteilen, nämlich daß man seine Sünden bereuen und in der Beichte bekennen sollte, nicht so sehr, weil einem bewußt geworden ist, was man falsch gemacht hat, sondern vor allem, weil einem Gottes Liebe deutlicher geworden ist, besonders dann, wenn man selbst untreu war. Eine Predigt, die auf die Liebe Gottes ausgerichtet ist, der uns heilen möchte, ganz werden lassen, erstorbene Beziehungen mit neuem Leben erfüllen, Familien zusammenführen und von der Sünde Gefangene befreien möchte, kann jene Wahrheit verkünden, die uns frei macht. Sie wird Menschen zu echter Reue und zum Empfang des Sakraments führen.

Eine solche Predigt steht im Gegensatz zur herkömmlichen Praxis, sich über das Böse der Sünde zu verbreiten, um Reue zu erwecken. Wir haben gelernt, daß die Betonung der Sünde auf viele entmutigend und bedrückend wirkt. Sie ziehen sich zurück, meinen, es sei hoffnungslos, und ergreifen die Flucht. Gottes Liebe zu predigen erweist sich meist als viel wirkungsvoller. Wird den Menschen Gottes Sehnsucht nach persönlicher Beziehung zum Erlebnis, so werden sie bemüht sein, alles in Ordnung zu bringen, um diese Beziehung so vollkommen wie möglich leben zu können. Wird ihnen bewußt, daß sie von Gott geliebt sind, so möchten sie sich ihm von neuem zuwenden. Bemerken sie, daß sie von Brüdern und Schwestern geliebt sind, so möchten sie diese Liebe erwidern und beseitigen, was ihr im Wege steht. Deswegen können Predigten, die auf die persönliche Liebe Gottes zu seinem Volk und die mitverantwortliche Liebe der Gemeinschaft ausgerichtet sind, Menschen leicht die Notwendigkeit vor Augen führen, diese *Beziehung zu leben*. Solche Predigten fördern Reue, Umkehr und Versöhnung. Die Menschen *möchten* lieben und geliebt werden. Sie müssen nur wissen, daß es geht; daß sie solche Beziehungen leben können.

Die dritte Möglichkeit des neuen Beichtritus, die sogenannte *Generalabsolution,* heißt *„Gemeinschaftliche Feier der Versöhnung mit allgemeinem Bekenntnis und Generalabsolution".* Das Wort „einzelner" kommt darin nicht vor, weil das Bekenntnis der Sünden in allgemeiner Form und in der Gruppe vorgenommen wird und weil alle die Lossprechung gleichzeitig empfangen. Wie im zweiten Beichtritus hält der Priester eine Ansprache. Dann sagt er: „Wer jetzt die sakramentale Lossprechung empfangen will, kniee nieder (oder: verneige sich) und spreche das allgemeine Bekenntnis." Es folgt ein Gebet des Bekenntnisses und der Priester erteilt die Lossprechung.

Es ist nicht üblich, das Buß-Sakrament nach dem dritten Ritus zu empfangen. Seine Anwendung ist auf Fälle von Todesgefahr und zwingenden Gründen im Ermessen des Ortsbischofs beschränkt. Die Kirche fordert, daß diejenigen, die die Lossprechung nach diesem Ritus empfangen haben, schwere Sünde später persönlich bekennen, um die persönliche Lossprechung zu empfangen. Diese Forderung ist eine deutliche Lehre, daß Versöhnung mehr bedeutet als die Lossprechung von Sünden. Geht jemand zur persönlichen Lossprechung, unterwirft er sich Erkenntnis, Belehrung und heilendem Gebet in einer Weise, wie sie durch die allgemeine Lossprechung nicht gewährt werden können. Ich bitte einen Freund nicht um Verzeihung durch fromme Sprüche in der Menge. Ich kann mich auch nicht wirklich versöhnen durch Schuldbekenntnisse in der Gruppe. Mir wird zwar vergeben, aber die Wiedergutmachung der Beziehung zu Gott und zu den Brüdern und Schwestern erfordert eine persönliche Begegnung.

Der zweite und dritte Buß-Ritus sind für Beichtende als Gruppe oder Gemeinschaft bestimmt. Ihr besonderer Wert liegt in der Betonung der sozialen Dimension der Sünde und der Notwendigkeit der Wiederherstellung von Beziehungen innerhalb der Gemeinschaft. Sie schaffen damit einen Ausgleich zum Gott-und-ich-Syndrom, das sich im Rahmen der Bekenntnis-Beichte (16.—20. Jahrhundert) herausbildete. Die gemeinschaftlichen Bußfeiern betonen die Lehre des Apostels Paulus in seinem Brief an die Kolosser: „Zieht an, wie es Erwählten Gottes, Heiligen, Geliebten ziemt, ein herzliches Erbarmen, Güte, Demut, Sanftmut, Geduld! Ertraget einander und vergebet einander, wenn einer über den anderen zu klagen hat. Wie der Herr euch vergeben hat, so tut auch ihr! Und über all dem zieht die Liebe an, das Band zur Vollendung" (Kol 3,12—15).

Persönliche Erfahrungen (Schwester Ann)
Vielen ist durch das Sakrament der Versöhnung neues Leben und Heilung von Beziehungen zuteil geworden. Ihr Leben bezeugt die Wirklichkeit des bisher Gesagten. Aber wie kann sich jemand auf eine solche Begegnung mit Gott vorbereiten? Zunächst glaube ich, ist es wichtig, sich daran zu erinnern, daß alle Heilung durch das Sakrament ausgeht von einer *Haltung der Reue* und vom *Wunsch nach Umkehr*. Doch ist es gleich wichtig, sich zu erinnern, daß man seine Sünden bereuen und in der Beichte bekennen sollte, nicht so sehr, weil einem bewußt geworden ist, was man falsch gemacht hat, sondern vor allem, weil einem Gottes Liebe deutlicher geworden ist, besonders dann, wenn man selbst untreu war. Vor vier Jahren ist mir diese Wahrheit zur persönlichen Wirklichkeit geworden. Die *„Geisttaufe"* hatte ich seit mehr als einem Jahr empfangen. Diese Begegnung mit Gott hatte nach und nach viele Lebensbereiche angerührt. Die Beichte aber war bis zu einem bestimmten Tag Gewohnheitssache geblieben. Ich folgte dem üblichen Schema: ich prüfte mein Gewissen, hakte im Geiste ab, wo ich gefehlt hatte, bereute es und ging zu einem Priester, um meine Sünden herzusagen und die Lossprechung zu erhalten.

Als ich die Schmutzwäscheliste, so nenne ich das seitdem, hergesagt hatte, fragte mich der Priester, ob ich noch etwas habe. Ich sagte prompt: „Nein." Er erwiderte: „Tut Ihnen *irgend etwas* leid von dem, was Sie gesagt haben?" Ich war etwas überrascht und sagte selbstgerecht: „Ja, natürlich, *alles.*" Dann kam eine Pause. In diesem Augenblick wurde mir klar wie nie zuvor, daß ich keinerlei echte Reue empfand. Ich hatte an einem rein mechanischen Ritual teilgenommen, einer Pflicht genügt und mir ein gutes Gewissen verschafft. Meine Sünden hatten mir auf eine abstrakte, rein intellektuelle Art leid getan. Meine persönliche Beziehung zum Herrn war noch nicht einmal soweit gediehen, daß auch nur die Sehnsucht, zu bereuen und *bekehrt zu werden,* echt gewesen wäre.

Als ich mich mit dieser Erkenntnis herumschlug, bemerkte ich, daß der Priester, der Beichte hörte, für mich betete. In diesem Gebet sah ich das Zeichen eines Menschen, der für mich nur das Beste wollte. Das machte mir Mut, zu sagen: „Ich glaube nicht, daß mir irgend etwas von dem Gesagten ehrlich leid tut." Ich meinte, daß es mir leid genug tut, Gottes heilende Gnade heranzulassen und zu *erwarten,* daß ich von nun an gewisse Dinge anders machen werde. Bis dahin war ich mit dem Hersagen meiner Sünden und der Lossprechung zufrieden gewesen. Dieses Schema konnte man wöchentlich oder monatlich wiederholen, die Sünden blieben über Jahre dieselben. Jetzt im Bewußtsein, wieviel mehr Gott für mich bereithält, begann ich wirklich zu *verstehen,* was es heißen kann, durch das Buß-Sakrament gewandelt und geheilt zu werden. Einen Augenblick lang beteten der Priester und ich still. Dann sagte er, er könne mir zwar die Lossprechung geben, wenn ich das wolle, „alle Bedingungen wären erfüllt", er würde aber vorziehen, damit zu warten, bis ich echte Sehnsucht nach Umkehr verspürte und auch wirklich offen wäre dafür. Ich war sprachlos. Niemand hatte je gezögert, mir die Lossprechung zu erteilen. Aber ich verstand. Wir beteten noch einmal zusammen, damit ich annehmen konnte, was Gott mir zeigen wollte.

Vier Monate lang ließ ich die Wirklichkeit göttlicher Liebe mein Herz aus Stein durchdringen; bis dahin war ich mir dieser Härte nicht einmal bewußt geworden. Ich begann mich danach zu sehnen, daß wieder Ordnung in mein Leben kommt. Es wurde mir bewußt, daß ich nicht einfach immer so weiter sündigen konnte und gleichzeitig bereit und offen dafür sein, daß sich etwas ändert. Ich begann die Liebe Gottes in einer solchen Tiefe zu erfahren, daß ich seine Freude verstehen konnte, wenn ich ihn um Vergebung bat. „Herr, erbarme dich“ wurde zu einem *persönlichen Gebet.* Die Beichte war wieder lebendig geworden!

Der Vater eilt dem verlorenen Sohn mit offenen Armen entgegen — *jedesmal,* wenn uns danach verlangt, umzukehren. Das muß man einfach wissen. Wie schwer unsere Sünden auch wiegen, der Vater fordert nichts, als daß wir umkehren zu ihm und sein Erbarmen suchen. Tun wir das, so erleben wir, was im 103. Psalm steht: „Denn soweit der Aufgang vom Untergang entfernt ist, läßt er unsere Sünden uns fern sein“ (Ps 103,12). Mit den kleinen Sünden des Alltags hat es aber noch einen großen Haken. Wir können sie für so selbstverständlich nehmen, daß wir nicht sehen, wie sehr sie das Wachstum unserer Beziehung zum Herrn stören. Wir entschuldigen diese Sünden damit, daß wir sagen: „Das ist eben die menschliche Natur.“ Sicher, wir sind alle Sünder, niemand ist vollkommen, jedem muß andauernd verziehen werden. Aber je deutlicher wir im Licht von Gottes *persönlicher Liebe* zu jedem einzelnen erkennen, wie wir uns im Alltag verhalten, umso mehr werden wir diese Liebe auch in den winzigsten Details in einem Geist der Umkehr begehren.

Je mehr wir an uns selbst jene *Wandlung erfahren,* die Gott so sehr für uns ersehnt, desto mehr werden wir ihn Herr sein lassen: Herr über unsere Sünden, unsere Leiden, unsere Schwächen — durch jenes Sakrament, das nicht nur zur Heilung und zur Ganzheit unserer selbst, sondern aller

Menschen führt, die Anteil an unserem Leben haben. Letztlich sollte das Sakrament der Versöhnung im Kontext der Sendung Jesu gesehen werden, die Welt mit dem Vater zu versöhnen. Paulus schreibt an die Korinther: „Wenn jemand in Christus ist, so ist er ja eine neue Schöpfung. Das Alte ist vergangen. Neues ist geworden. Das alles verdanken wir Gott, der uns durch Christus mit sich versöhnt und uns den Dienst der Versöhnung verliehen hat. Gott hat ja die Welt in Christus mit sich versöhnt, hat ihr ihre Übertretungen nicht angerechnet und in uns das Wort von der Versöhnung gelegt. Für Christus denn lassen wir den Aufruf ergehen als seine Gesandten, und es ist, wie wenn Gott durch uns aufriefe, wir bitten an Christi Statt: Versöhnt euch mit Gott! Ihn, der die Sünde nicht kannte, hat er für uns zur Sünde gemacht, damit wir in ihm die Gerechtigkeit Gottes würden" (2 Kor 5,17—21).

Die folgenden drei Kapitel behandeln die *Initiations-Sakramente:* Taufe, Firmung und Eucharistie. In der Urkirche wurden sie als Teile *einer* Sakrament-Feier gespendet. Die Firmung ist nachweisbar eine Tauf-Erneuerung und -Erweiterung; erst in der Eucharistie finden beide ihre Vollendung. So gesund das theologisch sein mag, so wenig wird es der heutigen Pastoral-Situation gerecht. In der gegenwärtigen Praxis folgt auf die Kindertaufe mit einigen Jahren Abstand die Erstbeichte und Erstkommunion und einige Jahre später die Firmung. Wir werden hier die Sakramente im Hinblick auf die gegebene Pastoral-Situation behandeln, jedoch in der ursprünglichen Reihenfolge der Initiations-Sakramente.

6. Taufe

Da war unter den Pharisäern ein Mann, Nikodemus mit Namen, ein Ratsherr der Juden. Der kam des Nachts zu ihm und sagte zu ihm: „Meister, wir wissen, daß du als Lehrer von Gott gekommen bist. Denn niemand kann diese Zeichen tun, die du tust, wenn nicht Gott mit ihm ist." Jesus antwortete ihm: „Wahrlich, ich sage dir, wenn jemand nicht von oben geboren wird, kann er das Reich Gottes nicht sehen." Nikodemus sprach zu ihm: „Wie kann ein Mensch noch geboren werden, wenn er schon alt ist? Kann er denn wieder in den Schoß seiner Mutter eingehen und neu geboren werden?" Jesus antwortete: „Wahrlich, ich sage dir, wenn jemand nicht aus Wasser und Geist geboren wird, so kann er nicht in das Reich Gottes eingehen. Was aus dem Fleische geboren ist, ist Fleisch, was aus dem Geiste geboren ist, ist Geist. Wundere dich nicht, daß ich dir sagte, ihr müsset von oben geboren werden" (Joh 3,1—7). Diese erstaunliche Aussage des Johannes-Evangeliums ist die Grundlage eines echten Tauf-Verständnisses. Alle Christen glauben heute an dieses Sakrament, aber viele mögen schockiert sein wie Nikodemus, zu hören, was es wirklich heißt, neu geboren zu werden.

In der Vergangenheit verlor sich das Taufsakrament allzuoft inmitten eines Menschen-Gewühls im hintersten Winkel der Kirche. Sogar heute noch versammeln sich viele um ein Taufbecken, Babys schreien, Paten versuchen verzweifelt, behilflich zu sein, das Kleidchen aufzuknöpfen, den Schnuller zu finden und vor allem den Text nicht zu vergessen. Eltern und Verwandte sind ganz vom Baby in Beschlag genommen, wie es strampelt, ob es lächelt, wann es schreit — oder einfach einschläft. Der Priester hat sich durchzusetzen, trotz allen Geschreis und aller Verwirrung soll er auch noch verstanden werden. Er kommt sich vor, wie in einem Drei-Arenen-Zirkus: Die verschiedenen Zuschauergruppen interessiert einzig, ob das Baby gut spielt, das sie sehen wollten. Man ist versucht, laut zu schreien: „Versteht jemand, was hier los ist?"

Der *neue Taufritus* betont zwar die eigentliche Bedeutung des Sakraments, und einigen Pfarreien ist es auch gelungen, die Taufe wieder in die Eucharistie-Feier einzugliedern, aber die meisten sehen in der Taufe immer noch etwas, das der Priester macht, um das Kind in die Kirche zu bekommen. Die Anwesenden halten sich zumeist immer noch für Zuschauer ohne jede Bedeutung für das Sakrament. Die meisten halten ihre eigene Taufe nach wie vor für nichts anderes als den Anfang einer ganzen Serie von Sakramenten. Ist uns bewußt, daß wir in der Taufe Jesus als dem Retter begegnen? Wissen wir wirklich, daß in diesem Sakrament Jesus den Täufling vor den Mächten der Finsternis und vor allem Bösen bewahrt? Daß er den Neugetauften zum Reich des Lichtes und zum ewigen Leben führt? Wissen wir, daß durch die rettende Kraft des Todes und der Auferstehung Jesu das lebenspendende Wasser des Heiligen Geistes über den Neugetauften ausgegossen ist als unverdiente Gabe, die das Kind des Fleisches in den Stand versetzt, als angenommener Sohn oder als Tochter Gottes zu leben? Durch die Taufe wird jenes Kind, das aus der Liebe zweier Menschen geboren ist, neugeboren aus Wasser und Geist in das Reich des Lichtes hinein.

Der Neugetaufte geht tatsächlich von einem Reich in das andere Reich über. In der Kraft des Geistes Jesu Christi wählt er die Freiheit der Söhne und Töchter Gottes. Durch seine eigene Wahl oder implizit durch den Glauben seiner Eltern möchte der Neugetaufte sein Leben unter die Herrschaft Jesu stellen. Die Taufe wird ihm zum Zeichen und Siegel für immer. Die Pfarrgemeinde oder die christliche Lebensgemeinschaft muß sich der Bedeutung bewußt sein, was es konkret bedeutet, einem total abhängigen und verwundbaren Kleinkind den vollen Schutz des Reiches Gottes angedeihen zu lassen, wenn sie als Gemeinschaft das Kind bringt, um es in jenes neue Leben eintauchen zu lassen, das die Taufe darstellt. Die Gemeinschaft muß sich bewußt sein, daß sie durch die Taufe ein neues Glied in ihre Mitte aufnimmt. Sie muß bereit sein, sich als Eltern und Paten, Verwandte oder Glieder der Gemeinschaft zu engagieren, das Wachstum eines Menschen mitzutragen, der im Namen Jesu Christi neu gezeichnet und besiegelt ist für das Reich des Vaters.

Es ist wichtig, daß die *ganze Gemeinde* zur Taufe versammelt ist. Soweit wie möglich sollte die Taufzeremonie durch die aktive Teilnahme der Gemeinde geprägt sein. Gemeinsamer Gesang, Prozessionen und Responsorien aller Beteiligten sowie Zeiten spontanen Gemeindegebets können diese Teilnahme beleben. Während des gemeinsamen Gebetes können die Gemeindeglieder die Hände in Richtung auf das Kind ausstrecken. Sie sollten in zwei Intentionen beten: Zunächst sollte durch ein Gebet der Vollmacht alles Böse von dem Neugetauften ferngehalten werden. Danach sollten durch Fürbitten alle Gnadengaben auf das getaufte Kind herabgerufen werden. Jeder Christ sollte dabei seine eigenen Taufgelübde erneuern, seine Beziehung im Bund mit allen Brüdern und Schwestern vertiefen. Die ganze Gemeinschaft sollte den Augenblick der Taufe selbst, in der Jesus als der Heiland gegenwärtig ist, wirklich heilig halten. Der Gemeinde sollte die Bedeutung der verschiedenen Elemente der Taufe bewußt sein. Wasser bedeutet Reinigung und Läuterung für das neue Leben. Die brennende Kerze ist das Zeichen des Reiches des Lichts, in das der Getaufte eintritt. Das weiße Kleid ist das Hochzeitskleid der Heiligen. Das Zeichen des Kreuzes bedeutet, daß die Heilige Dreieinigkeit in dem Getauften Wohnung genommen hat.

Der Taufende sollte unverhohlen aussprechen, daß ein geistiger Sieg stattgefunden hat: Die Mächte der Kirche haben die Mächte des Bösen überwunden. Bei Kleinkindern fordern die Eltern die Taufe für das Kind, geben ihm einen Namen und engagieren sich feierlich, das Kind verantwortlich im Glauben zu unterweisen und im Gehorsam gegen Gottes Gebote zu erziehen. Die Paten willigen ein, bei diesen Aufgaben behilflich zu sein. In Gegenwart der christlichen Gemeinde begrüßt der Priester nun diejenigen, die getauft werden sollen, und macht ihnen ein Kreuz auf die Stirn. Das ist sein Gebet in Vollmacht und sollte auch so gesprochen werden: Der Priester fordert das Kind für Jesus, den Retter. Darauf folgt der *Wortgottesdienst*. Verschiedene Lesungen stehen zur Wahl, alle aber weisen auf eine persönliche Begegnung mit Jesus hin. Sie verkünden die Wirklichkeit dessen, was im Sakrament geschieht. Wichtig ist, daß derjenige, der den Text vorträgt, in der Lage ist, den Inhalt so zu vermitteln, daß die Gemeinde ihn richtig aufnehmen und auch darauf reagieren kann. Bei den Fürbitten sollte man den versammelten Gemeindegliedern Zeit lassen, von Herzen für das Kind zu beten — und auch für die Gnade, jene Verantwortung wahrzunehmen, die sich aus der Aufnahme dieses neuen Lebens in die Gemeinschaft ergibt.

Darauf folgt der *Exorzismus*. Hier kann der Priester zwischen zwei Gebeten wählen. Das erste verkündet den Sieg über Satan und das Reich der Finsternis und bittet darum, daß das Kind von der Erbsünde befreit und zu einem Tempel der Herrlichkeit wird. Das zweite Gebet erwähnt Satan und die Erbsünde nicht, aber es spricht vom Kampf gegen den Teufel und von der Befreiung des Kindes von der Knechtschaft der Sünde und den Mächten der Finsternis. Welches Gebet auch gewählt wird, der Gemeinschaft sollte bewußt werden, daß der Sieg Jesu über die Mächte der Finsternis wirklich ist und daß er für all jene absolut notwendig ist, die aus den Bindungen der Knechtschaft hinüberwechseln in die Freiheit der Kinder Gottes. Die Wirklichkeit geistlicher Kampfsituation sollte auch weiterhin das zentrale Thema der Feier bleiben. Während das Kind mit Öl gesalbt wird, um es zu stärken, werden ihm still die Hände aufgelegt. Durch die Weihe des Taufwassers erhält das Wasser seine Kraft. Der Priester sollte dann eine klare Absage an Satan und alle seine Werke und Verlokkungen aussprechen. Eltern und Paten antworten darauf mit dem Bekenntnis ihres Glaubens an die drei Personen der Heiligen Dreifaltigkeit.

Untertauchen ist die geeignetste Form der Taufe. Sie wird am deutlichsten zum Zeichen des Eingehens in das neue Leben durch die totale Reinigung durch das Wasser. In einer Pfarrei, die wir gut kennen, heben der Pfarrer und die Eltern das Kind nach dem Untertauchen für die ganze Gemeinde sichtbar in die Höhe. Eine solche symbolische Handlung stellt den Sieg der Taufe dar. Zu den anderen Siegeszeichen gehören die Antwort der Gemeinde, das weiße Kleid, das man dem Kind anzieht, und die brennende Kerze. Die abschließenden Gebete über Ohren und Mund sind zwar nicht verpflichtend, aber dennoch wichtig. Während er die Ohren und den Mund des Neugetauften berührt, sagt der Priester: „Der Herr lasse dich heranwachsen, und wie er mit dem Ruf ‚Effata' dem Taubstummen die Ohren und den Mund geöffnet hat, öffne er auch dir Ohren und Mund, daß du sein Wort vernimmst und den Glauben bekennst zum Heil der Menschen und zum Lobe Gottes."

Im November 1972 taufte ich (Pater Michael) meine Nichte. Im Mai 1973 hörte ich, sie sei taub. Die Eltern ließen mich wissen, daß sie viele Fachärzte konsultiert hatten, aber daß keiner ihnen Hoffnung machen konnte. Die Diagnose lautete auf totale Taubheit. Eine Glaubensregung durchfuhr mich. Ich ging ins Zimmer meiner Nichte und betete etwa 20 Minuten für sie. Ich legte ihr die Finger in die Ohren und salbte sie mit Öl. Ich ging wieder und war sicher, daß etwas geschehen ist. Ein paar Wochen später warf mein Bruder die Tür zu ihrem Zimmer zu und sie begann zu schreien. Er brachte sie zum Arzt. Der stellte fest, daß sie überdurchschnittlich gut hört. Kürzlich hörte ich von meinem Bruder, daß der Arzt die Heilung einem direkten Eingriff Gottes zuschreibt. Ich glaube, daß ich bei diesem Heilungsgebet immer noch als der Taufpriester handelte, sogar als ich sie mit Öl salbte. Ich habe mich entschlossen, auch in Zukunft während der Taufe den Herrn zu bitten, alles zu heilen, was mit dem Kind nicht in Ordnung ist.

Zu gegebener Zeit kann man bei der Taufe auch um *innere Heilung* des Kindes beten. Unter Leitung des Priesters oder der Eltern sollten alle Anwesenden für die Heilung von Wunden beten, die dem Kind durch traumatische Erfahrungen im Mutterleib, während der Wehen und der Geburt oder irgendwann zwischen Geburt und Taufe entstanden sein könnten. Zum Beispiel: „Wir wissen, Herr, daß du dieses Kind liebst und es befreien möchtest. Sende deinen Heiligen Geist in deinem Kinde aus und durchströme alle Bereiche, die verwundet sind, und bringe ihm Heilung und Frieden." Zum Schluß lädt der Priester alle ein, gemeinsam zu beten. Müttern und Vätern erteilt er einen besonderen Segen. Eine Pfarrgemeinde oder eine christliche Lebensgemeinschaft sollte auch nach Abschluß der eigentlichen Taufe gemeinsam weiterfeiern. Solches Feiern, bei dem jeder in der Gemeinde willkommen ist, kann die Verbundenheit, die Liebe und das Engagement der Versammelten stärken. Zahlreiche Priester haben uns mitgeteilt, die Charismatische Erneuerung habe ihnen dazu verholfen, das Taufsakrament bedeutend tiefer und inhaltsreicher zu erleben. Mögen wir alle es immer tiefer erfahren.

7. Firmung

Trotz großer Anstrengungen von Pfarrern und Katecheten bleibt die Firmung ein Sakrament voller Rätsel. Der Text des neuen Firmritus betont, daß die Firmung die Taufe ergänzt und mit der Eucharistie verbindet. Diese drei zusammen bilden die *Initiations-Sakramente.* Aus diesem Grunde beginnt die Firmung mit der Erneuerung des Taufbekenntnisses und soll innerhalb der Eucharistiefeier empfangen werden. Der Firmritus setzt zwar voraus, daß die Firmung im allgemeinen im Alter von etwa sieben Jahren gespendet werden soll, ermöglicht aber den Aufschub, soweit das ortsüblich ist. In den Vereinigten Staaten ist es üblich, die Firmung erst mehrere Jahre nach der Erstkommunion zu spenden. Diese Praxis wurde eingeführt, damit „der Firmling sein Taufbekenntnis in größerer Bewußtheit seiner christlichen Verantwortung erneuern und bestätigen kann“.[3]

Die meisten Katholiken aber denken ganz anders an ihre Firmung zurück. Wochen zuvor wurden ihnen Fragen und Antworten über den Glauben eingebleut. Die meisten bekamen bei der Firmung zum ersten Mal einen Bischof zu sehen; einen Bischof, der ihnen ein paar Fragen stellte, einen Backenstreich verabreichte, wovor man mächtig Angst hatte, und der dann erzählte, sie wären Soldaten Christi. Zwar kennt man neuerdings mehr Varianten und bemüht sich, Geheimniskrämerei durch Verständlichkeit zu ersetzen, aber die Firmung bleibt ein *ungelöstes Problem.* Einfach gesagt wissen Pfarrer, Lehrer, Eltern und letztlich auch die Firmlinge nicht, was das Kommen des Heiligen Geistes in diesem Sakrament bedeutet. Wenn doch das Kommen des Geistes derart bedeutend sein soll, warum stellen dann die Gefirmten keinerlei Veränderung in ihrem Leben fest? Direkter ausgedrückt, warum werden die Gefirmten nachher absolut nicht anders behandelt als vorher? Wenn sie doch jetzt Zeugen Christi sein sollen und Dienste der Verkündigung ausüben, warum überträgt man ihnen dann keine Aufgaben? Es ist verständlich, daß man Täuflingen keine Exerzitien über die Erlösung Jesu Christi und die Erfüllung mit dem Heiligen Geist hält, weil die meisten als Säuglinge getauft werden. Aber sollte man die Gefirmten wirklich als Zeugen aussenden, ohne daß sich für sie auch nur irgend etwas geändert hätte?

Die Theologen sagen zu Recht, Taufe und Firmung gehören so eng zusammen, daß es unmöglich ist, sie deutlich auseinanderzuhalten. Daraus ergibt sich eine allgemeinere Frage: Wann erfahren getaufte und gefirmte Christen, daß sie sich von Nichtchristen unterscheiden? Werden sie je zur Kenntnis nehmen, daß sie „Tempel Gottes" sind, vom Geist erfüllt, zum Kampf gerüstet, die Sinne erleuchtet, mit Gaben beschenkt? Sie wissen es erst, wenn sie fähig sind, in *lebendigem Glauben* auf den Ruf zu antworten, der durch die Firmung an sie ergeht. Aber worin besteht dieser Glaube? Glaube ist weder Wunschdenken noch Schwärmerei. Glauben ist jene Reaktion, die wir im Hebräerbrief finden: „Glaube ist das Feststehen im Erhofften, die Überzeugung von unsichtbaren Wirklichkeiten" (Hebr 11,1). Auch hier ist es wieder erwartender Glaube, der uns befähigt, die Kraft des Heiligen Geistes zu ersehnen, tagtäglich ohne jede Enttäuschung jene Gaben und Gnaden vorwegzunehmen, die wir zu einem erfüllten christlichen Leben brauchen. Erst dadurch wiederum wird es möglich, als Schwestern und Brüder einander zu dienen.

Aber wie kann ein solcher Glaube bei getauften Christen wachsen? Welcher Art Vorbereitung bedarf es dazu? Die christliche Lebensgemeinschaft oder die Ortsgemeinde muß deutlich verstehen lernen, was bei der Firmung geschehen wird. Jesus verheißt uns nicht nur seinen Geist, sondern er setzt die Kraft des Heiligen Geistes in uns frei. Einige nennen das *Geist-Erfüllung* oder auch *Geisttaufe*. Der Empfangende soll die Gegenwart Jesu als des Auferstandenen neu erfahren: eine neue Kraft, zu beten, eine neue Kraft, über seinen Glauben zu sprechen und den Beginn neuer Geistesgaben. Wir meinen, die Gemeinschaft unter der Führung ihres Hirten sollte entscheiden, wer verständig und offen genug ist, sein Leben unter die Herrschaft Jesu zu stellen. Wir meinen, daß diejenigen, die dazu bereit und in der Lage sind, durch ein Seminar vorbereitet werden sollten, durch das erwartender Glaube gefördert wird, wie etwa durch das „Leben-im-Heiligen-Geist-Seminar", das in den katholischen Charismatischen Gebetsgruppen weit verbreitet ist. Die gängigeren *Vorbereitungsseminare* fördern ausschließlich den lehrmäßigen Glauben: Glauben an eine Reihe von Lehrmeinungen und nicht an eine persönliche Begegnung mit Jesus Christus. Wir meinen, daß den Neugefirmten *neue Verantwortung* in Gebet, Studium und Gottesdienst übertragen werden sollte; denn sie sind jetzt mit neuer Kraft ausgerüstet, diese Verantwortung wahrzunehmen. Zusammen mit ihren Eltern sollten sie täglich laut beten. Sie sollten an fortlaufenden Kursen der Erwachsenenbildung teilnehmen und zu Diensten herangezogen werden, die ihren Gaben entsprechen.

Der neue Firmritus fordert die gläubige Hingabe aller Anwesenden. Das Eröffnungsgebet des Zelebranten bittet den Herrn, in vierfacher Form seinen Heiligen Geist zu senden: „In unseren Herzen zu leben und uns zu Tempeln seiner Herrlichkeit zu machen; uns vor der Welt zu Zeugen der Frohen Botschaft zu machen, uns zu helfen, in der Einheit des Glaubens voranzuschreiten und in der Kraft seiner Liebe zu wachsen, unsere Sinne zu erleuchten und uns in alle Wahrheit einzuführen."[4] Gott hört und erhört unsere Gebete. Die Gemeinde sollte erwarten, daß diese Bitten vom Herrn erfüllt werden. In der Schrift heißt es, daß durch das Kommen des Geistes jeder ein Zeichen neuen Lebens und neuer Kraft erfuhr. Wir sehen das sowohl im Pfingstbericht (Apg 2,1—41) als auch in der folgenden Tatsache verwirklicht: „Dann legte ihnen Paulus die Hände auf und der Heilige Geist kam über sie: Sie redeten in der Sprache der Entrückung und in geistbegabter Verkündigung“ (Apg 19,5—6).

Geschieht das heute nicht mehr, weil wir es nicht mehr erwarten? Weil wir andere nicht mehr lehren, es zu erwarten? Wir wissen von einigen Fällen, in denen Schwestern die Kinder für die Firmung in dieser Erwartung vorbereitet haben. Im Anschluß an die Firmung sprachen die Kinder von einem neuen Erleben der Gegenwart Jesu. Einige begannen in Sprachen zu beten. Wir meinen, Gott möchte das für alle, die sich im Glauben dem Wirken des Heiligen Geistes öffnen. In allen sollten die in Jesaja 11,2 und 1. Korintherbrief 12,4—11 aufgezählten Gaben wirksam werden und sich mit Macht offenbaren. Die Firmlinge werden zunächst aufgerufen, ihr Glaubensbekenntnis zu erneuern, das sie oder ihre Eltern bei der Taufe abgelegt haben. In der Erneuerung der Taufversprechen werden sie gefragt: „Glaubt ihr an den Heiligen Geist, der Herr ist und lebendig macht, der, wie einst den Aposteln am Pfingstfest, so heute euch durch das Sakrament der Firmung in einzigartiger Weise geschenkt wird?“ Dies sind nicht nur rituelle Aussagen oder Fragen. Die Firmlinge sind aufgerufen, sich im Glauben für eine neue persönliche Begegnung mit Gott in seinem Heiligen Geist zu bereiten und zu öffnen.

Glauben die der Firmung Beiwohnenden nicht aus vollem Herzen an diese Worte, so sollten sie an der Feier nicht teilnehmen. Die meisten Firmlinge sind junge Leute. Ruft der Zelebrant, gewöhnlich der Bischof, die Gemeinde als Ganzes auf, den eben verkündeten Glauben mit ihrem „Amen“ zu bestätigen, so werden die jungen Leute sehr wohl zu unterscheiden wissen, ob diese Glaubensantwort von Herzen kommt oder nur ein Lippenbekenntnis ist. Der Glaube seiner Umgebung wird für die christliche Lebensart des Neugefirmten bestimmend sein. Daher sollte die Firmung ein Höhepunkt im Leben der ganzen Pfarrei sein, ein Bekenntnis „des Geistes, Einheit zu bewahren“ (Eph 4,3), durch das der Glaube verkündet und vertieft wird. — An dieser Stelle können die Firmlinge sich öffentlich bereit erklären, das Evangelium zu verkünden, vor aller Welt für den Herrn Zeugnis abzulegen und eifrig am Aufbau des Leibes Christi mitzuwirken. Von den Firmlingen selbst formuliert kann eine solche Erklärung auf die Anwesenden einen nachhaltigen, wohltuenden Eindruck machen. Wenn irgend möglich, sollte diese Praxis eingehalten werden.

Das Sakrament selbst wird durch die Salbung der Stirn mit Chrisamöl gespendet. Der Bischof legt dabei dem Firmling die Hand auf und sagt: „Sei besiegelt durch die Gabe Gottes, den Heiligen Geist.“ Diese Handauflegung ist nicht ohne weiteres für alle sichtbar, denn sie geschieht in derselben Geste, mit der der Bischof mit dem Daumen dem Firmling ein Kreuz auf die Stirn zeichnet. Daher sollte die Handauflegung vor der Salbung nicht ausgelassen werden. Der Firmritus schreibt vor, daß der Bischof die Hände über alle Firmlinge ausbreitet und betet: „Allmächtiger Gott, Vater unseres Herrn Jesus Christus, du hast diese (jungen) Christen (unsere Brüder und Schwestern) in der Taufe von der Schuld Adams befreit, du hast ihnen aus dem Wasser und dem Heiligen Geist neues Leben geschenkt. Wir bitten dich, Herr, sende ihnen den Heiligen Geist, den Beistand. Gib ihnen den Geist der Weisheit und der Einsicht, des Rates, der Erkenntnis und der Stärke, den Geist der Frömmigkeit und der Gottesfurcht. Durch Christus unseren Herrn.“ Es ist ein Gebet voller Kraft, ein Moment abschließender Fürbitte vor der Salbung, also der Spendung des Sakraments. Die Gemeinde sollte in diesem Gebet mit dem Bischof vereint sein. Als Zeichen gemeinsamer Fürbitte sollte auch sie die Hände erheben.

Das zur Salbung verwendete Chrisam bezeichnet und bewirkt in den Gefirmten die neue Kraft des Geistes. Durch Handauflegung, Salbung und Gebet begegnet Jesus jedem einzelnen und bestärkt ihn im Heiligen Geist. Durch die Gabe des Geistes aber ist er mit dem Siegel des Herrn endgültig geprägt. Die Gefirmten sollten auch im Anschluß an die Firmung noch Seminare haben, so daß sie wirklich verstehen, was geschehen ist, was neu ist für sie und welche neuen Wege sie jetzt gehen. Solche *Grundlagen-Seminare* werden zum Beispiel in Charismatischen Gebetsgruppen und Lebensgemeinschaften im Anschluß an das „Leben-im-Heiligen-Geist-Seminar" durchgeführt. Die Kurse behandeln Themen wie: Persönliches Gebet, Sakramente und Gottesdienst, Anwendung der Geistesgaben im Gebetstreffen und im Gottesdienst, Wachstum im geistlichen Leben, Persönlichkeit und Reifung, Vergebung und Versöhnung, Christen und soziale Gerechtigkeit, Berufswahl und Berufung. Wir empfehlen diese und ähnliche Themen als Material für Neugefirmten-Seminare. Im Idealfall sollte nach einem ersten Jahr der Unterweisung ein vertieftes Studium des oben vorgeschlagenen Materials in die fortlaufenden Oberschul- und Erwachsenenbildungskurse der Gemeinde eingeplant werden.

Schließlich noch ein Wort zu den *Firmpaten*. Früher war vielfach *ein* Mann für alle Jungen Firmpate und *eine* Frau Firmpatin für alle Mädchen. Vor meiner eigenen Firmung habe ich (Pater Michael) den Mann, der mein Pate war, nie gesehen. Auch am Firmtag sah ich ihn nur von weitem. Nach dem neuen Firmritus sollen die Taufpaten auch Firmpaten sein. Das scheint eine besonders gute Praxis, denn es verbindet die beiden Sakramente und vertieft die Beziehung zwischen Taufpaten und Firmpaten. Weiter sollte deutlich werden, daß die christliche Gemeinschaft die Patenschaft für die Gefirmten übernimmt. Die Lebensgemeinschaft oder die Pfarrgemeinde sollte aufgerufen werden, hinter den Paten zu stehen und sich zu engagieren, die Neugefirmten mitzutragen. Im übrigen sollten Taufpaten und Firmpaten aus derselben Pfarrei kommen wie die Gefirmten, denn sie ist die nächstliegende Gemeinschaft der Firmlinge. Auf diese Art kann der Pate den Firmling direkter begleiten und mittragen. Zunächst wird dieses Ideal wahrscheinlich zu vielen praktischen Erwägungen Anlaß geben. Die Eltern werden wünschen, daß in einiger Entfernung lebende Familienmitglieder Firmpaten werden. Auf jeden Fall ist es wichtig, daß die Firmpaten den Ernst ihres Engagements vor Gott und dem Firmling richtig verstehen.

Unsere Analyse der Firmung mag weitgehende Forderungen an jene stellen, die sich bemühen, unseren Empfehlungen zu folgen. Alle Vorschläge werden soweit schwer in die Praxis umzusetzen sein, als nicht die Kirche selbst schon gefeiert wird. Seien wir realistisch. Nichts von dem in diesem Kapitel Erwähnten kann sich entfalten, wenn die Firmlinge nicht in einer Lebensgemeinschaft herangewachsen sind, die sie mitträgt. Die meisten Christen haben keine solche tragende Gemeinschaft. In vielen Pfarreien begegnet man sich ausschließlich beim Sonntagsgottesdienst. Die Begegnung besteht für die meisten darin, neben namenlosen Fremden zu sitzen. Das Wort Gemeinschaft ist Schall und Rauch in diesen Pfarreien. In der Pfarrei finden die, die in Kommissionen zusammenarbeiten oder irgendwelche Dienste übernehmen, langsam eine Art Gemeinsamkeit. Aber sogar dort gibt es oft genug Spannungen, Rivalitäten und Geschwätz, und der Pfarrer sieht sich mehr und mehr in die energieverschleißende Rolle des Vermittlers gedrängt. Sicher sind einige Pfarreien zu Lebensgemeinschaften zusammengewachsen und haben im gemeinsamen Leben „die Einheit des Geistes, umschlossen vom Band des Friedens“, verstehen gelernt (Eph 4,3). Aber solche Pfarreien gibt es viel zuwenig.

Was also muß geschehen? Damit die Kirche gefeiert und dadurch das Firmsakrament lebendig werden kann, müssen wir selbst und die Pfarrei einige grundlegende Schritte unternehmen: a) Wir müssen erfahren, wie sehr wir von Gott geliebt sind und was Gott mit uns vorhat. b) In der Kraft göttlicher Liebe muß jeder von Herzen umkehren, sich wieder dem Herrn zuwenden, der Sünde entsagen, die Herrschaft Gottes annehmen und die von Gnaden erfüllte Verantwortung seines Taufbekenntnisses leben. c) In persönlichen Schwierigkeiten und in der Versöhnung mit andern müssen wir Gottes heilende Liebe erfahren. d) Im Licht seiner Liebe und seines Wortes müssen wir Prioritäten setzen: Familie, Arbeit, Dienste in Kirche und Gesellschaft. e) Von diesen Prioritäten müssen wir erkennen, welches gegenseitige Engagement durch Gegenwart und Dienst in Pfarrei und Gemeinschaft Gott von uns erwartet. f) Umkehr und Hingabe an Brüder und Schwestern sind entscheidend für die Entstehung einer Gemeinschaft des Lobens und Feierns und unsere persönliche Beteiligung daran. g) Wir müssen wissen, daß wir am Sonntag im Wortgottesdienst und in der Eucharistie feiern können, was Gott für uns getan hat. Gestärkt durch diese Wahrheit können wir den nächsten Schritt annehmen, den uns Gott durch sein Wort und sein Sakrament kundtut. Das ist der Anfang einer Lebensgemeinschaft. Solange nicht jede Pfarrei erkennt, wer sie vor Gott ist, solange wir nicht wahrnehmen wollen, wie ungeheuer groß Gottes erbarmende Liebe ist, wie sie uns dazu ruft, statt unserer kümmerlichen Hoffnungen für uns und unsere Familie an einem Plan teilzuhaben, der all das weit übertrifft, solange sind alle Formen der Erneuerung, alle neuen Riten und Programme auf Sand gebaut.

Worte wie Gemeinschaft, Bund, Versöhnung werden Schlagworte bleiben, leere Worte, in den Wind gesprochen und ohne jede wandelnde Kraft, Schatten jenes Felsens, auf den Gottes Wort und Wirklichkeit gebaut sind. Wir sagen das nicht, um irgend jemanden zu verurteilen oder übermäßig zu belasten. Der Weg zum Licht hängt nicht von unseren Kräften ab. Viele haben sich um der Wahrheit willen abgerackert und sich dabei verzehrt. An den Widerständen sind sie zerbrochen. Gott aber möchte uns wissen lassen, daß die *Kraft von ihm* kommt und nicht von uns. Wir müssen wissen, daß wir sie erbitten können, erwarten können, uns darauf verlassen können. Wir müssen jene *Hoffnung erleben,* zu der wir berufen sind (Eph 1,18). Gott hält diese Kraft für uns bereit, besonders durch die Gnaden der Taufe und der Firmung. Seine Liebe, die uns diese Gnaden erweist, ist beständig und getreu. Wir sagen das nur, um gemeinsam nüchtern zu sehen, wo wir stehen. Geben wir das zu und rufen wir als sein Volk nach seinem Erbarmen und seiner Stärkung, so werden wir Kraft empfangen *wie nie zuvor.*

Dann hat Firmung wieder Sinn. Eine Gemeinschaft weiß, welche Gaben sie braucht, sie fördert sie im andern und trägt den andern mit. Diese Gemeinschaft wird zum Leib der Liebe; Firmung wird zur gegenseitigen Gabe. Der Gefirmte freut sich seiner Gaben, er erkennt seinen Platz, dem Leib zu dienen. Er weiß, wie Gott ihn brauchen möchte. Er kennt seinen Wert, er freut sich, daß er begehrt, gebraucht und gestärkt wird. Die Gemeinschaft wiederum ist tief beschenkt worden, denn sie ist durch eine Schwester oder einen Bruder bereichert und gestärkt, die ihr Leben hingeben im Dienst an der Gemeinschaft.

8. Eucharistie

In den ersten Kapiteln haben wir die Eucharistie als grundlegendes Beispiel für die Wiederbelebung der Sakramente herangezogen. Darum wollen wir dieses Sakrament hier in einem engeren Rahmen behandeln. Eucharistie ist die feierliche Anbetung des Herrn für die ganze Gemeinde. Die Gemeinde vereint sich mit Jesus in der Anbetung des Vaters in der Kraft des Heiligen Geistes. Jesus dankt dem Vater für die ganze Heilsgeschichte. Als Hoherpriester und auferstandener Herr, sitzend zur Rechten des Vaters, bittet er für uns. Wir vereinen uns mit Jesus im österlichen Geheimnis von Tod, Auferstehung und Verherrlichung. Wir sind hineingerufen in ein Geheimnis jenseits allen Verstehens. Nur im Glauben können wir voranschreiten und Teil des Geschehens werden, das alles Gewohnte und uns Vertraute übersteigt.

Gerade die Gewichtigkeit der Eucharistie erfordert, daß wir uns ihr ausgeglichen nähern. Wir sollten ihr in einer der erhabenen Natur der Liturgie angemessenen Weise begegnen und uns doch nicht über eine Ebene hinausrufen lassen, auf der wir noch sinnvoll gegenwärtig sein können, auf der wir noch mit unserem ganzen Dasein feiern können. Deswegen wollen wir hier nicht jene theologischen Erwägungen mehren, die in vielen Büchern reich entfaltet sind. Wir wollen einfach festhalten, was uns geschehen ist, wie uns ihr Sinn offenbar geworden ist. Um das zu erreichen, wollen wir von zwei verschiedenen Standpunkten aus sprechen. Jeder wird die Ausstrahlung einer Eucharistiefeier beschreiben, bei der die Versammelten die wandelnde und erneuernde Kraft des Heiligen Geistes erkennen und erwarten. Von seinem Standpunkt her wird jeder überdenken, wie unsere Öffnung und unser Zugang zur Eucharistiefeier dazu beitragen kann, Gottes Kraft gegenwärtiger werden zu lassen.

Ich (Pater Michael) möchte den *Standpunkt der Jünger* einnehmen, die Jesus beim Brotbrechen erkannten: „Die Augen gingen ihnen auf." Dann erinnerten sie sich, daß ihre Herzen brannten, als Jesus ihnen die Schrift auslegte. Der folgende Bericht versucht zu beschreiben, was *mein* Herz brennen und *mir* die Augen aufgehen ließ, so daß ich Jesus in der Eucharistie neu erkannte. Seit Jahren ist mir die Eucharistie Mitte des Lebens, besonders aber seit meiner Priesterweihe 1964. An meine Primiz am Tag nach der Weihe erinnere ich mich in jeder Einzelheit. Ich denke auch gern an die Messe zur Hochzeit meines Bruders zurück und an die Requien beim Tod meiner Mutter und meines Vaters. Es war eine besondere Gnade, in diesen Augenblicken Eucharistie feiern zu dürfen. Ich weiß auch noch, mit welcher Freude wir die Eucharistie zum ersten Mal englisch gefeiert haben. Wir waren bewegt, ein neues Gefühl der Verbundenheit mit der Gemeinde war da. Früher war ich mir wohl des ungeheuren Geheimnisses bewußt; vom Ende des Wortgottesdienstes an aber nahm ich meine Brüder und Schwestern kaum mehr wahr. Ich erinnere mich auch noch, welchen Eindruck mir die ersten Bürgerrechts-Messen hinterließen. Neue Lieder rissen uns mit, und wir lasen Martin Luther Kings Ansprache *„Ich habe einen Traum"*. Den Marsch der Armen und die Friedensbewegung feierten wir in besonderen Messen. Durch die Cursillo-Bewegung wurde mir Jesus zum Bruder. Ich freute mich jedesmal darauf, mit meinen Cursillistas Eucharistie zu feiern.

Später dann wurde meine Rückkehr ins Seminar — jetzt als Rektor — zu einem entscheidenden Augenblick. Ich durfte jetzt einigen gut vorbereiteten Eucharistiefeiern vorstehen. In den Seminarliturgien vereinten sich auserlesene Musik, voller Gemeindegesang, gut vorbereitete und dargebotene Predigten mit einem reichen Symbolismus. Im Sommer 1969 hatte ich das Bedürfnis, noch vollkommener Priester zu sein in der Nachfolge Jesu. Ich wußte, mein Gebetsleben mußte mir viel wichtiger werden. Ich sehnte mich nach allem, was dieses Verlangen stillen konnte. Ich fragte mich, woher die Antwort kommen sollte. Eine Karmeliterin und ein Seminarist erzählten mir von der *„Taufe im Heiligen Geist"*. Es bedurfte nur einer kurzen Erklärung. Ich wußte, das war es! Ich brauchte es, vom Heiligen Geist erfüllt zu werden. Ich wußte zwar, daß die Heilige Dreieinigkeit in mir wohnt, aber ich wußte auch, daß mir der Geist Gottes zur Mitte des Lebens werden mußte. Ich brauchte Kraft von innen. Ich stellte Nachforschungen an über die Taufe im Heiligen Geist. Ich las in der Schrift und ich las Zeugnisse von Menschen, denen diese Erfahrung zuteil geworden war. Mehr und mehr sehnte ich mich danach, mein Leben unter die Herrschaft Jesu zu stellen. Ich wartete nur auf die Gelegenheit, die Taufe im Heiligen Geist zu empfangen.

Im Oktober 1969 kamen ein Priester und ein junger Student, der gerade Examen gemacht hatte, von der Fordham-Universität ins St. Francis College in Loretto, Pennsylvania. Sie hielten dort einen Vortrag über die Geisttaufe und die neue Begegnung mit Jesus. An diesem Abend beteten sie, daß Jesus mich im Heiligen Geist tauft. Das geschah! Augenblicklich war ich im Gebet gefangen. Ich erfuhr die tiefinnere Gegenwart Gottes. Lange Zeit kniete ich in der Mitte des Raumes, allein Gottes Gegenwart war mir bewußt. So gern hätte ich mit Petrus gerufen: „Hier laß uns Hütten bauen." Jemand rührte mich an, ich stand auf und ging in eine Ecke. Dort saß ich eine weitere Stunde. Ich tat absolut nichts. Gott hatte mich ergriffen. Keine Worte, keine Gedanken, nur seine Gegenwart, nur die Erfahrung seiner Herrlichkeit. Jemand bat mich, für einen andern Priester um Wachstum in der Weisheit zu beten. Ich ging dorthin, wo er kniete. Ich begann zu beten.

Ich bat Jesus, daß er ihm diese Gabe schenkt. Ich begann zu sprechen. Meine Zunge bewegte sich auf einmal anders. Töne kamen, aber es waren nicht die englischen Worte, die ich dachte. So hörte ich auf zu sprechen, aber die Bewegung ging tonlos in mir weiter. Ich spürte, daß ich dem Vater für die erhaltene Gabe dankte. Ich spürte, daß ich Gott für seine Güte pries.

An diesem Abend ging ich früh zu Bett. Mehrmals während der Nacht erwachte ich. Das Gebet in mir ging noch immer weiter. Ich wollte nicht beten, aber das Gebet selbst ging weiter, es war ein Lob des Vaters. Es war, als schaute ich mir selber zu, aber es ging in mir weiter und durch mich hindurch. Am nächsten Morgen wollte ich nur noch die Bibel lesen. Ich schlug die Apostelgeschichte auf. Es schien, als rührten mich die Worte neu an, mit neuem Leben und mit neuer Kraft. Ich verstand sie ganz neu. Ich fand, ich bin einer der Jünger in dieser Geschichte. Sie schien mir kaum noch historisches Dokument zu sein, eher Wort für den Tag. Nach zwei Stunden mußte ich mit Gewalt aufhören, zu lesen und zu beten. Ich ging in mein Büro. Viel lieber wäre ich zurückgegangen und hätte weiter Bibel gelesen. Ich diktierte Briefe. Gegen elf Uhr schrieb ich auf, was ich erlebt hatte: „Ich weiß, Jesus lebt in mir als der auferstandene Herr." Das war es! Ich erlebte Jesus in Herrlichkeit, Jesus als den lebendig Auferstandenen! Ich fragte mich nach meinen Gefühlen. Ich war kaum aufgeregt. Diese Erfahrung ging tiefer. Jesus war da — jenseits aller Gefühle.

Ich ging in die Kapelle. Mit den Priestern und den Seminaristen vom Vorabend feierten wir Eucharistie. Auch die Eucharistie war anders; anders als alle anderen. Ich erlebte, wie ich in das Schuldbekenntnis hineingeführt wurde. Es schien, als zeigte der Heilige Geist mir ganz neue Bereiche, die ich zu bereuen hatte. Ich war tieftraurig, derart vielfach untreu zu sein. Als wir mit dem Gloria begannen, wich die Traurigkeit einer neuen Kraft, zu loben. Wir priesen Gott eines Herzens, so bemerkte ich. Die Worte der Lesung und des Evangeliums trafen mich wie persönliche Botschaften. Sie schienen mein Herz anzurühren und begannen mich zu wandeln, als wären sie für mein Leben bestimmt. Alle sprachen wir über die Predigt. Ich staunte, daß jeder gleich zu reagieren schien. Wir nahmen hin, daß wir unserer Natur nach Sünder sind, und freuten uns, daß Jesus unser Retter und Herr ist.

Zu Beginn des Hochgebets wurde ich mit den Brüdern zu dem einen Leib vereint. Zum erstenmal erfuhr ich, daß Jesus uns als seinen Leib dem Vater darbringt. Das war ein außergewöhnlicher Augenblick! Ich hatte um diese Wirklichkeit gewußt, aber jetzt *lebte ich darin.* Das „Vater unser" sangen wir als Hymne. Beim Friedenskuß umarmten wir uns in einem neuen Gefühl der Einheit. Nach der Kommunion verweilten wir still in dieser neuen Einheit. Das ist alles, was ich von dieser Eucharistiefeier noch weiß. Ich meinte, sie wäre einsame Spitze und würde es auch bleiben. Aber dem war nicht so. Ich habe seitdem an vielen Eucharistien voll innerer Kraft teilgenommen. Ich habe viel dazugelernt, wie man feiert. Aber das Wichtigste, was ich gelernt habe, ist, daß wir im Heiligen Geist feiern müssen. Es ist der Geist, der in uns ruft: „Abba, Vater." Es ist der Geist, der uns zur Umkehr führt, zum Lob, zur Verkündigung der Schrift und zur Antwort darauf. Es ist der Geist, der uns ins Opfer führt, das Jesus dem Vater darbringt. Ich habe gelernt, was man tun muß, um zum Geist zu rufen, wie Mauern fallen können, die uns vom Geist trennen, wie ich andern helfen kann, gemeinsam mit mir zum Geist zu rufen. Bei allem Respekt vor den Wünschen vieler guter und heiliger Christen, die die Liturgie nicht mit uns im Geist feiern wollen, warte ich doch jedesmal voller Ungeduld auf diese auserwählten Augenblicke, wenn alle Anwesenden wissen, daß der Geist unsere Feier leiten kann und daß er das möchte.

Stehe ich einer Liturgie vor, bei der die Gemeinde dafür

offen ist, die *Eucharistie mit dem Geist* zu feiern, so bemühe ich mich gewöhnlich, auf Folgendes besonders zu achten. Es hilft mir und den Mitbrüdern, als Zelebranten bessere Dienste zu leisten:

1. Ich beginne, mit Gesang und Gebet den Herrn zu preisen. Dies führt dazu, sich auf Gott zu konzentrieren und sich selbst zu vergessen. Es führt auch zur Erfahrung der Einheit.

2. Vom Höhepunkt des Gotteslobs her fordere ich die Gemeinde auf, sich im Schuldbekenntnis vom Geist zeigen zu lassen, was sie an der vollkommenen Vereinigung mit Gott hindert und auch, was ihre Freiheit einengt, sich in dieser Liturgie dem Vater hinzugeben. Im Oktober 1975 habe ich das als Hauptzelebrant einer Abschluß-Eucharistie für ungefähr 5000 Menschen während der Upper-Midwest-Conference für Charismatische Erneuerung getan. Eine Reihe von Prophetien folgte. Drei Menschen kamen nacheinander ans Mikrophon, um den Wunsch des Herrn auszusprechen, wir sollten uns durch seine Liebe läutern lassen. Wir waren diesem Wort gehorsam und erlebten, wie die in den Prophetien erwähnten Sünden des Stolzes und der Gleichgültigkeit durch konkrete Versöhnungen mit Gott und dem Nächsten vergeben wurden.

3. Auf das Schuldbekenntnis lasse ich gewöhnlich ein Lied oder einen Lobpreis zu Gottes Ruhm folgen. Ich erlebe, je tiefer die Menschen in sich gehen, um sich läutern zu lassen, desto vollkommener können sie sich anschließend im Lobpreis hingeben. Ist es angezeigt, so stimme ich „Sprachengebet" oder „Sprachengesang" an. Bei einer Anzahl von Eucharistiefeiern bei Charismatischen Konferenzen habe ich dem Wortgottesdienst eine längere Zeit des Lobes und Singens in „Sprachen" vorausgehen lassen.

4. Das Wort Gottes soll in der Liturgie *verkündet* werden. Ich meine, die Gemeinde verdient, es verkündet zu hören. Deswegen bemühe ich mich, die bestmöglichen

Leser zu bekommen und lasse sie die Lesung vorbereiten. Ich kann keine Leser brauchen, die nuscheln oder zu schnell sprechen, die die Schrift nicht *würdigen* oder sich der Kraft des Wortes nicht ausliefern können.

5. Ich achte darauf, daß auf jede Lesung eine Pause zum Überdenken und Überbeten folgt. Manchmal ist es angezeigt, schon nach der Lesung aus dem Alten oder Neuen Testament eine Kurzpredigt zu halten, wenn das die Menschen noch offener werden läßt für die Verkündigung des Evangeliums.

6. Besonders achte ich darauf, daß das Evangelium als *frohe Botschaft* verkündet wird und daß die Predigt die frohe Botschaft betont, die durch die Schrift verkündet wurde. Ich glaube, daß die von der Schrift ausgehende Kraft direkt in die Predigt eingehen sollte. Die Gemeinde muß Schrift und Predigt als Einheit erleben. Die Predigt sollte sich nicht von der Schrift lösen, sie sollte auch nicht in erster Linie andere Schriftstellen behandeln als die verkündeten.

Die Gemeinde muß den Eindruck gewinnen, die biblische Botschaft habe ihr etwas Wichtiges für diesen Tag zu sagen. Sie muß ja dazu sagen können, das Wort heute für sich annehmen können und sich freuen, daß es eine gute Nachricht gibt. Jesus ist gekommen! Die Predigt muß wirklich etwas Neues bringen, sie sollte Spontaneität und Frische ausstrahlen. Sie muß gut sein, etwas, das überführt und in Frage stellt, aber deutlich zu einem besseren Leben hinführt. Ich habe Predigten gehört und auch gehalten, die man am besten als schlechte Wiederholungen bezeichnet. Sie wiederholten, was die Leute schon oft gehört hatten, und ließen sie mit dem Eindruck gehen, ihr Leben und ihre gesellschaftliche Stellung wären entmutigend, um nicht zu sagen hoffnungslos.

Für mich ist der wichtigste Aspekt der Schrift ihre Sakramentalität. Das heißt, die Schrift ist eine Möglichkeit, Christus zu begegnen und damit Gott in Christus. Die

Schrift ist inspiriert, das heißt, erfüllt vom Atem des Heiligen Geistes. Weil die Kraft des Geistes den Worten der Schrift innewohnt, haben diese Worte auch die Kraft, meinen Geist zu bewegen wie kein anderes Wort. Die Sakramentalität ist eine Wirkung der Inspiration der Schrift. Die meisten wissenschaftlichen Studien über die Inspiration der Schrift konzentrieren sich auf die Irrtumslosigkeit der Schrift, das heißt die Eigenschaft, daß die Schrift nirgends irrt. Auch das ist eine Wirkung der Inspiration, aber sie ist negativ ausgedrückt. Die positive Auswirkung der Inspiration ist die Sakramentalität, das heißt die Eigenschaft, in den Worten der Schrift Jesus, dem Wort Gottes, zu begegnen. Nach der Geisttaufe haben viele Menschen den unbändigen Wunsch, Bibel zu lesen. Ihr Geist lebt vom Geist des Wortes. Die Predigt muß den Geist der Gemeinde dazu führen, daß die gute Nachricht in ihr lebendig wird. Die Predigt ist der Funke zwischen dem Feuer des Wortes und dem Geist der Menschen. Wie auch die Predigt beschaffen sein mag, sie sollte die Gemeinde zur Reaktion führen: „Das Reich Gottes ist mitten unter uns."

7. Auf die Predigt sollte eine Zeit des Nachdenkens und, wenn angezeigt, der Erwiderung folgen. Wurde die Predigt in der Kraft des Heiligen Geistes gehalten, so möchten die Leute in Ruhe dabei verweilen. Wird die Eucharistie mit einer Gemeinde gefeiert, die mit den Gaben des Wortes vertraut ist, dann wird hier häufig jemand ein kurzes Wort sagen, das die Botschaft der Predigt bestätigt und unterstreicht. Dieses Wort kann in sehr verschiedener Form gegeben werden, entweder als Prophetie, die auf besondere Weise vom Herrn kommt, oder als kurze Lehre oder als eine Einsicht, auch Wort der Weisheit genannt.

8. Das Credo sollte die Antwort der Gemeinde voll zum Ausdruck bringen, daß sie wirklich glaubt, was verkündet wurde. Geht die rechte Ermunterung voran, so wird die Gemeinde das Glaubensbekenntnis frisch und voll Glauben sprechen.

9. Die *Fürbitten* können zur Erfahrung der Kraft oder auch der Frustration werden. Tödlich ist ein apathisches Herunterlesen einer Liste vorgeformter Bitten. Die Bitten sollten erhellend für den Tag sein und mit spontaner Frische und einiger Dringlichkeit vorgebracht werden. Es ist frustrierend, Fürbitten zu hören, die jede nur erdenkliche Not einschließen. Für gewöhnlich ist es schwierig, für alle Übel dieser Welt auf einmal zu beten. Leichter ist, für jene Menschen zu beten, deren Schwierigkeiten durch den Inhalt der Predigt offenbar geworden sind. Leichter ist, für Menschen und Situationen zu beten, die direkt mit uns und den anderen Anwesenden verbunden sind. Die einzelnen sollten für ihre „besonderen Anliegen" eher im Rahmen einer allgemeinen Fürbitte beten, anstatt sie laut auszusprechen. Gewöhnlich fordere ich die Gemeinde auf, innezuhalten und noch andere Nöte auszudrücken, die ihrem Eindruck nach der Herr allen Anwesenden bewußtmachen möchte. Scheint eine dieser spontanen Fürbitten besonders dringlich oder ruft sie eine sofortige Reaktion der Gemeinde hervor, so unterbreche ich und lasse die Anwesenden ganz besonders für dieses eine Anliegen beten, bevor weitere Fürbitten folgen.

10. Die *Gabenbereitung* ist besonders wirkungsvoll, wenn sie den Anwesenden viele Möglichkeiten gibt, sich selbst dem Vater darzubringen. Bei der Gabenbereitung sollten die liturgischen Gaben dargebracht werden, aber auch die finanzielle Grundlage unserer Existenz und schließlich das Leben der Anwesenden selbst. Können alle Gläubigen zum Altar kommen, so kann dies sehr wohl ihre Gabe und ihre Hingabe zum Ausdruck bringen. Weiter kann es den Eintritt in das Allerheiligste darstellen, in dem dann der feierliche Teil der Liturgie folgt. Musik, die die Hingabe unserer selbst herausfordert, ist hier besonders angezeigt.

11. Die Praefation ist ein Ruf zur Einheit und zur Erhebung aller zu Gott. „Erhebet die Herzen!" sollte

wirklich Aufruf zum Handeln sein. Nehmen die Gläubigen es so auf, so werden sie mit Macht antworten: „Wir haben sie beim Herrn." — „Laßt uns danken dem Herrn, unserem Gott" sollte wirklich die Absicht zu danken ausdrücken. Dann werden die Gläubigen „Das ist würdig und recht" so antworten, daß alle ermutigt werden, *nichts anderes zu tun als das.* Die eigentliche Praefation kann dann in diesem Geist weitergehen und ein wirklich betendes „heilig, heilig, heilig" auslösen, das möglichst gesungen werden sollte.

12. Das *Eucharistische Hochgebet* ist eine Zeit andächtiger Stille und ehrfurchtsvollen Geheimnisses. Alles Geschehen sollte das fördern. Ich finde, die tägliche Wiederholung der vorgeschriebenen Texte der Eucharistischen Hochgebete verstärkt ihre Bedeutung, soweit die Ehrfurcht dabei gewahrt bleibt.

13. Zum Abschluß des Eucharistischen Hochgebetes verkündet der Priester: „Durch ihn, mit ihm und in ihm ist Dir, allmächtiger Vater, in der Einheit des Heiligen Geistes, alle Herrlichkeit und Ehre, jetzt und in Ewigkeit. Amen." Wird das wirklich im Glauben als abschließender Triumph des Eucharistischen Hochgebets verkündet, so wird es das Volk mit Verständnis und Kraft durch sein „Amen" besiegeln.

14. Dem Text zufolge soll der Zelebrant die Anwesenden dann einladen, sich mit ihm als Brüder und Schwestern als vom Herrn Erlöste zu dem einen Vater zu bekennen. In dem Maße, wie die Gemeinde diese Einheit erfährt, wird sie in der Lage sein, das „Vater unser" in lebendigem Glauben zu beten.

15. Der Friedensgruß kann viele Formen annehmen. Es gibt verschiedene Zeichen des Friedens, wie Handschlag, Umarmung, Küssen und sich die Hände reichen. Welches Zeichen man auch verwendet, es sollte aus der Kraft der Liturgie hervorgehen und in einen betenden Empfang des Leibes und des Blutes des Herrn überleiten. Auf keinen

Fall sollte es die Liturgie unterbrechen und zu einem gemütlichen Beisammensein werden. Noch weniger sollte es in eine Reihe leerer Gesten oder Routinehandlungen ausarten.

16. Vor der Kommunion sprechen der Priester und die Gemeinde besondere *Heilungsgebete*. Im ersten sagt der Priester: „Herr Jesus Christus, der Empfang deines Leibes und Blutes bringe mir nicht Gericht und Verdammnis, sondern Segen und Heil an Leib und Seele."[5] Das Volk sagt: „Herr, ich bin nicht würdig, daß Du eingehst unter mein Dach, aber sprich nur ein Wort, so wird meine Seele gesund." Diese Gebete sollten in erwartendem Glauben gesprochen werden, daß der Herr uns heilen möchte und es in seiner Liebe zu uns auch tun wird. Wo notwendig, sollte der Priester die Gläubigen über die Bedeutung dieser Gebete informieren. —

17. „Ein Herr, ein Glaube, eine Taufe, ein Gott und Vater aller" (Eph 4,5—6). Diese *Einheit im Herrn* ist die Voraussetzung dafür, daß wir Jesus in Brot und Wein sakramental wirklich gegenwärtig empfangen können. Wir sollen einssein mit Jesus und durch ihn eins mit dem Vater im Heiligen Geist. In seiner Gegenwart sollen wir einssein mit Brüdern und Schwestern. Wunden des Uneinsseins und der Entfremdung sollen durch die Kraft seiner Gegenwart geheilt werden. Die Kirchenväter nannten die Eucharistie das gewöhnliche Sakrament der Heilung. Wir sollten uns Zeit lassen, bewußt in dieser Gegenwart zu verweilen und auch Heilung zu empfangen und sie im Glauben anzunehmen. Der Priester sollte darauf sehen, daß der Geist des Friedens herrscht. Jede überflüssige Aktivität, auch das Purifizieren von Kelchen und Patenen sollte wenn irgend möglich unterbleiben. In Situationen der Offenheit für die Geistesgaben des Wortes wird man an dieser Stelle mit größter Wahrscheinlichkeit Worte der Liebe und Ermutigung sowie Rufe zu weiteren Diensten empfangen. Der Hauptzelebrant sollte sorgfältig darauf

achten, was in der Gemeinde vorgeht und wie der Geist ihn selbst führt, um zu ermessen, wie lange diese Zeit währen sollte. Musik, die das Überdenken und Überbeten unterlegt, sollte ermutigt werden.

18. Schlußgebet, Segen und Aussendung sind wichtig. Keinesfalls sollten sie als Routineschluß behandelt werden. Am Ende jeder Begegnung, bei der sich besonders wichtige Dinge ereignet haben, wird der Vorsitzende noch einmal auf das Geschehene hinweisen und die Sitzung in dem Geist aufheben, in dem sie stattgefunden hat. Genauso sollte am Schluß der Eucharistie der Hauptzelebrant noch einmal die Bedeutung dieser Feier zusammenfassen. Die Aussendung sollte im Geist des Matthäus-Schlusses geschehen: „Geht hin und werbet Jünger für mich bei allen Völkern, indem ihr sie tauft auf den Namen des Vaters und des Sohnes und des Heiligen Geistes und sie alles halten lehrt, was ich euch geboten habe. Und siehe, ich bin bei euch alle Tage bis zur Vollendung der Welt" (Mt 28,19 bis 20).

Erfahrungsbericht (Schwester Ann):
Pater Michael hat über eine Eucharistie nachgedacht, die wahrhaft in der Kraft des Heiligen Geistes gefeiert wird, und über die andauernden Früchte, die sie hervorbringen kann. Viele von uns haben solche Eucharistien erleben dürfen und können die Echtheit von Pater Michaels Darlegungen mitvollziehen. Jedoch sind solche Eucharistien, so durchaus möglich und wünschenswert sie auch sind, heute für die meisten noch eine seltene Erfahrung. Wie also können wir die Kraft der Liturgie und der Eucharistie „anzapfen", wenn doch die Gemeinde nicht in erwartendem Glauben lebt und wenn die einzelnen nicht wissen, daß der Herr ihr Leben jedesmal neu anrühren möchte, wenn sie sich zur Eucharistiefeier versammeln?

Keine Eucharistiefeier sollte ein „Gott-und-ich-Erlebnis" sein. Wenn ich also nicht mit denen zusammen bin, die der *erwartende Glaube* eint, so fühle ich mich vor der Messe von den Versammelten betroffen. Ich bete, daß alle Lasten und Ängste, die sie mitbringen, von ihnen genommen werden, so daß sie Sein Wort hören und Ihn mit neuem Bewußtsein aufnehmen. Beim Schuldbekenntnis bitte ich Gott um Vergebung für jeden Anwesenden, den ich verletzt haben könnte und dadurch blockiert oder gehindert, sich für Gott und seine Brüder und Schwestern zu öffnen. Unmittelbar vor dem Wortgottesdienst bete ich, daß die Lektoren wenigstens einen einzigen Vers der Heiligen Schrift neu verstehen, so daß das Feuer von Gottes Wort in ihnen zu brennen beginnt und daß sie eines Tages in der Lage sein werden, sein Wort in Vollmacht zu verkünden. Ebenso bete ich, daß ich selbst jedesmal neu angerührt werde.

Vor Beginn der Predigt bitte ich Gott immer, dem Priester neue Kraft zu schenken, der an diesem Wochenende vielleicht schon drei Messen gefeiert hat. Ich bete, daß er die Predigt nicht als Last empfindet, sondern als Möglichkeit, seine Herde mit noch mehr Liebe zu weiden. Ich bete, daß, wodurch immer die Gläubigen jetzt auch abgelenkt sein mögen, Gottes Wort sie dennoch mit Kraft durchdringe und wir alle, Priester und Gläubige, Gott und dem Nächsten in der Wahrheit dieses Wortes Antwort geben. Bei den Fürbitten denke ich zunächst an all jene Anwesenden, deren Schwierigkeiten so tief gehen und deren Glauben so erschüttert ist, daß sie ihr Anliegen nicht zum Herrn bringen können. Während die Fürbitten verlesen werden, bete ich still. Während des Friedensgrußes biete ich selbst jenen um mich herum, die ich vielleicht gar nicht kenne, aufrichtig den Frieden an und bitte, daß sich diese Gabe dadurch unendlich ausweiten kann, daß ich sie bewußt zu einer Geste des Glaubens mache. Auf diese Art ist es möglich, ein Instrument des Friedens zu werden, durch das andere sich jenem Frieden öffnen können, der alles Verstehen übersteigt.

Vor dem Empfang der Eucharistie versuche ich bewußt im Namen aller Gläubigen zu beten: „Aber sprich nur ein Wort, so wird meine Seele gesund.“ Im ersten Teil meiner Danksagung nach der Eucharistie bitte ich Gott, alle hier Versammelten zu heilen und zuzulassen, daß diese Heilung damit beginnt, daß sie Gott als einen Gott der Liebe erfahren und ganz neu erhoffen dürfen. Ich glaube, daß Gott Gebete dieser Art erhört. Ich glaube, wenn ich so bete, bin ich auch offener dafür, wie Er möchte, daß ich mich jenen gegenüber verhalte, die nicht an der Eucharistie teilnehmen. Ich glaube, wenn Menschen still für sich so beten, werden sie nach und nach gewandelt. Eine Gemeinde wird neu geboren im Glauben, unsere Herzen werden wieder brennen.

Seit einem Jahr darf ich Mitglied in der Lebensgemeinschaft des Erneuerungszentrums im Steubenville-College in Ohio sein. Täglich darf ich an einer Eucharistiefeier teilnehmen, die in der Kraft des Heiligen Geistes und mit allen Geistesgaben gefeiert wird. Der größte Segen aber ist für mich das lebendige Bewußtsein, Teil des Leibes Christi zu sein. Den Reichtum seiner Gaben in meinen Schwestern und Brüdern zu erfahren, als Glied eines reumütigen und hungrigen Volkes seinen Leib und sein Blut mit ihnen zu teilen, hat unbeschreibliche Bande der Liebe und des Vertrauens ermöglicht. Ich erlebe, wie Schwächen zugegeben werden, wie einander verziehen wird, wie man sich gegenseitig trägt. Ich erlebe, wie um die Gaben der Weisheit und des Verstehens, der Prophetie und der Erkenntnis gebetet wird, wie sie verkündet werden und in der Kraft des Geistes bestätigt werden. Ich erlebe, wie sich Menschen wandeln, weil sie durch die Feier der Eucharistie von der Schrift überführt werden: Kehre um und laß dich täglich heilen und beleben durch den Empfang Seines Leibes und Seines Blutes!

Als sein Volk vereint erfahren wir die Wahrheit der Petrus-Worte und können sie mitfeiern: „Ihr seid ein auserwähltes Geschlecht, eine königliche Priesterschaft, ein heiliger Stamm, ein Volk, bestimmt, daß es ihm zu eigen sei, damit ihr Seine Ruhmestaten verkündet: die Er euch aus der Finsternis zu Seinem wunderbaren Lichte berufen hat. Einst waret ihr ein Nicht-Volk, jetzt aber seid ihr Gottes-Volk, einst ohne Erbarmen gelassen, jetzt aber aufgenommen in Erbarmen" (1 Petr 2,9,10). Gott möchte seinem *ganzen Volk* diese Wirklichkeit zuteil werden lassen, so daß wir wahrhaftig sein Leib sind, auf daß sein Reich komme. Das sollte unser Gebet sein, wo immer wir stehen und wie immer wir uns versammeln, den Leib und das Blut unseres Herrn zu feiern.

9. Krankensalbung

Das Sakrament der Krankensalbung auch nur zu erwähnen, löst bei den meisten nach wie vor Verlegenheit aus. Kommt ein Priester ins Haus, um einen Kranken zu salben, so begegnet er einer Mischung von Ehrfurcht, Verlegenheit und Verwirrung. Die meisten betrachten das Sakrament als etwas Gutes für den Sterbenden, aber sie möchten persönlich nichts damit zu tun haben. Sie halten das Sakrament für ein feierliches Lebewohl, ein notwendiges Übel. Diese Einstellung hat sich leicht gewandelt durch die Namensänderung von „Letzter Ölung" in „Krankensalbung" und die erweiterte Anwendung des Sakraments. Es kann gespendet werden bei ernsthafter Erkrankung, bei alten Leuten und in Verbindung mit dem Sonntagsgottesdienst. Die Frohe Botschaft der *heilenden Kraft Jesu* sollte jedoch allen Menschen verkündet werden. In der Krankensalbung begegnen wir dem heilenden Jesus, wie die Tauben, die Stummen, die Blinden und die Aussätzigen ihm in Israel begegnet sind. Nicht jedem, der dieses Sakrament empfängt, wird körperliche Gesundheit zurückgegeben. Aber jedem wird die größtmögliche Liebe zuteil, die der Herr überhaupt geben kann. Die liebevollste Erwiderung darauf kann tatsächlich die friedliche Bereitung für den Heimgang zum Herrn sein.

Persönlich haben wir unter anderem folgendes erlebt: Ein Mann, der an Malaria im Sterben lag, gesundete innerhalb von 24 Stunden nach der Krankensalbung. Nach einem Schlaganfall blieb eine Frau bewußtlos und reagierte auf nichts mehr. Ich (Pater Michael) spendete ihr die Krankensalbung, während die Familie um Heilung betete. Zwei Tage später erhielt ich einen Anruf der Familie, die

Mutter wäre erstaunlich schnell genesen. Sie wäre wieder zu Hause und es ginge ihr gut. Eine ältere Ordensfrau, die seit Jahren ernste Rückenbeschwerden hatte, empfing die Krankensalbung während eines besonders schmerzhaften Anfalls. Diese Schmerzen hatten sie jahrelang derart geplagt, daß sie häufig drei oder vier Tage im Bett bleiben mußte. Nach der Krankensalbung war sie augenblicklich schmerzfrei. Achtzehn Monate hatte sie keinerlei Rückfall. Einer anderen Ordensfrau stand eine Operation am offenen Herzen bevor. Der Arzt hatte ihr jedoch gesagt, daß er nicht operieren könne, solange Angst und Spannungen nicht erheblich zurückgingen. Während der Krankensalbung versammelten sich einige Glieder der Gemeinschaft zum Gebet. Nach der Operation dankte der Arzt ihr für das Privileg, sie operieren zu dürfen. Er sagte: „Das Herz schlug friedlich und regelmäßig."

Der bewegendste Fall war aber derjenige eines vollkommen gelähmten Mädchens. Es lag in einem Krankenhaus für Unheilbare und Sterbende in Brisbane, Australien. Infolge eines Autounfalls vor etwa sechs Monaten war sie unfähig zu jeder Reaktion. Sie war bis zur Unkenntlichkeit entstellt. Nach Angaben der Ärzte waren die Hirnfunktionen gleich null. Wir beteten in einer kleinen Gruppe. Nach der Krankensalbung sagten wir ihr ins Ohr, daß Gott sie liebt, wer alles da war und wie wir uns um sie sorgten und für sie beteten. Wir baten sie, sie sollte uns die Hand drücken, wenn sie etwas verstanden hätte. Mit ihren entstellten Händen drückte sie uns die Hand. Verkrüppelt und verkrümmt, wie sie war, streckte sie sich der Länge nach auf dem Bett aus, seufzte und begann zu weinen. Es war ihre erste Kommunikation mit der Umwelt seit dem Unfall.

Wir erlebten aber auch eine todkranke Frau, die furchtbare Angst vor dem Sterben hatte. Sie war gut 40 Jahre alt und hatte eine Anzahl kleiner Kinder. Sie erzählte mir (Pater Michael) von ihrer Angst, den Mann und die Kinder allein zurückzulassen. Nach der Krankensalbung war sie von tiefem Frieden umgeben. Sie sagte, es ginge ihr ordentlich, ich solle nur andere Patienten besuchen gehen, die mich vielleicht brauchten. Am nächsten Tag starb sie. Der Familie wurde alle nötige Fürsorge zuteil. —

Bei der Ersten Nationalen Priesterkonferenz für Charismatische Erneuerung bezeugten 62 Priester Heilungen durch das Sakrament der Krankensalbung. Ein Priester sagte: „Seit ich entdeckt habe, daß die Wirkung dieses Sakraments darin besteht, zu *heilen,* habe ich auch Heilungen miterlebt. Während der ersten 26 Jahre meines Priestertums wußte ich einfach nicht, daß Gott so etwas tut."

Die Krankensalbung selbst sollte deutlich machen, daß sie sich nicht nur zwischen dem Kranken und dem Priester abspielt. Im 5. Kapitel des Jakobus-Briefes ist die Krankenheilung mit folgenden Auflagen verbunden: „Ist jemand unter euch krank, so lasse er die Ältesten der Gemeinde kommen, daß sie über ihn beten und ihn mit Öl salben im Namen des Herrn: Das Gebet des Glaubens wird den Kranken retten und der Herr wird ihn aufrichten. Und wenn er Sünden begangen hat, so werden sie ihm vergeben werden" (Jak 5,14—15). Durch die Erwähnung der Presbyter oder Ältesten ruft die Schrift implizit alle Gläubigen gesetzten Alters auf, sich am Gebet zu beteiligen. Denn allein das Gebet des Glaubens kann den Kranken retten. Deswegen empfehlen wir dringend, daß, wenn nur irgend möglich, sich während der Krankensalbung eine Gruppe wirklich Gläubiger zum unterstützenden Gebet zusammenfindet.

Im *neuen Ritus* der Krankensalbung ist die allgemeine Anteilnahme an der Feier des Sakraments vorgesehen. Der Priester ist angewiesen, wenn möglich mit einem Friedensgruß zu beginnen und den Kranken und den Raum mit Weihwasser zu segnen. Dann soll er alle Anwesenden begrüßen und Jakobus 5 vorlesen. Der Priester hat dann die Wahl zwischen folgenden Gebeten: „Wir empfehlen unseren kranken Bruder (unsere kranke Schwester) der Gnade und der Kraft Christi, damit er (sie) Erleichterung und Heil finde." Oder: „Sei uns nahe und beschütze unseren kranken Bruder (unsere kranke Schwester) (und alle anderen Kranken in diesem Haus) durch dein gnädiges Erbarmen."[6]

Die Kirche auferlegt also dem Priester die Entscheidung, ob er speziell um Heilung betet, indem er das erste Gebet wählt. Wir glauben, für gewöhnlich sollte der Priester speziell um Heilung beten. Das zweite Gebet sollte er nur dann anwenden, wenn er klare Anzeichen dafür hat, daß der Herr diese Krankheit vermutlich tödlich ausgehen lassen wird. Darauf folgt das Schuldbekenntnis, an dem sich alle beteiligen sollen, und eine Schriftlesung. Vorgeschlagen wird Matthäus 8,5—13: die Heilung des Knechtes des Hauptmanns von Kapharnaum. Andere Schrifttexte zur Auswahl beziehen sich nicht auf Heilung, sondern verheißen göttlichen Lohn für treue Dienste und ertragene Mühsal. Auf die Schriftlesung folgt eine Reihe von Fürbitten. Dann legt der Priester dem Kranken still die Hände auf den Kopf. Oft ist diese *Handauflegung* ein Gebet des Glaubens ohne jede Empfindung von Kraft. Der Priester kann aber auch erleben, wie durch seine Hände hindurch Kraft in den Kranken übergeht. Eine überdurchschnittliche Wärme oder Elektrisierung kann sich einstellen oder auch das Gefühl, die Hände sinken in den Kopf des Kranken ein. Diese Zeichen werden meist gegeben, um uns zur Fortsetzung und Intensivierung des Gebets zu ermutigen. Der Priester sollte bereit sein, hier einige Zeit still zu beten oder leise „in Sprachen" zu beten.

Dann spricht der Priester ein Dankgebet über das Krankenöl. Er sagt unter anderem: „Du bist in die Niedrigkeit unseres Menschenlebens gekommen, um unsere Krankheiten zu heilen." Das ist eine erstaunliche Feststellung der Kirche, daß Jesus nicht nur einige, sondern alle unsere Krankheiten heilen wollte. Nach diesem Gebet salbt der Priester den Kranken mit Öl an Stirn und Händen und sagt: „Durch diese heilige Salbung helfe dir der Herr in seinem reichen Erbarmen, er stehe dir bei mit der Kraft des Heiligen Geistes." Alle antworten: „Amen." — „Der Herr, der dich von Sünden befreit, rette dich, in seiner Gnade richte er dich auf." Alle antworten: „Amen."[7] Fünf Schlußgebete stehen zur Auswahl. Zwei davon sind Bitten um Heilung, zwei sind allgemeine Gebete, und eines stellt fest, daß der Kranke im Sterben liegt. Der Priester hat hier noch einmal zu wählen. Auch hier sollte er das Heilungsgebet vorziehen, soweit Gottes Willen nicht offensichtlich in eine andere Richtung weist.

Das mittragende Gebet der Gemeinde sollte das intensivste Gebet des Glaubens sein, zu dem sie überhaupt fähig ist. In gewissen Situationen wird Beten und Singen „in Sprachen", Erheben der Hände und Ausstrecken der Hände über den Kranken dazugehören. Es ist eine Hilfe für dieses Gebet, wenn die Art der Krankheit allen bekannt ist und sie sich darauf konzentrieren können. Prophetien und Schrifttexte in diesem Zusammenhang sollten, bevor sie ausgesprochen werden, sorgfältig von denen geprüft werden, die bestätigtermaßen die Gabe der Unterscheidung der Geister haben. Weiter sollten diejenigen, die die Gabe des Wortes prüfen und ausüben, auf keinen Fall zum engsten Familienkreis des Kranken gehören. Allzuleicht läßt man sich in derart gefühlsbetonten Situationen irreführen, besonders wenn man dem Kranken in Liebe verbunden ist. Ein Wort als „Wort des Herrn" zu verkünden, das in Wirklichkeit eher unseren eigenen Nöten und Wünschen entspringt, kann unnötig heftiges Leid vermehren und sogar dazu führen, daß man sich über die Geistesgaben lustig macht.

Die Feier der Krankensalbung sollte mit dem Lobpreis für die menschliche Liebe und Fürsorge Gottes schließen. Länge und Intensität dieses Gotteslobes sollten dem Zustand des Kranken sowie dem privaten oder öffentlichen Rahmen des Gebetes angepaßt sein. In einer Wohnung können wir unseren Glauben freier bekennen als in einem Krankenhaus, wo Rücksichtnahme auf die Krankheit anderer im Vordergrund stehen muß. Mit dem Empfang des Sakraments sollte das Gebet nicht abgeschlossen sein. Auf der Grundlage des schon Geschehenen sollte auch danach weitergebetet werden. Wir haben erlebt, daß einige Krankheiten offenbar erst im Laufe eines gewissen Zeitraumes geheilt werden. Einige Menschen brauchen länger dazu, Heilung anzunehmen, als andere. Der Kranke sollte ermutigt werden, alles zu sagen, wovon er wirklich überzeugt ist. Weiß er innerlich, daß Heilung geschehen ist, dann sollte er ermutigt werden, die Heilung anzunehmen und Gott dafür zu danken. Hat er dieses innere Wissen nicht, so sollte er nicht gedrängt werden zu sagen, er wisse dennoch, daß er geheilt ist.

Ebenso wichtig scheint uns nämlich die Erkenntnis, daß Gott in seinem geheimnisvollen Plan einige Frauen und Männer zu erlösendem Leiden beruft. Offenbar gehört es zu Gottes Plan, alle Menschen in der Fülle seiner Erlösung durch Jesus Christus leben zu lassen, daß er von einigen fordert, in dieser Welt körperlich zu leiden. *Erlösendes Leiden* ist Leiden durch andere, zum Beispiel Martyrium, Torturen, Verbannung und Versklavung von Christen, Verhöhnung und Rechtsentzug aufgrund christlichen Glaubens. Zum erlösenden Leiden gehören auch Härten, die man erträgt um des Evangeliums willen: Hunger, Kälte, Scheitern und ähnliches. Es sind Prüfungen und Schwierigkeiten, die den Glauben stärken und das Herz läutern. Diese Formen des Leidens wurden von Jesus und den Jüngern ertragen. Sie sind die höchsten Formen der Verherrlichung des Vaters. Alle Christen sind berufen, dieses Kreuz zu tragen. Diese Leiden können zu dem gehören, was Paulus meint, wenn er den Kolossern schreibt: „So freue ich mich über die Leiden, die ich für euch trage, und ergänze in meinem irdischen Leben, was an den Leiden Christi noch aussteht, zugunsten seines Leibes, der Kirche“ (1 Kol 1,24).

Dennoch bleibt *körperliche Krankheit* oft schwer zu verstehen. Nirgendwo ist erwähnt, daß Jesus auf diese Weise litt. Paulus und andere scheinen jedoch erkrankt zu sein, ohne daß von einer göttlichen Heilung die Rede ist. Es gibt auch eine lange Tradition christlicher Heiliger, die Krankheit als Beweis der Liebe Gottes, als Wiedergutmachungsgebet und als Einstehen für andere ertrugen. Andererseits besteht in der katholischen Tradition eine erhebliche Neigung, Krankheit als etwas Gottgesandtes anzunehmen, das man trotz aller negativen Auswirkungen auf den einzelnen und seine Umgebung stoisch ertragen muß. Wie ist diese Haltung mit unserer Überzeugung vereinbar, daß Gott heilen möchte? Wir meinen, die Antwort muß heißen: a) Immer und überall an Gottes Willen und Kraft zu glauben, das Bestmögliche für uns zu tun; b) ständig Ausschau zu halten nach Heilung durch den Körper selbst, durch die Schulmedizin und durch die heilende Kraft Gottes; c) offen zu sein für jene Sonderfälle, in denen die Gegenwart von Krankheit zum größeren Wohl der Erbauung des Leibes Christi beiträgt.

Hier muß gut unterschieden werden. Ist der Kranke durch anhaltendes Leiden verzweifelt, verbittert, zurückgezogen, so ist offensichtlich, daß Gott sein Herz wandeln will, und gewöhnlich müssen wir zunächst für diese Wandlung beten. Zeigen sich beim Leidenden jedoch die Früchte des Geistes: Liebe, Freude, Frieden, Geduld usw. (Gal 5,22), dann ist das ein erkennbares Zeichen für die Gegenwart göttlicher Liebe und Kraft. Sicher sollten wir uns in diesen Fällen der Möglichkeit physischer Heilung nicht verschließen, aber wir sollten doch erkennen, daß wir bei der Spendung des Sakramentes vielleicht dafür beten müssen, daß Gottes Friede und Kraft diese Frau oder diesen Mann befähigen, Gottes Plan erlösenden Leidens anzunehmen und zu leben. Für gewöhnlich empfängt man beim Gebet für diese körperlich Kranken unermeßlichen Segen und Reichtum durch den alle Vernunft übersteigenden Frieden, der von ihnen ausgeht. Wir haben hier die Bedeutung von Heilung durch die Krankensalbung und die anderen Sakramente herausgestellt. Wir möchten aber deutlich sagen, daß Heilungs-Gaben und Heilungs-Dienste nicht an die Sakramente gebunden sind. Es gibt wünschenswerte und legitime andere Wege, daß Menschen zusammenkommen und gegenseitig um Heilung beten, zum Beispiel in der Familie, in der Lebensgemeinschaft oder in der Gebetsgruppe. Es wäre ein Fehler, in diesem Rahmen nicht um Heilung zu beten in der Meinung, Heilung geschehe nur durch die Sakramente. Durch spontanes Gebet sind schon viele körperlich und seelisch geheilt worden.[8]

Im Lichte dieser Erfahrungen scheint folgende Erklärung der Kirchenkonstitution des Zweiten Vatikanischen Konzils noch wichtiger: „Derselbe Heilige Geist heiligt außerdem nicht nur das Gottes-Volk durch die Sakramente und die Dienstleistungen, er führt es nicht nur und bereichert es mit Tugenden, sondern ‚teilt den einzelnen, wie er will‘ (1 Kor 12,11), seine Gaben aus und verteilt unter den Gläubigen jeglichen Standes auch besondere Gnaden. Durch diese macht er sie geeignet und bereit, für die Erneuerung und den vollen Aufbau der Kirche verschiedene Werke und Dienste zu übernehmen gemäß dem Wort: ‚Jedem wird der Erweis des Geistes zum Nutzen gegeben‘ (1 Kor 12,7). Solche Gnadengaben, ob sie nun von besonderer Leuchtkraft oder aber schlichter und allgemeiner verbreitet sind, müssen mit Dank und Trost angenommen werden, da sie den Nöten der Kirche besonders angepaßt und nützlich sind“ *(Lumen Gentium* 12).

Fassen wir zusammen: Wir haben in diesem Kapitel vielfältige Formen des Leidens und der Heilung betrachtet. Wir freuen uns, daß der Herr durch seine heilende Kraft in der Kirche gegenwärtig ist und daß wir ihm im Sakrament der Krankensalbung begegnen. Bei unserem Bemühen, das Wie, Wann und Warum seiner heilenden Kraft zu erkennen, finden wir uns immer intensiver zum Gebet und zur Verantwortung berufen, in der Kraft des Heiligen Geistes Christus anzuziehen. Wir „prüfen alles und behalten das Gute, und von allem Unechten halten wir uns fern" (1 Thess 5,21f). Immer und überall sollten wir im Umgang mit Kranken beten: „Herr, liebe durch mich. Gib mir dein Herz voll Erbarmen. Laß mich diesen Menschen sehen wie du. Laß mich glauben, daß du für ihn gestorben bist, daß du sein Bestes willst. Laß mich nur das tun, was du willst." Nach diesem Gebet können wir erkennen, was wir tun und wie wir um Heilung beten müssen. Der Zugang zur Krankensalbung ist Gottes Liebe. Denn Heilung geschieht sicher — entweder zur Erfüllung in Seinem Reich oder zum Leben in dieser Welt als Teilhabe an den Zeichen und Wundern des Reiches.

10. Ehe und Weihen

Ehe und Weihen werden am besten verständlich, wenn man sie gemeinsam behandelt. In der Tradition sind sie als die sozialen Sakramente bekannt, denn sie sind direkt auf die Rollen bezogen, die allen Christen gemeinsam sind. Ihre gemeinschaftliche Natur ermöglicht das Verständnis ihrer Kraft. Wir wollen die Gegenwart oder die Abwesenheit ihrer gemeinschaftlichen Natur durch den Vergleich von Parallel-Situationen in beiden Sakramenten beleuchten. Darum werden wir in der nachfolgenden Diskussion häufig vom einen zum andern wechseln. Beide Sakramente sind heute besonders umstritten, einmal wegen der hohen Scheidungsrate und zum andern wegen der vielen Priester, die in den vergangenen Jahren den kirchlichen Dienst verlassen haben. Schwangerschaftsverhütung und -abbruch beeinflussen das Verständnis der Ehe. Zölibat und Weihe von Frauen gehören zur aktuellen Problematik des Priestertums.

Was stimmt im Grunde nicht mit diesen beiden Sakramenten? Wir meinen, das Grundproblem liegt in der Isolierung beider Sakramente von der christlichen Basis-Gemeinschaft, der sie dienen sollten. Das Grundübel der Ehe ist, daß sie nicht aus dem Leben einer *christlichen Gemeinschaft* erwächst. Sie entbehrt der rechten Führung durch die Leiter der Gemeinschaft; weiter fehlt das Engagement der ganzen Gemeinschaft, die Ehe so mitzutragen, daß sie gutgeht. Die Ehe ist zur isolierten Angelegenheit zweier Menschen geworden, die sich entschließen, zu heiraten, und sich allein bemühen, daß alles gutgeht. Das lädt den Verheirateten übermäßige Lasten auf, für das materielle und geistige Wohl ihrer Familie zu sorgen. Es zwingt Mann und Frau, sich emotional ausschließlich voneinander abhängig zu machen. Spannungen, Angst und Furcht wachsen, wenn Bedürfnisse nicht erfüllt sind oder nicht erfüllt werden können. Oft wird die Aussicht auf ein zusätzliches Kind in einer solchen Situation unerträglich.

Das Grundübel des Priestertums ist heute ganz ähnlich gelagert. Der Priester erlebt eine *Entfremdung,* die derjenigen des isolierten Ehepaares gleicht. Als Priesteramts-Kandidat ist er im Grunde nur durch den Informations-Beauftragten für kirchliche Berufe vorgeschlagen worden. Er wird dann in ein Priesterseminar geschickt, das von seiner Heimatgemeinde und von der Gemeinde, in der er als Priester amtieren soll, gleich weit entfernt liegt. Nach mindestens vier Studienjahren, einschließlich einiger Pastoral-Einsätze irgendwo in der Diözese, wird er dann in eine Pfarrei geschickt. Er kommt als Kaplan dorthin und ist gewöhnlich jung und unerfahren. Abgesehen davon, daß er dem Titel nach Priester ist, ist er so ziemlich der Letzte, zu dem die Gläubigen gehen würden, wenn sie Rat brauchen. Die Gemeinde hatte keinen Anteil an seiner Auswahl. Sie konnte sich kein Bild machen, ob er vom Herrn berufen ist, ihr Hirt zu sein. Bei seiner Priesterweihe hat sie sich nicht engagiert, ihn anzunehmen und mitzutragen. Für den Priester wiederum sind diese Leute nicht anders als alle anderen in der Diözese auch.

Unter diesen Umständen ist es kein Wunder, daß sich der Priester häufig allein und isoliert fühlt, daß er keinerlei Vertraute hat. Sein Pfarrer hat sich mit denselben Problemen herumgeschlagen und sich vor gut zwanzig Jahren angepaßt. Die Leute sind nett zu ihm, aber er hat die Beziehung eines Beamten zu ihnen. Er ist eine Art Dienstleistungsbetrieb. Er kann dadurch austrocknen, jegliche menschliche Wärme verlieren. Was er braucht, sind nicht noch mehr Komplimente, er bekommt sowieso schon zuviel unbegründete und deplazierte Höflichkeiten zu hören. Er *braucht Menschen,* die sich um ihn kümmern, ihn korrigieren und sein Leben verantwortlich mittragen. Und er muß das gleiche für andere tun können. Wer kümmert sich schon um sein Gebetsleben, um seine Beziehungen, um seine Ausgaben, um seine Ferien?

Was sollte in diesen Sakramenten geschehen? Im Grunde sollten sie aus einer engagierten *christlichen Lebensgemeinschaft* oder einer Pfarrgemeinde hervorgehen, die sich als Gemeinschaft gegenseitig verpflichtet weiß. Innerhalb einer solchen Lebensgemeinschaft sollten die im Ehe- oder im Priesterstand Lebenden Unterstützung finden und geben. Eheleute und Lebensgemeinschaft sollten sich ausdrücklich gegenseitig engagieren. Die Gemeinschaft sollte jemand in aller Deutlichkeit zu ihrem Priester berufen. Der Priester sollte bereit sein, zuerst als Bruder unter Brüdern und Schwestern der Gemeinschaft zu leben und erst an zweiter Stelle als Priester, der ihnen dient, wenn sie einen Priester brauchen. Die Verantwortung für Zeit, Geld und Unterbringung der Priester sollte weitgehend von der Gemeinschaft übernommen werden. Sie sollte sowohl mitbestimmen, wie die Priester arbeiten, als auch für ihre Unterstützung und Freizeit sorgen. Die Priester sollten ihr Gebetsleben intensiver mit der Gemeinschaft teilen. Das würde sowohl der Gemeinschaft helfen als auch dafür sorgen, daß der Priester ständig geistig wächst.

Bei den Verheirateten sollten *Gaben und Bedürfnisse* der Eheleute realistisch eingeschätzt werden. Andere Gemeindeglieder können in bestimmten Bereichen für die Eheleute mitsorgen. Nicht jeder Ehemann ist handwerklich geschickt, und nicht jede Ehefrau ist zum Schneidern geboren. Nicht jedes Ehepaar hat die geistliche Reife, den Kindern die rechte geistliche Erziehung zu geben. Innerhalb einer Lebensgemeinschaft sind jedoch all diese Gaben verfügbar.

Vom Priester erwartet man vieles, wofür er nicht begabt oder ungenügend ausgebildet ist. Nicht jeder Priester kann gleichzeitig Lehrer, Jugendleiter, überlegener Ratgeber für die Alten, Geldsammler und Verwalter sein. Im Bereich der *Geistesgaben* haben einige die Gabe der Prophetie, andere der Heilung, wieder andere der Verkündigung und noch andere der Beratung. Der Priester soll die Gaben brauchen, die er hat, und sich auf andere verlassen, die andere Gaben haben. Der Priester sollte weniger ein „Hansdampf in allen Gassen" sein, als vielmehr ein Koordinator der verschiedenen Aufgaben. Er sollte Führungskräfte und Geistesgaben in der Gemeinschaft aufspüren und sich Zeit nehmen, sie auszubilden. Er sollte seine Aufgaben weitgehend mit andern teilen können.

Die Feier beider Sakramente sollte diese Wirklichkeiten widerspiegeln. Die *Feier der Trauung* bedarf der Anteilnahme der Gemeinschaft. Wir hatten kürzlich im Steubenville-College zwei Hochzeiten, bei denen die Eheleute sich engagierten, innerhalb der örtlichen christlichen Lebensgemeinschaft zu leben und ihr zu dienen. Für die Gemeinschaft engagierten sich deren Vertreter, das Paar mitzutragen. An einer bestimmten Stelle beteten alle Anwesenden über das Paar. Bei einer dieser Trauungen sprach der Vater des Bräutigams als Prophetie den Segen des Herrn für seinen Sohn und seine Schwiegertochter. Beim Ringtausch des anderen Paares sprach der Vater des Bräutigams eine ähnliche Prophetie. Nach beiden Trauungen war es deutlich für alle Anwesenden, daß wir zutiefst engagiert waren, eine *neue Ehe mitzutragen*. Wir haben feststellen können, wie bereit die Glieder einer Gemeinschaft sind, die Sorge der Eltern um die Kinder zu teilen, wenn sie bei der Hochzeit der Eltern oder der Taufe des Kindes anwesend waren. „The Word of God", eine christliche Lebensgemeinschaft in Ann Arbor, Michigan, kennt dieses gemeinsame Engagement und das Mittragen der Ehe ebenfalls. Seit den elf Jahren ihres Bestehens hat es noch keine einzige Ehescheidung gegeben. Die Gemeinschaft zählt heute etwa 1800 Mitglieder.

Der Priester wird durch seine Weihe in eine *neue Beziehung* mit seinen Gläubigen gestellt. In Halifax, Neuschottland, hat sich für die Diakonatsweihe von drei Seminaristen einmal die ganze Diözese vorbereitet. Sie fastete und hielt vor dem Weihetag besondere Gebetsabende. Die ganze Diözese war an dieser Weihe beteiligt. Jeder war zum anschließenden Empfang eingeladen. Durch die Publizität kannte jeder die Geweihten, die er im Gebet mittrug, beim Namen. Kam ein Priester in eine Gemeinde dieser Diözese, so konnte er auf dieser Grundlage ganz anders aufbauen. In Richtung auf das gemeinsame Engagement muß sich noch vieles wandeln und entwickeln.

Eine andere gemeinsame Eigenschaft und auch ein gemeinsames Problem beider Sakramente ist der *Ruf zur Treue:*

Wir sollten wissen, daß in der Urkirche die Treue zu *einer* Ehefrau als Zeichen der Heiligkeit galt. Als Jesus diese Treue erstmalig lehrte, bemerkte Petrus, dies wäre ein hartes Wort. Unter dem alten Gesetz brauchte ein Mann sich nicht mit *einer* Frau zufriedengeben. Für den Priesterstand erklärte die katholische Kirche nach dem vierten Jahrhundert den Zölibat zur allgemeinen Pflicht. Das erforderte eine Treue, die einer geistlichen Grundlage bedarf. An diesen Wirklichkeiten wird der lebendige Glaube deutlich, den Ehe und Priestertum erfordern. Woher nehmen wir diesen Glauben? Wie können wir im Glauben wachsen? Durch beide Sakramente wird uns die ständige Gabe des Geistes zuteil. Wie durch Taufe und Firmung jene Gegenwart des Geistes in unser Leben kommt, aus der wir die Gnadengaben schöpfen können, die wir zu Beginn eines christlichen Lebens brauchen, so werden uns durch Trauung und Weihen die Gnaden zuteil, die wir für Ehe und Priestertum brauchen. Verheiratete und Priester sollten unterwiesen werden, diese Gnaden für ihr tägliches Leben zu erbitten.

Verheiratete können dazu ein einfaches Gebet sprechen: „O Herr, ich glaube, daß du an unserer Ehe teilhast, daß du verheißen hast, uns all die geistliche Kraft zu geben, die wir für eine gute Ehe brauchen. So bitte ich dich um diese Gnade in der gegenwärtigen Schwierigkeit.“ Es ist besser für das Ehepaar, gemeinsam zu beten, Kraft, Frieden und Freude zu erbitten. Einige setzen dieses Gebet mit der Geisttaufe und dem erneuerten Empfang des Ehesakramentes gleich. Durch die „Mariage-Encounter-Wochenenden“ ist diese Erfahrung in Amerika zum Allgemeingut geworden. In diesen Seminaren wird den Ehepaaren gelehrt, die Kraft des Sakraments gemeinsam wiederzuentdecken.

Ähnlich können *Priester* aus den Weihen immer neue Kraft schöpfen. Ein gutes Beispiel dafür ist Karl Rahners Meditation einer Hinführung zur Weihe-Erneuerung. Rahner ist überzeugt, daß der Priester durch den andauernden Charakter der Weihe und die Gegenwart des Heiligen Geistes als Bestandteile des Priestertums jeden Tag eine noch viel größere Fülle des Heiligen Geistes empfangen kann als am Tag seiner Weihe. Mit andern Priestern zusammen habe ich (Pater Michael) mich dazu entschieden. Wir haben einander die Hände aufgelegt und dadurch die Weihe erneuert. Als Priester waren wir voller Ehrfurcht vor soviel neuer Hoffnung und neuer Kraft. Am Schluß seiner Meditation sagt Rahner: „Ein derart persönlicher Neubeginn ist deswegen kein Wunschtraum, der uns in einem feierlichen Augenblick alles vergessen läßt, was wir seit unserer Priesterweihe erlebt, erlitten und gefehlt haben und was aus uns geworden ist. Ein Neubeginn ist keine Flucht in die Illusion. Wir ziehen hier die Summe unseres Lebens bis zu dieser Stunde und fügen die unbekannte dunkle Zukunft noch hinzu. Und dennoch sprechen wir unser Ja dazu, das alles Vergangene und Kommende zusammennimmt, um es Gott zu übergeben, der es zu einem Priesterleben macht. Was auch geschehen sein mag, tief innen ist alles noch offen. Alles kann noch immer zu einer priesterlichen Existenz gestaltet werden."[9]

Für Ehe und Weihen empfehlen wir daher dringend ein breiteres, gemeinschaftsgeprägtes Grundverständnis und eine vertiefte Abhängigkeit vom ständigen Gnadenstrom dieser Sakramente, die weiß, daß hier ein gemeinsames Leben neu beginnt. Sie werden lebendiger und erfüllter, wenn die Gemeinschaft beteiligt ist und wenn die Empfangenden die Gnadengaben wirklich erwarten und sich in allem von ihnen abhängig wissen. Es gibt hier noch ein weiteres und besonders wichtiges Problem. Betrachten wir als die Funktion dieser Sakramente, *neue Beziehungen* herzustellen, so wird uns dadurch bewußter, daß die Empfangenden von Widerständen aus schlechten Einflüssen in der Vergangenheit freiwerden müssen. Können sich die Betroffenen der heilenden Liebe des Herrn im Glauben öffnen, so werden sie unserer Erfahrung nach von diesen Widerständen befreit. Erst dann sind sie frei, Kraft und Gnade des Sakraments *ganz* zu empfangen. Dann ist auch das Sakrament kein Ritual mehr, auf das sie sich vorbereiten, sondern es ist die Gelegenheit zu neuer, zutiefst persönlicher Begegnung mit Gott.

Im Idealfall sollte das Paar, das sich auf die Ehe vorbereitet, bei dem für die Ehevorbereitung Verantwortlichen Rat, Gebet und Heilung finden. Er sollte mit jedem Partner einzeln für die Heilung von Wunden aus früheren Beziehungen mit Dritten beten. Die junge Frau fühlt sich vielleicht schuldig wegen einer vergangenen sexuellen Beziehung mit einem andern Mann. Der junge Mann mag Angst haben, daß er im Stich gelassen wird, wie es ihm von einer früheren Bekannten geschah. Es gibt viele Arten *vergangener Verwundungen;* erfahren Mann und Frau nicht die heilende Liebe des Herrn, so gehen sie mit Hemmungen in die Ehe, sich ganz zu vertrauen und zu vereinen. Auch wegen vergangener Schwierigkeiten mit den Eltern sollte man mit Mann und Frau getrennt beten.

Sonst können diese Verletzungen ihre Beziehungen zu den eigenen Kindern negativ beeinflussen. Sie können auch fürchten, daß ihre Ehe so schlecht geht wie die der Eltern. Sie müssen neue Freiheit und neuen Frieden durch die *Heilung von Ängsten und Wunden* erfahren. Sonst wäre ihre Ehe tatsächlich auf Sand gebaut! Gott möchte ihre Heilung mehr als sie selbst: Als Bund gegenseitiger Liebe und Treue kann ihre Ehe für die Gemeinschaft zum Zeichen von Gottes zärtlicher Treue zu seinem Volke werden.

Am *Heilungsgebet* für einen Partner sollte der andere, für den nicht gebetet wird, im Idealfall dennoch teilnehmen, um ihn durch seine Gegenwart mitzutragen. Dann sollte der Priester für das *Paar* beten. Jeder Bereich, der während der Zeit der ersten Freundschaft und Verlobung durch Schmerz oder Schuld gestört wurde, sollte von Gottes heilender Liebe durchströmt werden. Erwarten der Priester und das Paar Gottes heilende Liebe in all diesen Bereichen, so werden Mann und Frau sie auch erfahren. Ihre Ehe wird dann wirklich zu einer heilen und heiligen Begegnung mit dem andern und mit Gott werden.

Eine ähnliche Vorbereitung ist für die Priesterweihe notwendig. Der Priester ist berufen, zu seinem Bischof eine Beziehung des Gehorsams und des Dienstes zu haben. Als Pfarrer seiner Gemeinde ist er berufen, Autorität auszuüben. Als Vorbereitung zum Priestertum muß der Berufene von den Wunden unguter Beziehungen zu Autoritätspersonen wie dem Vater, dem Pfarrer oder dem Rektor geheilt werden. Erst dann wird er frei sein, der Autorität anderer zu dienen und Autorität auszuüben, wie der Herr ihn führt. Viel zu viele Priester haben Schwierigkeiten mit dem Bischof, mit dem Pfarrer oder dominierenden Persönlichkeiten in der Gemeinde, weil sie Ressentiments gegenüber früheren Autoritätsfiguren mit sich tragen. Gott aber möchte das heilen! Kann einer sein Herz öffnen und mit dem selbstgerechten Nachtragen solcher

Ressentiments Schluß machen, kann er von Herzen vergeben, so wird ihm neue Freiheit zuteil, dieselben Menschen, die er vorher gehaßt hat, zu lieben. Er wird jene Kraft erfahren, die Jesus beseelte, bereitwillig zu vergeben und sich freiwillig dem Willen des Vaters zu fügen.

Durchströmt Gottes heilende Liebe all seine Wunden, so wird er frei, demütig zu dienen und im Geiste Jesu andern die Füße zu waschen. Aus dieser inneren Freiheit heraus wird ihm ein neues Autoritätsverständnis erwachsen. Als Priester hat er die Freiheit, sich nicht von Titeln oder führenden Stellungen abhängig zu machen, sondern so zu dienen, daß die Gaben seiner Gläubigen und seine eigenen Gaben zur Erbauung und zur Verherrlichung des Vaters eingesetzt werden. In dieser Freiheit wird sein Herz wirklich pastoral. Der Priester wird frei zu einer liebenden, zärtlichen, festen und gläubigen Beziehung zu seiner Gemeinde, und dazu hat Gott ihn ja berufen. Wir beten, daß niemand, der zu Ehe oder Priestertum berufen ist, die heilende Gnade eines solchen Gebets zurückweist. Wir haben es bereits im Kapitel über die Krankensalbung gesagt: Gott ist Liebe, darum möchte er immer nur unser Bestes. Wir sollten uns gegenseitig ermutigen, uns gläubig seiner Gnadengabe zu öffnen.

Es gibt viele Möglichkeiten, für *Innere Heilung* zu beten. Wesentlich ist, sich der heilenden Liebe Jesu zu öffnen, damit er die gestörten Bereiche des menschlichen Geistes berühren kann. Das geschieht gewöhnlich dadurch, daß wir die Liebe Jesu annehmen und daß wir uns deswegen gerade dort als liebenswert annehmen, wo die Erinnerungen uns schmerzen. Dies kann wirksam geschehen durch dic Ausweitung der Geisttaufe. Wer die Freigabe des Heiligen Geistes erlebt hat, hat sich der Liebe und der Ausgießung seiner Geistesgaben geöffnet. Gewöhnlich aber gibt es bei jedem Menschen gestörte Bereiche, die zur Zeit der Geisttaufe dieser Liebe nicht zugänglich sind. Werden diese Bereiche später erkannt und entscheidet man sich, sie durch Gottes Liebe heilen zu lassen, so heißt das, diese Bereiche der weiteren Freigabe des Geistes zu öffnen. Sind diese Bereiche klein oder weniger wichtig, so ist auch die Heilungserfahrung gering. Sind aber weite Bereiche gestört und die Verletzungen ernsthaft, so kann die Heilungserfahrung befreiender und kräftigender sein, als die ursprüngliche Freigabe des Heiligen Geistes. Die in Verbindung mit Ehe und Weihe diskutierten Bereiche sind für gewöhnlich wesentliche Bereiche, die auf Heilung kraftvoll ansprechen. Welche höchst reale Wandlung könnte der Gesellschaft durch Ehen zuteil werden, die sich auch unter Belastungen als haltbar und voll Freude erweisen! Welche Wandlungen könnte eine Kirche erleben, die *geheilte und heilende Priester* als Diener hätte! Solche Wandlungen werden möglich durch gemeinsames Leben und die Kraft der Sakramente. Wir haben das erlebt und wir glauben daran.

Abschließend sollten wir die durch unsere Überlegungen aufgeworfenen Fragen zumindest erwähnen. Wie kann eine Gemeinschaft Methoden zur Auswahl von Priesteramtskandidaten und zum Engagement der Gemeinschaft für ihre Priester entwickeln? Würde das nicht eine radikale Neubesinnung auf unser Ausbildungssystem in Priesterseminaren bedeuten? Müßten wir nicht Seminaristen abweisen, die nicht die notwendigen Voraussetzungen zur Leitung einer Pfarrgemeinschaft mitbringen? Müßten wir nicht neue Kriterien finden, welcher Priester in welcher Gemeinde eingesetzt werden kann? Und was sollte mit den ständigen Diakonen geschehen? Sollten sie nicht dem Volk grundsätzlich anders dienen als Bischöfe und Priester? Und was wird überhaupt aus dem Bischof? Sollte er nicht durch ein ähnliches Auswahlsystem von Volk, den Priestern und anderen Bischöfen berufen werden? Sollten nicht die Bischöfe denjenigen Gläubigen dienen, die sie ins Bischofsamt berufen haben? Was wird schließlich aus den gewöhnlichen Ämtern des Lektors und Akolythen und dem besonderen Amt des Exorzisten? Sie gehören nicht zum Sakrament der Heiligen Weihen, sind aber Dienste, die sich direkt darauf beziehen. Sollte es nicht Auswahl- und Ausbildungsmöglichkeiten von Männern und Frauen für diese Funktionen geben?

Und wenn wir auf die Ehen schauen, sollten nicht die Gemeindepfarrer sehr viele Gemeindeglieder in die Beratung und die Vorbereitung derer einbeziehen, die an die Ehe denken? Sollte nicht zur Trauung eine Form des Engagements der Pfarrei gehören? Und was geschieht mit all den Ehen, die ohne echtes Verständnis des Sakraments geschlossen wurden, ohne die Absicht vollkommener und andauernder Hingabe, ohne Prüfung und beratendes Gespräch über die Richtigkeit dieser Entscheidung? Was soll mit diesen Ehen geschehen? Und sollten wir uns nicht vergewissern, daß die Fähigkeit beständiger Liebe zwischen Mann und Frau gegeben ist, bevor sie eine Ehe eingehen, die unauflöslich ist? Damit haben wir diese Fragen zumindest zur Kenntnis genommen. Es sind Probleme, mit denen sich jeder in der Kirche auseinandersetzen muß. Wirken sie frustrierend, sollte noch einmal über Kapitel 3 nachgedacht und erwogen werden, in welchem Maß zunächst die Kirche selbst wieder lebendig werden muß, bevor auch die Sakramente wieder zu dem werden können, wozu sie bestimmt sind.

11. Die Augen gingen ihnen auf

„Als er mit ihnen zu Tische saß, nahm er das Brot, sprach den Lobspruch, brach es und gab es ihnen. *Die Augen gingen ihnen auf* und sie erkannten ihn. Er aber verschwand vor ihnen“ (Lk 24,30—31). — Die Erneuerung der Sakramente hängt ab von der entscheidenden, lebenspendenden *Begegnung mit Jesus* in jedem einzelnen Sakrament. Das ist die Botschaft dieses Buches. Diese Begegnung wird nicht zuerst durch wissenschaftliche Untersuchungen über die Geschichte der Sakramente zustande kommen, auch wenn das wichtig ist. Sie wird auch nicht zuerst durch eine intensivere Erziehung auf der Ebene der Sakramenten-Katechese erreicht werden. Diese Begegnung wird nicht zuerst durch einen besseren Gebrauch der Symbole, einen besseren Text der Riten, bessere Musik oder bessere Vorbereitung der liturgischen Feiern zustande kommen, auch wenn das alles seine Wichtigkeit hat. Ja sie wird nicht einmal durch gut gestaltete Predigten erreicht werden, die sich genau an die Lehre der Schrift halten. Begegnung mit Jesus geschieht dort, *wo uns die Augen aufgehen,* wenn wir Jesus in den Sakramenten erkennen, wo wir uns entschließen, unser Herz einer entscheidenden Begegnung mit Jesus zu öffnen. Um Jesus in den Sakramenten zu erkennen, müssen wir ihn zunächst und vor allem durch die Kraft des Heiligen Geistes im Alltag kennenlernen. Dann müssen wir ihn im Ursakrament der Kirche erkennen. Erst in diesem Bewußtsein sind wir in der Lage, ihn auch in den sakramentalen Handlungen zu sehen. Sind uns die Augen aufgegangen, ihn dort zu sehen, so können wir ihm auch begegnen und uns von seiner rettenden Kraft wandeln lassen. Diese Begegnung geschieht und entfaltet sich durch die sakramentalen Handlungen. Die pastoralen Anregungen dieses Buches sind als Möglichkeiten gemeint, diese *Begegnung* in jedem Sakrament *zu leben*. Von der liebenden Gnade unseres Herrn bewegt beten wir, jedem von uns mögen die Augen aufgehen, Jesus zu erkennen und ihm in den Hoch-Zeiten der Sakramente beständig in seiner Kirche und durch seine Kirche zu begegnen.

Wir haben uns vielfach auf die Kraft des Heiligen Geistes berufen. Gottes Leben und die Kraft, die von seinem Geist ausgeht, sind grundlegend nicht nur für unsere Art, die Sakramente zu sehen, sondern für unsere Sicht des Christenlebens überhaupt. Denen, die die Bedeutung dieser Auffassung in Frage stellen, und denen, die tiefer verstehen wollen, was wir unter *Leben im Heiligen Geist* verstehen, bieten wir die folgende Erklärung: Wir meinen, daß durch unseren Glauben und unsere persönliche Erfahrung in der Charismatischen Erneuerung während der letzten fünf bis sechs Jahre sich für uns die Verheißung Jesu erfüllt hat, uns nicht als Waisen zurückzulassen; daß durch eine glaubenserfüllte Offenheit Gott seinen Geist in unserem Leben freigesetzt hat, so daß wir seine ständige Gegenwart und Kraft erfahren durften, uns gegenseitig zum christlichen Leben zu ermutigen, mitzutragen und aufzubauen; daß dieses gegenseitige Mittragen möglich wird durch die Liebe, die Freude, den Frieden, die Geduld, die Freundlichkeit und alle andern Früchte des Heiligen Geistes, die soweit in uns wachsen können, wie wir offen sind, sie zu empfangen; daß wir zu einer beständigen Offenheit berufen sind, diese *Gaben* seines Geistes zu empfangen, und zwar wie Er will und nicht wie wir wollen; daß wir zu Gefäßen und Dienern seines Lebens in uns werden; daß sie durch seinen Geist und jene, die offen sind, sich seinem Wirken zu überlassen, noch größere Werke vollbringen werden als Jesus (Joh 14,12); daß wir durch unser Leben verkünden können: „Das Reich ist mitten unter uns“, und erleben, daß die Lahmen geheilt, die Blinden sehend, die Aussätzigen rein werden und den Armen die Frohe Botschaft verkündet wird, wie er es verheißen hat.

Das ist die Frohe Botschaft in unserem Leben. Wir kennen sie und verkünden sie weiter. Wir wissen, daß sie für alle Christen bestimmt ist, die in sein Leben hineingeboren sind. Wer sich ganz ihm überläßt, wird sein Leben und seine Kraft erfahren wie nie zuvor. Dieses Leben und Wissen wird uns allen ermöglichen, die Schwierigkeiten in Beziehungen und Beruf, in Welt und Gesellschaft mit jenem Glauben zu bewältigen, der Berge versetzt. Wir sind als Gottesvolk nicht nur dazu berufen, das Alte zu bewahren, Deiche anzulegen und möglichst friedfertig gegebene Situationen hinzunehmen. Durch Tod und Auferstehung Jesu und unsere Taufe in sein Leben hinein sind wir ein *Volk des Sieges,* das durch Gottes Geist befähigt und durch seine Gaben gestärkt verkündet: Sein Reich ist mitten unter uns. Das hat die Vollmacht, die Welt zu verändern. Einige mögen das als unerreichbares Ideal oder Träumerei zurückweisen. Aber wir haben seine Wirklichkeit in unserem Leben und im Leben derer erfahren, die mit uns vereint sind.

Das heißt nicht, daß wir nicht kämpfen müssen, Fehler machen, versagen und straucheln. Aber wir glauben und unser Glaube an einen beständig gegenwärtigen Gott gibt uns die Kraft, zu suchen, zu forschen, zu kämpfen und inmitten des Kampfes einen Frieden zu erfahren, der alle Vernunft übersteigt. Die von Paulus im 1. Korinther-Brief (Kap. 12—14) beschriebenen Geistesgaben werden nicht gegeben, um uns auszusondern oder um eine Elite zu züchten, sondern um zusammenzuwachsen und uns zu befähigen, uns gegenseitig mitzutragen. Die Gaben sind für den ganzen Leib gegeben — nicht alle Gaben für einen einzelnen. Jedem werden sie nach Gottes Plan und nach seiner Offenheit im Glauben zuteil. Sie sind uns gegeben, dem Leib zu dienen. Die Gaben sind zum Dienst bestimmt. Wir haben sie unter Kontrolle in dem Sinn, daß der Heilige Geist ein Gott der Ordnung und des Friedens ist, aber wir auch seine Diener sind und er über die Gaben, die wir erbitten, verfügt, wann und wo und wie Er will.

Werden die Gaben angewandt und die Früchte offenbar, so erkennen Männer und Frauen immer vollkommener ihre gegenseitige Abhängigkeit. Das ist Gottes Wunsch, „auf daß sie alle eins sind, wie wir eins sind". Wir möchten *zusammen loben* und *arbeiten* und *beten,* denn so erkennen wir seine Kraft und seine Weisung für jeden einzelnen, für uns alle als Gemeinschaft und für die Gesellschaft, in der wir leben. Wir glauben, das ist Gottes Plan: keine Getto-Gesellschaft zu schaffen, sondern ein gemeinsames Leben zu leben, das konkret Zurückweisung, Entfremdung und Isolierung in der Gesellschaft heilt; ein Leben, das die Geheilten befähigt, mit der Weisheit Gottes jene zu erreichen, die die Frohe Botschaft noch nicht hören wollten oder hören konnten, die Schwachen zu stärken und ein Licht zu sein, das die Probleme dieser Welt nach dem Plan Gottes erhellt und löst.

12. Der Dienst der Inneren Heilung

„Das ist, was wir euch verkünden, was schon von Anfang an war, was wir gehört und mit unseren Augen gesehen, was wir geschaut und mit unseren Händen berührt haben. Wir meinen das Wort des Lebens“ (1 Joh 1,1). — Die Worte des heiligen Johannes sagen beredt, was die folgenden Gedanken anstreben; sie wollen eine Botschaft des Glaubens, der Hoffnung und der Liebe vermitteln. — *Frohe Botschaft*. Es ist keine vollständige Botschaft. Sie ist begrenzt auf das, was ich und andere, deren Leben ich teile, gehört, gesehen und berührt haben. Wir haben Männer und Frauen in Todesangst und seelischer Verwirrung aufschreien hören; wir haben sie später in Frieden und Freiheit singen hören. Wir haben Männer und Frauen wie tot gesehen, als wären sie mit Ketten der Verzweiflung und des Selbsthasses gebunden; und wir haben sie später voller Leben und Hoffnung gesehen, voller Liebe zu sich selbst und den anderen. Wir haben Menschen berührt, die vor Furcht und Kälte zitterten; und wir haben gespürt, wie das Feuer des Heiligen Geistes sie durchströmte. Wir schreiben in der Hoffnung, all jenen Worte des Lebens zu vermitteln, die diese Seiten lesen. Wir beten, das Wort, das Fleisch geworden ist, werde jedem Leser zum Segen; der Friede Jesu Christi ist jene Gabe, die die Welt nicht geben kann.

Wenn ich in der Wir-Form rede, so sind alle jene mitgemeint, deren Überzeugungen und Meinungen hier einfließen. Den Erkenntnissen und Einsichten von P. David Tickerhoof, P. Francis McNutt, Sr. Margie McGuire und Sr. Ann Thérèse Shields verdanke ich viel. Sie sind so zutiefst an dieser Arbeit beteiligt, daß ihre Beiträge gar nicht genau abzugrenzen sind.

Ich sage „wir“ statt „man“, weil es die einzelnen Aussagen auf das begrenzt, was *wir* erfahren haben. Dadurch wird der Eindruck der Allgemeingültigkeit vermieden. Wir anerkennen die Fachkompetenz qualifizierter Psychiater, Psychotherapeuten und psychologischer Berater. Wir wollen das, was sie beruflich Gutes tun, nicht in Frage stellen. Wir hoffen, es mitzutragen und dazu beizutragen, daß sie ihrerseits die Gültigkeit von Heilung durch jenes Werk Gottes anerkennen, das wir *Dienst Innerer Heilung* nennen. — Ich schreibe auch in der Wir-Form, um deutlich auszusprechen, was nicht geschehen ist: Wir warten immer noch auf die Vollendung vieler Heilungen. Zuzeiten sind wir falsch vorgegangen, haben manche notwendigen Schritte unterlassen, wie etwa den Kranken zu Umkehr und Vergebung zu rufen. Zuzeiten waren Fortschritte nur unter Schmerzen und über Jahre zu verzeichnen. Zu andern Zeiten aber trat die Heilung augenblicklich und in großer Freude ein. Wir teilen hier nur mit, was wir gelernt haben, und einzig zum Lob des Vaters in Jesus Christus, unserem Herrn und Heiland. Wir widmen diese Gedanken allen, die von Leid und Sünde gekennzeichnet sind und in diesem Zustand der Verwundung sich dem Anruf des Herrn öffnen, anderen Heilung zu bringen.

Schon in meinem Buch *„Die Kraft der Buße“* habe ich über Innere Heilung geschrieben. Ich sagte, innere Wunden und Verletzungen wären die Wurzel vieler Sünden, die in der Beichte vorgebracht werden. Wir sprachen von Selbsthaß, mangelndem Vertrauen, von Schuld, Furcht, Zukunftsangst und verdrängten Ressentiments; von jenen Bereichen also, die sündhaftes Verhalten wie Kampf, Streit, Gewalt, Lust, Neid, Betrug, Diebstahl und Lüge verursachen und zu Zuständen wie Trunksucht, Drogenabhängigkeit und zwanghafter Selbstmordneigung führen. Priester und Beichtende, Katholiken und Nichtkatholiken bestätigten mir Einsichten und Wege Innerer Heilung. Die

Priester forderten gewöhnlich ein weiteres Buch, das die verschiedenen Möglichkeiten des Zugangs zur Beichte weiter ausführt. Die Beichtenden schrieben von neuer Freiheit und neuem Frieden und baten um die Namen von Priestern und andern Beratern, die ihnen und ihren Freunden helfen könnten, in größere Ganzheit und Heiligkeit hineinzuwachsen. Nichtkatholiken schrieben, daß dieser Zugang sich auch im geistlichen Gespräch bewährt habe. Katholiken schrieben, das Buch habe sie dazu bewegt, nach Jahren wieder zur Beichte zu gehen; die Erfahrung der Heilung durch das Sakrament habe sie dazu geführt, wieder *regelmäßig* zu beichten. Übereinstimmend hieß es in allen Briefen: „Helfen Sie uns, Innere Heilung noch tiefer zu verstehen!"

In den vergangenen beiden Jahren haben wir erfreulich viel über Innere Heilung dazugelernt. Wir haben ein Grundmuster sich entfalten sehen, wir haben zwischen oberflächlichen Verletzungen und tiefliegenden Verwundungen unterscheiden gelernt. Wir haben je nach Situation zwischen verschiedenen Zugängen zum Heilungs-Gebet unterscheiden gelernt. Wir haben gesehen, daß jede einzelne Heilung nur im Rahmen der Gesundung des ganzen Menschen zu verstehen ist. *Gesundung des ganzen Menschen* aber heißt, den Willen Gottes für den ganzen Menschen und seine Beziehungen im Leib Christi zu erkennen. Schließlich haben wir gelernt, auf den richtigen Zeitpunkt zum Gebet zu achten, auf die Zeit des Herrn, in der die Kraft seiner Liebe Heilung wirkt. Wir haben auch lernen müssen, wieviel Verwirrung der Ausdruck *„Innere Heilung"* stiftet. Viele nennen jede Form geistlichen Wachstums Innere Heilung. Sie bezeichnen eine seelsorgerliche Beratung, das Hören einer Predigt oder eine neu entdeckte Gebets-Ebene einfach als Innere Heilung. Ein neues Gefühl des Friedens, der Liebe und der Freiheit läßt sie sagen: „Ich habe Innere Heilung erlebt." Ihre Reaktion mag durchaus echt sein. Dennoch scheint eine genauere

Ausdrucksweise der Wahrheit dienlicher. Genauigkeit kann dem Wachstum Inneren Heilungsdienstes nur förderlich sein und ihn von anderen Diensten abgrenzen.

Heilung

Heilung ist etwas anderes als Wachstum oder qualitativer Fortschritt. Heilung ist jenes Geschehen, durch das etwas, das verwundet oder krank war, ganz und heil wird. Heilung bekommt einen Sinn in direkter Beziehung zu einer negativen Situation, entstanden durch eine bestimmte Verletzung. Das Wachstum eines Teenagers an Größe, Kraft und Wissen ist keine Heilung. Allgemeines Wachstum an Heiligkeit ist keine Innere Heilung. Wir sollten auch zur Kenntnis nehmen, daß Heilung auf natürlichem Weg zustande kommt und zu Gesundheit führt. Sie erfordert keinerlei Eingriff, der sich nicht empirisch nachweisen und erklären ließe. Heilung als solche läßt sich durch natürliche Vorgänge erklären. Geistliche Heilung ist eine Heilung, in der geistliche Impulse den natürlichen Vorgang beschleunigen. Ihre geistliche Quelle ist Ungläubigen selten einsichtig zu machen. Skeptiker können immer mit einer natürlichen Erklärung aufwarten, auch wenn sie den neuen Zustand der Gesundheit auf noch so unwahrscheinliche Weise deuten. Bei einem *Wunder* dagegen tritt eine Veränderung ein, die sich nicht durch einen natürlichen Vorgang erklären läßt. *Heilung kann Wunder sein, aber sie muß es nicht!* Auch wenn Heilung durch den Geist kein Wunder zu sein braucht, so verstehen sie Menschen, die glauben, doch als direktes oder indirektes Wirken Gottes. Wer diese Gabe des Glaubens nicht hat, erklärt sich Heilung auf rein naturwissenschaftliche Art.

Wir haben Fälle erlebt, die uns überzeugten, daß Heilung direkt durch die Kraft des Herrn geschah. Die folgenden Heilungen wurden von einer Reihe reifer Menschen bezeugt. Sie wurden untersucht und für überzeugend befunden. Aber sie wurden nicht als Wunder erachtet. Alle ließen sich auch rein medizinisch erklären: Ein fünfzigjähriger Stahlwerker, der wegen eines Hörfehlers frühzeitig pensioniert wurde, kam zu uns zum Gebet. Die Ärzte hatten ihm versichert, sein Gehör wäre so endgültig gestört, daß keinerlei Behandlung oder Hörgerät ihm helfen würde. Wir beteten mit ihm. Uns war der Wunsch eingegeben, ihm zu helfen, und gleichzeitig die Erwartung, daß der Herr uns seine Antwort auf unser Gebet zeigen würde. Sowohl der Mann selbst als auch der Betende hatten sofort ein besonders intensives Empfinden der Gegenwart Gottes. Am nächsten Tag hörte der Mann normal und war wieder arbeitsfähig. Die Ärzte meinten, manchmal helfe sich der Körper selbst.

Ein sechs Monate altes Baby namens Darlene war taub von Geburt an. Sie war von vielen Ärzten untersucht worden, die keinen Rat wußten. Während eines längeren Heilungsgebetes wurde dem Baby die Krankensalbung gespendet. Zwei Wochen später bemerkte der Vater, daß das Kind auf Töne reagierte. Die Ärzte untersuchten das Kind noch einmal. Es hörte ausgezeichnet. Es hört noch heute überdurchschnittlich gut. Keinerlei Anzeichen weisen auf die ursprüngliche Taubheit hin. Ein anderes Baby namens Maria war seit seiner Geburt zurückgeblieben. Die Ärzte waren zur Ansicht gekommen, bestenfalls könne man die Wachstumsstörungen unter Kontrolle halten. Sie machten keine Hoffnung auf Genesung. Routineuntersuchungen in halbjährlichen Abständen wurden angesetzt. Einige Tage nach einem solchen Test hatten wir Gebetstreffen. Während des Gebets kam die Gruppe zum Schluß, der Herr wolle uns um die Heilung des Kindes beten lassen. Am nächsten Morgen brachten wir Maria herein. Wir legten ihr die Hände auf und sagten: „Im Namen Jesu, sei geheilt.“ Frieden und Segen schienen den Raum zu erfüllen. Einige Tage später überredete Marias Mutter den Arzt, Maria noch einmal zu untersuchen. Der Arzt fand eine plötzliche, unerklärliche Besserung des Gesamtzustands. Maria ist heute ein normal entwickeltes Kind. In ihrer Volksschulklasse erbringt sie durchaus durchschnittliche Leistungen.

Im Fall der beiden Kinder waren die Ärzte zum Schluß gekommen, daß die von ihnen angeordnete Behandlung zwar über längere Zeit keine Resultate gezeigt hatte, dann plötzlich aber doch gewirkt haben mußte. Es gab eine mögliche natürliche Erklärung, weil die Organe, deren Funktionen vorher gestört waren, jetzt ohne Befund blieben. Heilung war zwar geschehen, aber nicht auf wunderbare Art. Gerade darum aber bestärkte sie den Glauben derer, die sie im übernatürlichen Licht angesehen hatten. Aber sie blieb ohne geistige Wirkung auf die, die sie vom ausschließlich natürlichen Standpunkt betrachteten. Wir haben Allergien verschiedener Art beobachtet: Asthma, Sehschwächen, Rückenleiden, verschiedene Atembeschwerden; sie wurden geheilt und blieben über einen Zeitraum von mehreren Jahren geheilt. Wir erwähnen diese Heilungen, denn sie geschahen uns selbst und Menschen, die wir gut kennen. Wir haben auch für die Heilung vieler anderer Beschwerden gebetet und keinerlei körperliche Veränderung feststellen können. Wir haben aber bemerkt, immer dann, wenn wir mit einem echten *Impuls erwartenden Glaubens* beten, geschieht etwas. Geistlich oder körperlich verändert sich etwas. Manchmal werden wachsende Geduld und wachsendes Verstehen geschenkt, daß dieses Leiden einem höheren Gut dient. Manchmal geschieht körperliche Heilung durch Gebet in Verbindung mit ärztlicher Behandlung, manchmal aber auch unabhängig von jeder feststellbaren medizinischen Versorgung.

Beten wir im Glauben und Mitleid, aber ohne speziellen Impuls erwartenden Glaubens von seiten der Betenden und des Kranken, so geschieht zuweilen Heilung; zuweilen kommt der Kranke zur Überzeugung, daß er sich ändern muß; sehr oft aber können wir keinerlei Veränderung feststellen. Manchmal wird auch nur durch gemeinsames

Gotteslob und ohne spezielles Gebet Heilung geschenkt. Unsere Erfahrungen decken sich mit unserem Verständnis der *Heilungslehre des Neuen Testaments*. Dort finden wir vier allgemeine Aussagen, daß der Herr alle heilt, die zu ihm kommen.[10] Außerdem gibt es etwa 36 verschiedene Angaben über spezifische Heilungen.

Morton Kelsey von der Notre-Dame-Universität hat weitgehende Forschungen über den Stellenwert von Heilung im Christentum vorgelegt. Die Ergebnisse seines Buches[11] sind eine Herausforderung für alle Christen, sich mit dieser Kraft in unserer Mitte auseinanderzusetzen: „Fassen wir zusammen: In den meisten Religionen einschließlich des Judentums finden wir eine Wertschätzung nichtkörperlicher oder geistiger Wirklichkeiten, die das Leben des Menschen beeinflussen und zu seiner Heilung beitragen. Ausschließlich in der Tradition des Neuen Testamentes aber finden wir eine durchgehende Heilungspraxis, die auf einem voll entwickelten Verständnis göttlicher Liebe und göttlichen Willens für den Menschen beruht. Auf dieser Grundlage hat sich die westliche Kultur mit demselben einzigartigen und allgemeinen Interesse an Heilung entfaltet... Kurz, körperliche Heilung ist ein lebendiges Geschehen und als solches ein inneres Geheimnis, das letztlich nur den betroffenen Zellen und dem, der sie geschaffen hat, erkenntlich ist. Ein Geschehen also, von dem wir andauernd körperlich wie geistig soviel wie möglich lernen müssen. Insbesondere tritt Heilung dann ein, wenn alle Voraussetzungen erfüllt sind. Es gibt körperliche Voraussetzungen, die nur der Arzt feststellen und herstellen kann. Es gibt auch seelische Voraussetzungen, zu denen jene hinführen können, die psychotherapeutisch ausgebildet sind. Und schließlich erfordert geistliche Heilung geistliche Voraussetzungen, die am besten von jenen erkannt und vermittelt werden, die die verschiedenen geistlichen Traditionen lebendiger Kirche in Theorie und Praxis kennen. Alle zusammen bilden ein Team, das Gott braucht."[12] Das vorliegende Buch beschäftigt sich speziell mit der Heilung des inneren Menschen. So wollen wir uns von jetzt an auf Innere Heilung und den Dienst Innerer Heilung beschränken.

Innere Heilung

Innere Heilung ist die Heilung des inneren Menschen. Unter dem inneren Menschen verstehen wir die Bereiche des Intellekts, des Willens und der Gefühle, die man gewöhnlich als Verstand, Willen und Herz bezeichnet. Jedoch gehört auch dazu, was sich auf Emotionen, Seele und Geist bezieht. Innere Heilung ist also etwas anderes als äußere oder körperliche Heilung. Im Wirken Jesu ist deutlich Innere Heilung erkennbar. Ein Hinweis darauf findet sich in der Unterscheidung zwischen „austreiben" böser Geister und „heilen" von Geistern. Weiters wird unterschieden zwischen „bösen" und „unreinen" Geistern.[13] Da alle seelischen Störungen und Geisteskrankheiten auf solche Geister zurückgeführt werden, weist die unterschiedliche Ausdrucksweise auf mehr als einen Heilungsdienst hin. Bei Lukas finden wir „einige Frauen, die von bösen Geistern und Krankheiten geheilt wurden" (Lk 8,2); „die von unreinen Geistern Geplagten wurden geheilt" (Lk 6,18; vgl. 7,21). Es gibt aber auch viele Texte, wo die bösen Geister von Jesus ausgetrieben werden oder wo man sich sagt, daß sie ausgetrieben werden müßten (vgl. Mt 8,16; 8,31; 9,33; 17,18ff; Mk 9,17; Lk 9,40; 11,14).

Morton Kelsey entwickelt das ausgezeichnet. Er geht davon aus, daß der Heilungsdienst Jesu Innere Heilung miteinschließt: Erst die moderne Psychiatrie und Psychologie erkannte die wahren Dimensionen der Geisteskrankheit; erst im 20. Jahrhundert konnte die Medizin ein psychotherapeutisches Verständnis der gefühls- und verstandesmäßigen Grundlagen von Geisteskrankheit unabhängig von kausalen Körperschäden und bösen Geistern vorlegen. Kelsey analysiert auch das Werk von C. G. Jung und kommt zum Schluß: „Wie Jung immer wieder betonte, war nicht er es als Psychiater, der die Heilung eines Kranken bewirkte. Seine Aufgabe sah er vielmehr darin, den einzelnen an eine Quelle der Heilung zu führen, die sich in der Seele selbst befindet, aber dennoch von außen zu kommen scheint, wie eine Quelle, die in einem kleinen Teich sprudelt.“[14] Kelseys Auffassung ermöglicht uns die Einsicht, daß das, was die Evangelisten in den zwei Kategorien körperlicher Heilung und Befreiung (Exorzismus) ausdrücken, die dritte Kategorie Innerer Heilung miteinschließt. Der Herr heilte und befreite. Aber die Urkirche und besonders die Evangelisten konnten diese Ereignisse nur in der Sprache und in den Kategorien ausdrücken, die ihnen zur Verfügung standen. Der Heilige Geist inspirierte die Worte der Evangelien, aber mit Ausnahme einiger weniger Zitate von Herrenworten sind die Texte der Evangelien Menschenworte. Die moderne Psychiatrie hat die Gültigkeit psychiatrischer Heilung erwiesen. Es wäre Dummheit, zu behaupten, Jesus hätte jede *körperliche* Krankheit geheilt, die höchst realen Krankheiten des *inneren* Menschen aber nicht. Tatsächlich neigen Theologen zur Annahme, die meisten Exorzismen Jesu wären eher psychiatrische Heilungen als Befreiungen von bösen Geistern.

Ob nun Innere Heilung in den Exorzismen Jesu gesehen wird oder in Aussagen wie: „er heilte jederlei Krankheit und Gebrechen“ (Mt 4,23, vgl. 9,35), auf jeden Fall gehören auch Innere Heilungen zum Wirken Jesu. Bei der Heilung des Gelähmten (Lk 5,17—26) geschieht gleichzeitig *innere und körperliche Heilung*. Zunächst vergibt der Herr die Sünden. Dadurch gibt er dem inneren Menschen den Frieden zurück. Durch diese Heilung erhält der Gelähmte die Offenheit, die Fülle körperlichen Lebens zu empfangen. Seine Lähmung war sowohl körperlich als auch symptomatisch für seine innere Gebundenheit. Der Mann „ging heim und pries Gott“. Er bekundete damit seine innere Freiheit, Gott zu loben und gleichzeitig für seine körperliche Heilung zu danken.

Als der Herr dem Petrus seine Verleumdung voraussagt, fügt er hinzu: „Aber ich habe für dich gebetet, daß dein Glaube nicht versage — und du bringe deine Brüder zurecht und stärke sie" (Lk 22,32). Jesus betet hier, daß die heilende Liebe Gottes jene Schuld und Scham überwindet, die Petrus zu erdrücken droht, damit Petrus innerlich gekräftigt seine Brüder stärkt. „Ist deine ganze Erscheinung Licht und hat nichts Finsteres an sich, so wird damit alles hell sein; es ist, wie wenn dich die Leuchte mit ihrem Schein erhellt" (Lk 11,36). Diese Lehre Jesu ist ein plastisches Bild Innerer Heilung. Es steht im klaren Gegensatz zur Verdrängung schmerzhafter und erschrekkender Ereignisse in die dunklen Bereiche der Seele. Verdrängung bedeutet die Weigerung, darauf zu achten, „daß das Licht, das in dir ist, nicht zur Finsternis werde" (Lk 12,35). Diese Schriftstellen haben für uns eine besondere Bedeutung gewonnen. Wir durften erfahren, daß die beschriebenen Heilungen auch uns zuteil werden. Wir haben erfahren, daß aufgrund von Gebet Innere Heilung öfter geschieht als körperliche. Niemanden in den heilenden und helfenden Berufen wird überraschen, daß äußere Krankheiten verschwinden, sobald jemand innerlich geheilt ist. Es gibt eine geheimnisvolle Dimension des Lebens, die den inneren und den äußeren Menschen weit stärker eint als alles, was wir „psychosomatisch" nennen.

Wir beziehen uns hier, wie gesagt, auf unsere Erfahrungen mit Heilungen — und nicht mit Wundern. Wir haben keine klinischen Beweise dafür, daß die einzige Erklärung für die eingetretene Heilung ein direkter Eingriff Gottes ist. Aber wir haben einige besonders schöne und *erstaunliche Erfahrungen* gemacht, bei denen wir um das Wirken des Herrn beteten, an die Gegenwart des Herrn glaubten und wesentliche Besserungen in direkter Verbindung mit der Kraft des Herrn feststellten. Wir haben für zwei verheiratete Frauen gebetet, die lange in psychiatrischer Behandlung waren. Mehrere Ärzte hatten ihnen keine Hoffnung auf Besserung machen können. Beide konnten keiner Tätigkeit mehr nachgehen. Die Einweisung in eine psychiatrische Klinik stand bevor. Aufgrund von Gebet ging es beiden wesentlich besser. Beide arbeiten wieder und sind auch zu Hause glücklicher, aber beide haben heute noch etwas Angst.

Wir haben für Frauen gebetet, die ihre Männer haßten, für Männer, die sich gegen jede Autorität auflehnten, für Männer und Frauen, die davon überzeugt waren, nicht liebenswert zu sein und sich auch so verhielten, für Männer und Frauen, die niemandem vertrauen konnten, für Alkoholiker, Drogenabhängige und Schizophrene, für Menschen, deren Leben unerträglich war durch Furcht vor Dunkelheit, Alleinsein, Versagen, Sexualität, am häufigsten für Menschen mit vorherrschenden Schuld- und Minderwertigkeitsgefühlen. In jedem Fall, in dem mehrere Begegnungen stattfanden, ist Besserung eingetreten. In jeder erwähnten Gruppe ist ein Mensch weitgehend oder vollkommen geheilt worden, soweit wir das überhaupt feststellen können. Wir haben noch andere Menschen bezeugen hören, wie der Herr sie von verschiedenen *seelischen Problemen* geheilt hat. Wir haben sie hier nicht erwähnt, weil ihre Heilungen uns nicht so ausgeprägt erschienen wie jene, bei denen man zu einer bestimmten Zeit für einen bestimmten Menschen betet und die Resultate vom Kranken und vom Betenden übereinstimmend bestätigt bekommt. Außerdem geht es uns hier speziell um den *Dienst* Innerer Heilung, nämlich das Wirken von Menschen, die ein Gebet um Heilung leiten.

Der Dienst Innerer Heilung

Den Ausdruck „Dienst“ verwenden wir, um unser Thema dahingehend zu präzisieren, daß es fürbittendes Gebet einschließt. Fürbittendes Gebet ist das Gebet eines Menschen für einen anderen. Es ist ein Gebet zu Gott, das etwas Gutes für einen Dritten zum Gegenstand hat. Man hat oft gesagt, daß ein Mensch auch sich selbst diesen Dienst erweisen kann, und es ist etwas Wahres daran. Das sollte aber doch besser als direkte Bitte zu Gott bezeichnet werden. Viele Grundsätze des Dienstes Innerer Heilung können auch beim Gebet eines Menschen um seine eigene Heilung angewandt werden. Aber wir versuchen hier nicht, die geheimnisvollen subjektiven Vorgänge im Gebetsleben des einzelnen zu analysieren. Wir sprechen vielmehr vom neutestamentlichen Dienst, wie er sich in den Evangelien und Episteln herausgebildet hat. Der Herr sendet die Jünger aus, um die *Kranken zu heilen.* Die Evangelisten berichten verschiedene Begebenheiten, bei denen der Herr sowohl die Zwölf als auch die Jünger beauftragt, „die Kranken zu heilen“ sowie „den Kranken die Hände aufzulegen“ (Mt 10,7—8; Lk 10,8—9; Mk 16,17—18). Auch Paulus spricht vom Heilungsdienst: „Dem einen wird Glaubenskraft in demselben Geiste, einem andern werden Heilungsgaben im einen Geiste“ (1 Kor 12,9). Die Apostelgeschichte berichtet von acht verschiedenen Heilungen durch die Apostel.[15]

Dienen heißt in unserem Zusammenhang, anderen einen Dienst des Herrn erweisen: nämlich die durch die Kraft des Heiligen Geistes von Jesus gewirkte Heilung. Wir dienen, indem wir dem Menschen, der Heilung sucht, zur richtigen Beziehung zum Herrn verhelfen, Heilung zu empfangen und dann am Fürbittgebet um Heilung anderer teilzunehmen. Wir haben in diesem Dienst erfahren, daß jede Heilung ihren eigenen Zugang fordert. Einige Heilungen geschehen durch Gebet am Ende einer seelsorgerlichen Beratung. Heilung von Bereichen, die zu Gewohnheitssünden führen, geschehen am häufigsten während der Beichte. Heilungen von Bereichen, die verkümmerte persönliche Beziehungen zur Folge hatten, geschehen häufig innerhalb der Eucharistie. Heilungen von zwanghafter Selbstmordneigung geschehen während der heiligen Salbung und nach der Spendung des Sakraments der Krankensalbung. Viele Heilungen, die sofortige Erfahrung neuer Freiheit mit sich bringen, ergeben sich aus einer langen Sitzung, bei der ein Team betet und in den Bereichen verdrängter Erinnerungen des Unbewußten und des „Herzens“ neue Erkenntnisse zu gewinnen sucht.

Wunden, die Innerer Heilung bedürfen, betreffen nicht nur einzelne. Auch Beziehungen, Gemeinschaften und Gesellschaften können gestört sein und der Versöhnung und Heilung bedürfen. Ungerechtigkeit und besonders Unterdrückung erzeugen Druckverhältnisse, die Menschen zeit ihres Lebens belasten. Was kann man tun? Im Bereich persönlicher Beziehungen haben wir gefunden, daß beide Partner einzeln geheilt werden müssen, erst dann kann Versöhnung und Heilung der Beziehung erfolgen. Das hat sich besonders bei Ehepaaren bewährt. Auf das Gebet um Heilung von Wunden des Ausgenutztwerdens, des Undanks, des Sich-als-unzulänglich-behandelt-Fühlens folgt das Gebet um gegenseitiges Verstehen, um Großzügigkeit und um die Einheit des Paares. Genauso gehen wir auch bei Hausgemeinschaften und Ordensgemeinschaften vor. Denn diese *Versöhnung und Heilung* ist die Grundlage einer versöhnten und geheilten Gesellschaft, die auf Gerechtigkeit und wahrem Frieden beruht. Zu oft schon sind gewalttätige Menschen mit Gewalt gegen Gewalt vorgegangen, zu oft schon haben Menschen voller Selbstmitleid für hochherzige Beachtung und Mitgefühl demonstriert. Unsere Gemeinschaften brauchen dringend Gerechtigkeit, Gewaltlosigkeit und hingebende Liebe, aber sie können nur durch jene dazu geführt werden, die selbst davon erfüllt sind.

Wenn wir also in diesem Kapitel vom Dienst Innerer Heilung sprechen, so meinen wir damit das *Fürbittgebet,* das die innere Gesundung eines Anwesenden erfleht, der diese Heilung sucht. Im 5. Kapitel des Jakobusbriefes heißt es: „Wenn jemand von euch zu leiden hat, bete er“ (V. 13). Damit ist offenbar direktes Gebet zu Gott um Erleichterung gemeint. Im nächsten Vers aber soll der Kranke *andere* ums Gebet bitten. Dieses Gebet wird „den Kranken retten“ (V. 15). Handelt es sich also um Krankheit, so ist *Fürbitte um Heilung* angeraten. Das bezieht sich aber nicht nur auf körperliche Krankheit, auch der innere Zustand der Sünde ist damit verbunden: „Vergebt aber einander die Sünden und betet füreinander, damit ihr Heilung findet“ (V. 16). Die Ältesten der Gemeinde sind dazu bestimmt, „daß sie über ihn beten und ihn im Namen des Herrn mit Öl salben“ (V. 14). Vom Fürbittgebet aber ist niemand ausgeschlossen: „Betet füreinander, damit ihr Heilung findet“ (V. 16).

Wir alle sind also zu irgendeiner Form Inneren Heilungsdienstes gerufen. Die Ältesten und ihre Nachfolger sind es auf besondere Art: Sie vertreten die Kirche und spenden die Krankensalbung. *Alle* aber sind gerufen, „im Namen des Herrn“ zu dienen, „und der Herr wird ihn (den Kranken) aufrichten“ (V. 15). Die üblichen Fragen in bezug auf diesen Dienst sind: Was soll geheilt werden? Wer soll für Heilung beten? Wann sollen wir beten? Wie sollen wir beten? Wieviel sollen wir erwarten? Wieviel Vorbereitung und Initiative sollte vom Heilungsuchenden kommen? Diese und andere Fragen können nur dann beantwortet werden, wenn wir verstehen, worum es bei Innerer Heilung geht. Nicht der Mensch entscheidet hier, was er will, und bemüht sich, es zu erreichen. Oft läßt man andere für seine Gelassenheit, Seelenruhe, Ausgeglichenheit, für Verständnis und Toleranz, für Freude und Befreiung von Angst, Ressentiments und Schuld beten. Aber offensichtlich geschieht nichts. Die Leute neigen ganz natürlich dazu, diese erstrebenswerten Güter so haben zu wollen, wie sie akademische Titel, geschäftlichen Erfolg und körperliche Entfaltung haben wollen, mit dem einzigen Zusatz, daß sie es von Gott haben wollen statt von anderen Menschen. Das aber ist kein Zugang zu Innerer Heilung durch den Herrn.

Der Herr hat seine Gabe für uns — wir müssen uns darauf einstellen, diese Gabe anzunehmen. *Nicht wir entscheiden*, was wir wollen und wie wir es erreichen. Wir entscheiden, das Geschenk des Herrn anzunehmen und zu tun, was notwendig ist, um es zu erhalten und zu bewahren. Wir schauen auf den Herrn, um Weisungen zu erhalten. Gleichzeitig bleiben wir nicht passiv. Wir müssen aktiv annehmen und im Glauben darauf bestehen, daß uns Heilung zuteil wird. Aus dieser Heilung ergibt sich jene Gesundheit, die uns als Gabe verheißen ist: der Friede Jesu Christi.

13. Der Friede Jesu Christi

„Frieden gebe ich euch, meinen Frieden hinterlasse ich euch. Ich gebe ihn euch nicht, wie die Welt ihn euch gibt" (Joh 14,27). — Der Friede Jesu Christi ist eine Gabe des Herrn. Er ist anders als alles, was die Welt unter dem Namen Frieden zu bieten hat. Er ist wirklich, er ist deutlich erkennbar, er ist leicht von dem zu unterscheiden, was nicht Gabe des Herrn ist. Deswegen werden wir den Vorgang Innerer Heilung auch nur in dem Maße verstehen, wie wir diesen Frieden verstehen. Nur wenn wir wissen, wonach wir suchen und in welchem Maße uns das mangelt, werden wir auch wissen, wie wir mit dem Dienst des Gebets beginnen sollen. Und nur wenn wir erleben, daß Heilung geschieht, können wir auch erkennen, was wir als nächstes tun sollen. Wir werden Heilung solange nicht erkennen, wie wir den Frieden Jesu Christi nicht kennen. Er allein ist die Fülle der Heilung.

Zeichen des Friedens Jesu Christi

Wir erkennen den Frieden Jesu an vielerlei Zeichen. Paulus ermahnt die Philipper: „Freut euch im Herrn allezeit, wiederum sage ich, freut euch! Eure Selbstlosigkeit werde allen Menschen kund. Der Herr ist nahe. Macht euch keine Sorgen, sondern bringet allerwegen im Gebet und Flehen eure Anliegen mit Danksagung vor Gott. Und der Friede Gottes, der alles Denken übersteigt, wird eure Herzen und eure Gedanken in Christus Jesus bewahren" (Phil 4,4—7). Einige Merkmale des Friedens Christi sind ohne weiteres erkennbar. Es ist ein Friede, der einen Menschen ständig mit Freude erfüllt. Wie wenige Christen können sich wirklich freuen! Sie sehen keinen Grund zur Freude, sie schauen auf die äußeren Dinge und kommen zum Schluß, daß die Ereignisse entmutigend und erdrückend sind: schlechte Nachrichten. Sie beschließen, daß sie sich freuen werden, wenn die Dinge jemals besser werden sollten oder wenn sie der Wirklichkeit auf Partys und in Wunschträumen entfliehen. Aber selbst dann, so wissen sie, wird es keine reine Freude sein.

Der Friede Jesu ist *echte Freude:* Die Gabe ist *in* uns! Sie ist nicht abhängig von dem oder jenem Ereignis: Krieg, Korruption in der Politik, Verwirrung in der Kirche, Verlust im Geschäft, Krankheit oder Tod in der Familie können dieser Gabe nichts anhaben — nicht einmal Ungerechtigkeit und Unterdrückung in der Welt. Sie ist gegründet auf die Wirklichkeit einer Gegenwart, auf die Wirklichkeit des Geistes Jesu Christi. Er hat die Welt überwunden. Es ist ein Frieden, von dem es heißt: „Eure Selbstlosigkeit werde allen Menschen kund.“ Die Menschen sehen nicht, was wir erreicht haben, wie erfolgreich wir im Geschäft sind und wie viele Schätze dieser Welt wir angehäuft haben, sondern wie selbstlos wir sind, weil wir bereit sind, all das hinzugeben. Unsere Sicherheit ist ein Geschenk: die neue Gegenwart Jesu! Es ist ein Friede, von dem es heißt: „Macht euch keine Sorgen.“ Wir suchen nicht ängstlich, was wir nicht haben. Wir hüten nicht ängstlich, was wir haben. Wir sind zufrieden mit dem, was wir haben — und daß es uns erhalten bleibt!

Das ist ein Friede, von dem es heißt: „Bringt allerwegen im Gebet und Flehen eure Anliegen mit Danksagung vor Gott.“ In Frieden bringen wir alle Anliegen voll Vertrauen vor Gott und fürchten nicht, daß wir zuviel erwarten: Wir danken ihm für alles, was wir empfangen haben und wovon wir im Vertrauen wissen, daß wir es erhalten werden. Es ist ein Friede, der „unsere Herzen und unsere Sinne in Christus Jesus bewahrt“. Er ermöglicht uns, mit Christus Jesus in Gott bewahrt zu sein (Kol 3,3). Keine Macht dieser Welt kann uns überwältigen. Wir sind in

Gott. Gleich welche Mächte des Bösen oder welche Ablehnung durch Menschen wir im Dienst der Verkündigung erfahren, wir können nicht überwältigt werden, solange wir in Gott bewahrt sind durch den Frieden Jesu Christi.

In den folgenden Versen des Philipper-Briefes entfaltet Paulus die Eigenschaften eines Mannes des Friedens: „Im übrigen, Brüder, was wahr ist, was würdig und recht, was rein, liebenswert, edel, was tugendhaft und was lobenswert ist: Darauf richtet euer Sinnen und Trachten. Was ihr von mir gelernt und übernommen, was ihr an mir gesehen und von mir gehört habt: Das tut! So wird der Gott des Friedens mit euch sein" (Phil 4,8—9). Wie einfach und wie wesentlich ist dies. Richtet euch ganz auf das aus, was wahr ist: keine Falschheit, sich nichts vormachen, den Geist nicht drängen, etwas als wahr hinzustellen, was wir nur wahrhaben möchten. Schließlich lehrt Paulus: Der Mensch, der im Frieden Christi lebt, wird offen sein für alles Gute in allen Menschen um ihn herum. Er wird es achten und verehren. Für Paulus ist Friede ein Lebensrhythmus, ein Lebens- und Beziehungsstil, kein Objekt, dem man nachjagt. Der Friede Christi ist jener Friede, der die Früchte des Geistes trägt: Liebe, Freude, Friede, Geduld, Freundlichkeit, Großzügigkeit, Glaube, Milde und Keuschheit (Gal 5,22). Es ist ein Friede, in dem wir „das Fleisch mit seinen Leidenschaften und Begierden" kreuzigen (Gal 5,24). Diese Leidenschaften und Begierden beschreibt Paulus als das, was vom unerlösten Fleisch kommt: „Unzucht, Unreinheit, Ausschweifung, Götzendienst, Zauberei, Feindschaften, Streit, Mißgunst, Ausbrüche des Zorns, Rechthaberei, Zwistigkeit, Spaltungen, Neid, Zechen und Prassen und dergleichen" (Gal 5,20).

Das Gesagte ist keine vollständige Darstellung aller Anzeichen für die Gegenwart des Friedens Jesu Christi. Sie bezeugen nur die Art des Friedens und damit auch, worauf man verzichten muß und was man annehmen muß, will man diesen Frieden empfangen. Viele Menschen möchten geheilt werden, aber sie sind nicht bereit, eine Verletzung zu vergeben oder ein Ressentiment zu vergessen. Sie möchten Frieden und hegen das Unrecht, das man ihnen zugefügt hat. Sie möchten den Frieden Christi ohne die Liebe, die Hochherzigkeit und die Selbsthingabe Christi. Das geht nicht. Deswegen geschieht auch nichts. Man kann nicht an Eifersucht, Streit und Konkurrenzneid festhalten und gleichzeitig den Frieden Jesu Christi wollen. Man muß auf das eine verzichten und das andere wirklich wollen. Viele kommen im Namen der Liebe und wollen den Frieden Christi, aber sie verharren in Verhaltensweisen der Unreinheit und Selbstsucht. Das geht nicht.

Der Friede dieser Welt

Der Friede Jesu Christi ist ein anderer als der Friede dieser Welt. Wie schnell sind „die Herren dieser Welt" bei der Hand, uns zu drängen, auf nichts zu verzichten, uns alle Wünsche zu erfüllen, den Leidenschaften freien Lauf zu lassen. Wie leicht drängen sie uns, uns „selbst zu verwirklichen", ohne zu fragen, was eigentlich selbstverwirklicht wird. Aggressivität, Unzucht, Götzendienst, Lügen und Sichdurchsetzen um jeden Preis sind nur allzu häufig in weitverbreiteten Büchern angepriesene „Wege zum Frieden". Es gibt noch eine andere Art weltlichen Friedens, der sich gut ausnimmt, aber letztlich doch zu Frustration und Verzweiflung führt. Paul Tournier, ein christlicher Psychotherapeut, beschreibt diesen Frieden als *Leistungsfrieden*. Der Mensch ist andauernd auf der Suche nach seinem „Plätzchen", das ihn zufrieden macht. Seine Umgebung zwingt ihn zu der Annahme, Frieden finde nur, wer an der Leistungsleiter aufsteigt.[16] Sein Aufstieg ist angsterfüllt; zwanghaft getrieben sucht er jene Stufe zu erreichen, auf der er alles haben wird, alles auf einmal. Er sucht jene Sprosse, auf der er über die Menge erhaben ist, sich über alle Hindernisse und alle bei seinem Aufstieg im Wege

Stehenden hinweggesetzt hat. Diesem Schema folgt auch das Buch „Eine amerikanische Tragödie", verfilmt unter dem Titel „Ein Platz an der Sonne". Der Held willigt in den Tod seiner Freundin ein, um sein friedliches Plätzchen zu erreichen. Auch das Buch „Hoffnung für die Blumen"[17] hat dieses Thema. Dort werden die Menschen als Larven dargestellt. Eine schiebt sich über die andere in dem verzweifelten Versuch, die Spitze des Haufens zu erreichen. Erschöpft von der Gewalt, die sie anderen angetan hat, findet sie oben auf dem Haufen nichts. Es ist ein Aufstieg zum Nichts. Echten Frieden finden wir, wenn Gott uns von Larven zu Schmetterlingen wandelt. Das geschieht nur denen, die aufhören, sich die Leiter emporzuboxen, und beginnen, sich im Vertrauen Gottes Plan zu öffnen.

Es gibt noch andere Arten des Friedens, die gut in sich selbst sind und vielen Menschen helfen, aber nicht mit dem Frieden Jesu Christi verglichen werden können. Durch Waffenstillstand, Vergleiche und Kompromisse wird die Einstellung von Feindseligkeiten erreicht, aber weder echte Ordnung noch innerer Friede. Es gibt Verträge und Händel auf einer 50 : 50-Basis, die Partner werden zu 50 Prozent zufriedengestellt. Es gibt Arten des Friedens, die darauf gründen, daß man seine Probleme kennt und mit ihnen lebt, daß man seine Aggressivität kennt und irgendwie mit ihr fertig wird. Es gibt Methoden, sich selbst zu erkennen, indem man sein „Es", „Ich" und „Überich"[18] oder sein „Eltern-Ich", sein „Kindheits-Ich" und sein „Erwachsenen-Ich" verstehenlernt.[19] Derlei Einsicht ermöglicht einem, seine innere Wirklichkeit zu erkennen und zu wissen, welchen Stimmen man folgen soll und welchen nicht. Das kann zu seelischer Gesundung führen, aber nicht den Frieden Jesu herstellen. Es ist wichtig, überzeugt zu sein, daß ich „o. k. bin". Aber das ist nicht die Fülle des Friedens, die der *Herr* für mich bereit hat. Nach den meisten dieser Methoden enthält die Vergangenheit notwendige Übel, mit denen man fertig werden muß.

Wir aber können nicht dabei stehen bleiben. Wir glauben, der Friede Christi sieht auch die Vergangenheit als Herrschaftsbereich Christi. Deswegen kann auch das Vergangene gerettet und geheilt werden. Dieser Friede kann nur auf einer Neuordnung des Lebens gründen, einer Wandlung der Vergangenheit und der Gegenwart. Er ist unbegrenzt in seiner Hoffnung und bejaht die Aussage des heiligen Paulus: „Wenn jemand in Christus ist, so ist er ja eine neue Schöpfung. Das Alte ist vergangen, Neues ist geworden" (2 Kor 5,17). Wie überwältigend ist diese Vorstellung einer neuen Schöpfung! Wir sind nicht nur umgestaltet und überholt, in unvorstellbarem Maß sind wir neu geschaffen. Wir sind eine *neue Schöpfung:* etwas, das aus nichts entsteht. Unser Dienst Innerer Heilung gründet sich auf das Wort: „Das alles verdanken wir Gott, der uns durch Christus mit sich versöhnt und uns den Dienst an der Versöhnung verliehen hat" (2 Kor 5,18). Wir sind in jenes radikale Geschehen hineingenommen, das Paulus mit den Worten beschreibt: „Zieht aus den alten Menschen mitsamt seinen Werken und zieht den neuen an, der wieder jung wird an Erkenntnis: den Menschen nach dem Bilde dessen, der ihn geschaffen" (Kol 3,9—10). Ebenso drängt er die Römer: „Gleicht euch nicht dieser Welt an, vielmehr wandelt euch durch Erneuerung des Sinnes" (Röm 12,2).

Grundlagen des Friedens Christi

Worin also wurzelt dieser Friede? Es ist der Friede Jesu Christi, und es ist kaum erstaunlich, daß er auf Jesus als Mitte unseres Lebens beruht. Es ist jener Friede, der auf der herkömmlichen theologischen Definition des Friedens als Ruhe in Ordnung gründet. Jene Gerechtigkeit, Wahrheit und Ordnung müssen da sein, die alle Dinge in die richtige Perspektive rücken, die jene Ruhe geben, die die Frucht des Heiligen Geistes ist. Er gründet auf einer neuen Gegenwart Jesu durch den Heiligen Geist als der Mitte unseres Lebens. Die Gegenwart seines Geistes ist eine Dimension, die nicht nur qualitativ besser ist als alles, was wir vorher gekannt haben, sondern absolut besser als jede Besserung, die wir selbst erreichen können. Der Geist ist jener neue Inhalt, der uns Frieden gibt, „nicht wie die Welt ihn gibt". Es ist jener Geist, der zu Jesus und zum Vater gehört, den wir nicht beherrschen können, sondern der die Inhalte des Friedens bestimmt. Wir können den Geist Jesu annehmen und mit ihm arbeiten, indem wir ihn bitten, jeden Lebensbereich zu erfüllen, oder wir können ihn ablehnen und verleugnen. Aber wir können nicht kontrollieren, wer der Geist Jesu ist und wie er uns überführt und uns zu einer Antwort drängt. In der *Hingabe an diesen Geist* finden wir den Frieden Jesu Christi.

Der Geist Jesu ist unermüdlich in dem Bemühen, unser Leben in die rechte Beziehung zu Jesus als Herrn und Bruder, zu Gott als Vater und zu allen Menschen als Brüder und Schwestern zu bringen. Der Geist Jesu ist unermüdlich, uns mit Gott und Menschen zu versöhnen. Der Geist offenbart uns Jesus als den auferstanden gegenwärtigen Herrn, er offenbart uns unseren Platz im Leib Christi und zeigt uns die richtigen und gnadenerfüllten Beziehungen zu allen Männern und Frauen in Übereinstimmung mit ihrer Beziehung zu Jesus. Der Geist offenbart den Vater als „Abba", als lieben Vater: einen persönlichen, vertrauten, liebevollen Vater; einen Vater, der jeden von uns beim Namen genannt hat, der die Haare auf unserem Haupt alle gezählt hat, der weiß, was wir brauchen, bevor wir darum bitten, der uns sein Reich gegeben hat, der uns angenommen hat, an Jesu Stelle seine Söhne zu sein. In dem Maß, wie wir uns öffnen und unseren Platz in der Nachfolge Jesu einnehmen, die ganze Wirklichkeit dieser Nachfolge vom Kreuz bis zur Herrlichkeit der Auferstehung annehmen, werden wir auch die Gabe seines Friedens erkennen. Wir sind nicht entfernte Verwandte Gottes, wir sind keine Adoptivkinder zweiter

Ordnung, wir sind anstelle des Sohnes Gottes in das Leben der heiligen Dreieinigkeit einbezogen. Die Liebe des Vaters zum Sohn geht durch uns hindurch. Der Sohn dient und verherrlicht den Vater durch uns. Wir sind von Jesus ergriffen und in das Leben der göttlichen Familie hineingestellt. Weil der Geist Jesu und deshalb das Leben Jesu der Kern unseres Daseins ist, drängt uns der Geist zu Beziehungen der Liebe, des Mitgefühls und des Hingehens zu allen Menschen, besonders aber zu den Armen und Unterdrückten. Wir finden eine *neue Freiheit* im Dienst an denen, die wir früher mieden.

Der Geist, der ein Geist der Wahrheit ist, drängt uns, allem Bösen in uns und um uns herum zu widerstehen. Kein Übel kann uns etwas anhaben. Mit Jesus rufen wir: Nicht für die Gerechten bin ich gekommen, sondern für die Sünder, nicht zu richten, sondern zu retten. Wir sind gerufen, dem Bösen in Vergangenheit und Gegenwart zu widerstehen. Wir müssen die Wirklichkeit in allen Bereichen erkennen, aber auch vertrauen, daß wir mit Jesus Sieger sind, der über Sünde und Tod triumphierte. Aller Ablehnung, Unterdrückung, allem Schrecken und Mangel an Liebe können wir ins Auge sehen. Wir wissen, daß die Wunden dieser Erfahrungen geheilt werden können und daß der Friede Jesu auch jene Erinnerungen durchdringen kann. Diese Erinnerungen sind dann geheilt, wenn wir dort, wo wir früher Unterdrückung, Bindung, Scham, Feigheit, Ressentiment, Verzweiflung erlebt haben, jetzt die Früchte des Geistes, die Früchte des Friedens Jesu erleben: Liebe, Freude, Friede, Geduld, Freundlichkeit, Großmut, Glauben, Milde und Keuschheit (Gal 5,22).

Der Heilungsverlauf bis zum Frieden Jesu Christi

Die folgende Darstellung möchte den Verwundungs- und Heilungsverlauf verstehen helfen. Wir haben alle schon einmal ein kleines Kind schreien hören, das sich verletzt hat. Das Kind ist auf dem Gehsteig, im Warenhaus oder im

Supermarkt; plötzlich verliert es die Mutter, stolpert und fällt hin. Vor Schreck und Schmerz schreit es auf. Ist die Mutter in der Nähe, so springt sie hinzu, nimmt das Kind auf, hält es im Arm, sagt: „Alles ist gut", streichelt und küßt es. Und schon erweist sich die Liebe der Mutter stärker als die Angst, der Schock und die seelische Verletzung des Kindes. Das Gefühl des Alleinseins und Verletztseins als Auswirkungen des Falles werden *geheilt*. Ist aber die Mutter nicht in der Nähe, sind beide in verschiedene Richtungen gegangen, so weint das Kind bitterlich. Wir wissen, wie leicht man in solchen Situationen hysterisch wird. Tief innen schreit das Kind: „Ich bin allein. Ich habe mir wehgetan. Niemand kümmert sich um mich." Kommt schließlich die Mutter dazu, so hat sie schon mit viel mehr fertig zu werden. Man kann erleben, daß die Mutter kommt, ihr Kind aufnimmt, und das Kind die Mutter nicht einmal erkennt, weil es derart hysterisch ist. Die Wunde ist schon tief nach innen gedrungen. Es braucht viel Reden und das Geschehene muß noch einmal durchgegangen werden, damit das Schock-Erlebnis dem Kind nicht für den Rest seines Lebens nachgeht.

Seit frühester Kindheit hat jeder von uns ähnliche Erfahrungen gemacht. Zuzeiten haben wir uns von der Familie verlassen gefühlt, ungeliebt von Vater und Mutter, abgelehnt von Freunden, im Stich gelassen von den Vertrauten, ungerecht ausgenutzt und bestraft. Wir meinten, wir wären allein auf dieser Welt, auf einer Welt in Stücken. Wären wir damals von genügend Liebe umgeben gewesen, so hätten wir geheilt werden können. Aber es war keine Liebe da! Jeder kennt diese Bereiche mangelnder Liebe. Das sind Erinnerungen, zu grausam, um auch nur daran zu denken. Wir verdrängen sie, unterdrücken sie, stecken sie in den hintersten Winkel und sagen: „Zu die Tür — ich will das nicht mehr sehen!"

Lernen wir aber den Geist Jesu Christi kennen, haben wir die Freisetzung des Geistes erfahren oder haben wir anderswie die Kraft Jesu als Wirklichkeit erlebt, so öffnen sich uns innerlich neue Dimensionen. Plötzlich wissen wir, daß wir geliebt sind, Rettung wird zur persönlichen Erfahrung. Wir erleben, daß sich jemand um uns sorgt, uns ergreift, daß wir vom Herrn angenommen sind. Eine neue Gegenwart erfüllt unser Leben. Diese Erfahrung kann tatsächlich verschlossene Türen öffnen, kann vergangene und verdrängte Erinnerungen mit dem Erleben der Gegenwart zusammenbringen. Die gegenwärtige Liebe Jesu Christi kann die Erfahrungen jener Zeiten durchdringen, da wir meinten, niemand liebt uns. Jetzt wissen wir, daß Christus uns liebt. Und er liebt uns nicht nur jetzt, sondern von allem Anfang an. Er war schon da, als wir noch dachten, wir wären allein. Und er ist nicht nur da, sondern mit jener Kraft gegenwärtig, die durch seine Liebe alle Angst und alles Böse überwindet. Durchdringen sich alte und neue Erfahrungen, so wird Jesus zur lebendigen Gegenwart innerhalb einer bestimmten Erinnerung. Anstatt zu stolpern und auf die Nase zu fallen, erleben wir jetzt Mutterliebe. Wir erleben die Liebe Jesu und die Liebe Gottes des Vaters in dieser Erinnerung. Diese Liebe ist echt. In der Szene von damals erleben wir dieselbe Liebe Gottes, die uns auch heute erfüllt. Der Friede Jesu Christi ist die Substanz Innerer Heilung. Wir müssen uns eine klare Vorstellung dieses Friedens bewahren, um den Verlauf Innerer Heilung zu erkennen. Vielerlei Wege der Heilung führen zum Frieden im allgemeinen und zum Frieden Jesu Christi im besonderen. Es ist hilfreich, sie in verschiedene Etappen und Verläufe einzuteilen, um den Dienst Innerer Heilung genauer zu erkennen. Damit wird nicht in Frage gestellt, daß allein der Herr heilt. Vielmehr soll der Normalverlauf dargestellt und der Leser dringend gebeten werden, dabei andauernd auf die schöpferische Freiheit des immer neuen Geistes zu achten.

Der heilende Kontakt zwischen der Welt mangelnder Liebe in der Vergangenheit und der Erfahrung rettender

Liebe durch die Gegenwart Jesu entsteht auf verschiedene Art. Einmal muß die noch frische Erinnerung einer Ablehnung geheilt werden, ein anderes Mal eine verdrängte Erinnerung aus früher Kindheit; zuweilen ist es eine Erinnerungs-Reihe, dann wieder eine Verhaltensweise, die fast unabhängig von irgendwelchen Erinnerungen weiterlebt. Zuzeiten geschieht Heilung, weil ein Mensch Probleme loslassen konnte, die er hegte und pflegte, um der Wirklichkeit zu entfliehen, sein Versagen zu rechtfertigen oder Beachtung und Mitgefühl auf sich zu ziehen. Er übergibt sich Jesus und läßt anderes los, um neue Wirklichkeiten zu ergreifen. Zuzeiten sehnt er sich nach dieser Hingabe, aber das, was in ihm noch gebunden ist, hindert ihn daran. Er kann durch Ressentiments gebunden und noch nicht bereit sein, zu vergeben. Er mag durch die Gegenwart von etwas Bösem gebunden sein, das er noch nicht unter die Autorität Jesu Christi gestellt hat. Diese verschiedenen Beispiele zeigen, wie wichtig derjenige ist, der Innere Heilung vermittelt und die notwendigen Worte der Wahrheit und Liebe sprechen kann.

14. Der Mittler Innerer Heilung

„Das alles verdanken wir Gott, der uns durch Christus mit sich versöhnt und uns den Dienst an der Versöhnung verliehen hat. Gott hat ja die Welt in Christus mit sich versöhnt, hat ihr ihre Übertretungen nicht angerechnet und in uns das Wort von der Versöhnung gelegt. Für Christus denn lassen wir den Aufruf ergehen als seine Gesandten, und es ist, wie wenn Gott durch uns aufriefe. Wir bitten an Christi Statt: Versöhnt euch mit Gott. Ihn, der Sünde nicht kannte, hat er für uns zur Sünde gemacht, damit wir in ihm die Gerechtigkeit Gottes würden" (2 Kor 5,18—21). — Wir sind gerufen, Mittler der Versöhnung zu sein. Diese Versöhnung findet ihre Vollendung im Frieden Jesu Christi. Wir haben seine Frohe Botschaft: Er ist der Retter, er bringt Freiheit, er gibt uns seinen Geist und seinen Frieden. Aber wir müssen uns fragen, wie wir unsere Brüder und Schwestern erreichen, die nicht in diesem Frieden leben.

Die Aufgabe des Mittlers

Die Antwort ist einfach, aber nicht leicht. Wir sind ausgesandt mit dem Herzen Jesu. Andere spüren in uns die Liebe Jesu. Er sehnt sich nach ihrer Freiheit. Das wird deutlicher, wenn wir im einzelnen beschreiben, wozu wir berufen sind und welchen Zugang wir nicht suchen sollten. Wir sind weder zu Rettern noch zu Vorbildern des Friedens berufen. Allein Jesus, der Herr, ist Retter und Vorbild des Friedens. Wir sind *verwundete Heiler,* wie Henri Nouwen so schön gezeigt hat.[20] Durch mangelnde Liebe sind wir alle so verwundet und angeschlagen, daß man der Wahrheit Gewalt antun müßte, sich selbst als vollkommen hinzustellen. Unsere Kraft als Mittler ist unsere Schwäche und Sündhaftigkeit. Wir können die Gebundenheit anderer nur verstehen, weil wir selbst durch eigene Sünden und die Sünden anderer gebunden waren. Wir können nur nachvollziehen, was im andern vorgeht, weil unsere Erfahrung der ihren ähnelt. Außerdem haben wir Anteil an den Sünden aller Menschen. Die Leiden eines Menschen hängen zusammen mit unserer eigenen Sündhaftigkeit. Er hat Anteil an dem, was ich getan habe, Anteil an dem Leib, in dem ich lebe. Wäre ich liebevoller und weniger sündhaft gewesen, hätte ich die Gewalttätigkeit dieser Welt stärker mitgetragen, wäre ich erfüllter vom Frieden Jesu — müßte es dem anderen dann nicht besser gehen? Daß auch wir angeschlagen sind, verbindet uns mit allen anderen Verletzten. Gerade diese Schwäche wird zu unserer Stärke. In der Schwäche begegnen wir unserem Bruder. Wären wir perfekt, woher käme der Kontakt? Wir würden überlegen und verschlossen erscheinen. Paulus schreibt: „Wenn ich schwach bin, dann bin ich stark" (2 Kor 12,10). Weil wir unsere Schwachheit erkennen, brauchen wir uns keinerlei Mühe zu geben, auf unsere Stärke zu bauen. Wir können uns der wahren Stärke zuwenden, die vom Herrn kommt. Der Mittler ist also berufen, seine Verwandtschaft mit dem Kranken auszusprechen. Diesem wird dadurch klar, daß er weder allein noch Christ zweiter Klasse ist. Er ist unter seinesgleichen. Der Kranke und der Mittler haben einen gemeinsamen Vater, einen gemeinsamen Retter und *einen Herrn*. Der Mittler erkennt, daß die Heilung, für die er betet, im wahrsten Sinne seine eigene Heilung ist, denn er ist Glied desselben Leibes wie der Kranke.

Der Mittler wird es nicht zulassen, daß der Friede Jesu Christi als Last verstanden wird. Er ist ein Geschenk; ein Gratis-Geschenk, das man nicht verdienen kann, auch nicht dem einen anbieten und dem anderen vorenthalten. Der Kranke wird sich häufig für unwürdig halten und meinen, den Anforderungen dieser Gabe nicht zu entsprechen. Der Mittler muß ihm erklären, welcher Natur diese Gabe ist und warum es nötig ist, sie mit allen Aspekten bereitwillig anzunehmen. Aber echt ist sein Dienst nur dann, wenn er sich klarmacht, daß er selbst diesen Frieden als Gratis-Geschenk erhielt und daß auch seine Unwürdigkeit es nicht aufhalten konnte. Der Mittler kann nicht bloß seine eigene Liebe geben, das genügt nicht. Sein Bruder muß wissen, daß er *von Jesus geliebt* ist. Der Mittler sollte darum beten, die Liebe Jesu zum Bruder zu erkennen und sie ihm dann zu vermitteln. Er betet, daß die Liebe Jesu seine eigene Liebe erfüllt und so lenkt, daß sich die Fülle der Liebe in der rechten Beziehung zwischen Mittler und Krankem ausdrückt. Diese Liebe ist gleichzeitig menschlich und göttlich. Es ist die menschgewordene Liebe Gottes zu einem bestimmten Menschen. Morton Kelsey zitiert Bruno Klopfer, die Autorität in Sachen Rorschach-Test: Fünfzig Prozent aller seelischen Heilungen bestehen aus warmherziger Anteilnahme.[21] Die Freiheit eines warmherzigen und liebevollen Zugangs wird in dem Maße geschenkt, wie der Mittler die andauernde Liebe des Herrn zu ihm und dem Kranken aufnimmt.

Der Mittler darf sich im Dienst am Werk des Herrn niemals allein fühlen. Wenn irgendwie möglich, sollte er auch nicht allein sein mit dem Kranken. Wo zwei oder drei im Namen Jesu versammelt sind, da ist eine besondere Gegenwart unter ihnen. Der Leib Christi wird sichtbar. Der Mittler wird vor der Versuchung bewahrt, den Ruhm für sich in Anspruch zu nehmen. Die Gaben und Dienste vervielfachen sich. Das *Heilungsteam* wird durch die Gabe des Glaubens, der Liebe, der Unterscheidung der Geister, des Wortes der Weisheit, der Erkenntnis und der Prophetie, durch Mitgefühl, Verständnis und Frömmigkeit bestärkt. Sogar dort, wo der Mittler allein sein muß, weil es um eine sakramentale Beichte geht oder weil die Sache besonders vertraulich ist oder die Zeit drängt, sollte er sich bewußt als Repräsentant des ganzen *Leibes Christi* verstehen und soweit wie möglich Gebetsunterstützung suchen. Im Idealfall wird das Heilungsgebet in der heilenden Umgebung einer von Liebe getragenen *Lebensgemeinschaft* stattfinden. Dieses Ideal ist leider noch derart selten zu verwirklichen, daß wir uns hier auf häufiger vorkommende, wenn auch weniger erstrebenswerte Situationen beziehen.

Der Mittler sollte sich nicht nur auf seine eigenen Analysen und Hypothesen verlassen. Er sollte erwarten, daß das, was er wissen und tun muß, ihm *offenbart* wird. Diese Offenbarung kann verschiedene Formen annehmen, sich aus natürlichen und übernatürlichen Quellen speisen, sollte aber durch ein Zeichen vom Herrn bestätigt werden. Manchmal kann der Kranke sein Problem, dessen Herkunft und das notwendige Gebet selbst angeben. Der Mittler ist dann voller Frieden und Vertrauen, die ihn zustimmen und mit dem Gebet beginnen lassen. Manchmal ist die Unterscheidung der Geister langwierig und enthält Erzählungen und Prüfungen, ob das Gesagte vom Heiligen Geist, vom menschlichen Geist oder vom Geist des Bösen kommt; sie enthält auch spezielle Botschaften durch Worte der Weisheit und der Erkenntnis oder die Offenbarung eines „Geheimnisses des Herzens", wie Paulus es in 1 Kor 14,25 erklärt. Eine gewisse Interaktion zwischen den Mittlern und ihrem Bruder findet statt. Für gewöhnlich sollte eine Bestätigung durch ein bejahendes Zeichen des Heiligen Geistes eintreten, bevor man mit dem Heilungsgebet beginnt. Diese Bestätigung durch den Geist geschieht durch die biblischen Zeichen des Lichtes, des Friedens, der Erbauung des Leibes, der Ausstrahlung der Liebe und der Früchte des Geistes (Gal 5,22). Der Mittler sollte niemals im eigenen Namen handeln, sondern sich ausdrücklich und auch im stillen auf den Namen Jesu berufen. Er sollte dafür sorgen, daß Jesus Anfang und Ende aller Erkenntnis und auch des ganzen Gebetes ist.

Weisung und Kraft sollten beim Herrn gesucht werden, um durch das Geschenk seines Friedens den Kranken in Einklang mit dem Herrn zu bringen.

Der Zugang des Mittlers
Der Mittler, der als verwundeter und geheilter Sünder mit dem Herzen Jesu zu dienen sucht, der die Gabe des Friedens Christi feiert, der sich auf die Liebe Christi stützt, die er vermittelt, wird dadurch bestimmten allgemeinen Verhaltensregeln unterworfen. Sein Zugang wird in Liebe und Wahrheit den Kranken zu bestätigen suchen. Das Gute im Kranken wird er bestätigen und lieben und das auch zum Ausdruck bringen.[22] Er wird stets mehr Frohbotschaft als Drohbotschaft sein. Nur wenn sein Bruder diese Bestätigung des Guten zur Kenntnis nimmt, wird er auch in der Lage sein, dem Bösen, Sündhaften und Schwachen seines Lebens ins Gesicht zu sehen. Diese Bestätigung kann viele Formen annehmen. Zunächst äußert sie sich in der Atmosphäre liebevollen Entgegenkommens und ausdrücklicher Bestätigung des Guten und der Gaben des Bruders sowie der Anteilnahme an seinen Gedanken und Gefühlen.[23] Besonders wichtig für den Kranken ist das Wissen, daß er durchaus *auch negative Gefühle* haben darf. Gefühle an sich sind weder recht noch schlecht. Moralisches oder unmoralisches Verhalten hängt allein von der Einstellung zu den Gefühlen ab. Wir haben Menschen voller Verzweiflung über ihre Selbstmordabsichten, ihren Haß und ihre Sexualität erlebt. Erfährt ein Mensch, daß er auch dann noch Gott und Menschen treu sein kann, so entspannt er sich häufig, und das Grundübel kann durch den Dienst Innerer Heilung oder durch Befreiung von bösen Geistern beseitigt werden.

Bestätigung zeigt sich im *Geist des Lobpreises.* Selbst wenn man immer dem Glaubensniveau des Kranken Rechnung tragen muß, sollte der Mittler doch zu einem Geist des Gotteslobes in allen Dingen ermutigen und hinführen. Der Mittler kann diskret bezeugen, wie Gott in sein Leben eingegriffen hat, unerfreuliche Ereignisse zum Guten zu wenden. „Denen, die Gott lieben, gereicht alles zum Guten, weil sie im voraus nach seinem Ratschluß berufen sind“ (Röm 8,28). Der Kranke sollte die frohe Botschaft aufnehmen, daß es keine Situation, keine Bedingung, kein Ereignis gibt, in dem Gottes Kraft und Güte nicht das Böse überwinden könnte. Ein Christ preist Gott in jeder Situation. Er preist ihn, daß seine Liebe und seine Güte über jedes Geschehen triumphiert.[24] Dieser bestätigende Zugang sollte sich auf die Frohe Botschaft stützen, vor allem auf das Evangelium. In der Schrift finden wir Worte der Kraft, die Leben verwandeln können. Die Schrift atmet die Kraft des Heiligen Geistes. Sie kann unendlich viel mehr bewirken als unsere eigenen Worte. Richtig eingesetzt können Worte der Schrift offenbaren, überführen, ermutigen, heilen und den Weg weisen.

Die folgenden Schriftstellen haben unserer Erfahrung nach das Leben von Menschen zutiefst beeinflußt: „Fürchte dich nicht, du kleine Herde, es hat dem Vater gefallen, dir ein Königreich zu geben“ (Lk 12,32). „Ich bin nicht gekommen, die Welt zu richten, sondern sie zu retten“ (Joh 12,47). „Durch seine Wunden wurdet ihr geheilt“ (1 Petr 2,24). „Laß deine Gabe beim Altar, geh zunächst und versöhne dich mit deinem Bruder“ (Mt 5,24). „Wieviel mehr wird der Vater im Himmel den Heiligen Geist denen geben, die ihn darum bitten“ (Lk 11,13). „Alle von unreinen Geistern Geplagten wurden geheilt. Alles Volk begehrte ihn anzurühren, denn es ging eine Kraft von ihm aus und heilte alle“ (Lk 6,18—19).

Die Autorität des Mittlers

Der Zugang des Mittlers sollte sich fest auf die Autorität Jesu gründen. Er sollte der Wahrheit und Kraft der Schrift vertrauen. Er sollte vertrauen, daß der Herr die Kranken liebt: Ist Heilung das Beste für den Kranken innerhalb des

Leibes Christi, so wird der Herr diese Heilung auch wollen. Schließlich sollte der Mittler vertrauen, daß der Herr für gewöhnlich durch ihn wirken möchte, um anderen Heilung zu bringen. „Dabei werden Zeichen die begleiten, die glauben. In meinem Namen werden sie böse Geister austreiben, in neuen Sprachen reden, Schlangen aufheben, wenn sie Giftiges trinken, keinen Schaden nehmen. Und wenn sie Kranken die Hände auflegen, werden diese gesund werden. Nachdem Jesus, der Herr, so zu ihnen geredet, ward er in den Himmel erhoben" (Mk 16,17—19). Bei der Heilung selbst nimmt der Mittler all seinen echten Glauben zusammen. Sein Glaube an den Willen und die Kraft Jesu, in diesem Augenblick den Kranken zu heilen, sollte so deutlich wie möglich ausgesprochen werden. Der Mittler handelt im Namen Jesu: *Jesus ist der Heiland.* Aber Jesus hat seine Kraft der Kirche übertragen. Er hat sich abhängig gemacht von seinen Mittlern, die diese Kraft im Glauben vermitteln. Heilungsdienst üben wir nicht aus als Eigendienst, sondern als Dienst des Herrn; nicht wann und wo *wir* wollen, sondern wann und wo der Herr uns durch seinen Geist leitet. Kommen wir nach Prüfung zum Schluß, jetzt wäre die rechte Zeit und der rechte Ort zur Heilung, so sollten wir jedoch alle uns im Glauben gegebene Autorität einsetzen.

Der Mittler sollte auch mit Autorität gegen das Böse angehen. Menschen können nicht nur durch seelische Wunden gebunden sein, sondern manchmal auch durch direkte Einflüsse der Mächte des Bösen. Dieser Autoritätsbereich gehört voll und ganz zum Heilungsdienst. Die Befreiung unserer Brüder von bindenden Mächten des Bösen muß zuweilen dem bisher beschriebenen Heilungsgebet vorausgehen. Die Ausübung von Autorität in diesem Bereich wird häufig als Exorzismus oder Befreiung bezeichnet. Zum *Exorzismus* im formellen Sinn gehört, daß ein vom Bischof ernannter Priester den kirchlich vorgeschriebenen Ritus anwendet. Das Rituale Romanum enthält einen solchen Ritus. Dieser formelle Exorzismus soll Besessene im engeren Sinn befreien: Menschen, die unter Beibehaltung des freien Willens von bösen Geistern beherrscht werden, die die Ausübung dieses freien Willens ernsthaft erschweren.[25]

Der zweite Autoritätsbereich ist das Angehen gegen Mächte des Bösen, die Menschen auf bestimmte Art binden. Oft sind Mittler und Kranke wie durch Mauern getrennt. Der Mittler weiß nicht, ob tiefgehendes Ressentiment und mangelnde Bereitschaft zur Vergebung oder Überwältigung durch seelische Störungen oder aber Gegenwart böser Geister zugrunde liegt. Angst, Dumpfheit und Skrupel werden vielleicht das Verhalten bestimmen. Wir können dann nur die rettende Kraft Jesu und seine Liebe zu diesem Menschen und die Gabe seines Geistes aussprechen. Wir setzen die Autorität des Namens Jesu ein, den Anspruch all dessen zu brechen, was nicht von Gott ist. Zuweilen handelt es sich um eine Unterdrükkung durch das Böse, die nur im Namen Jesu abgewiesen werden braucht. Ein andermal scheint jemand derart in seine Probleme verstrickt, daß er sich gar nicht öffnen kann. In diesen Fällen kann es dem Mittler helfen, das Geschehen bildlich auszudrücken. Er kann die schwarzen Mauern beschreiben, die sich um ihn türmen, und das Licht Jesu, das diese Dunkelheit durchdringt, aufbricht und nach und nach überwindet. Eine solche bildliche Darstellung befähigt den Kranken, mitzuvollziehen, was geschieht. Er erkennt die bindende Finsternis dessen, was nicht von Gott ist. Er erkennt seine Unfähigkeit, diese Finsternis allein zu durchbrechen. Er nimmt Christus als Licht an, das diese Finsternis durchdringt. Er spricht auf den Glauben des Mittlers an, der auf die Gegenwart und die Kraft des Lichtes vertraut. Er öffnet sich dem Wort: „Das Leben war in ihm. Das Leben war des Menschen Licht. Es leuchtet in der Finsternis. Die Finsternis vermag es nicht zu greifen" (Joh 1,4—5).

Der dritte Autoritätsbereich ist derjenige der Befreiung. Man nennt ihn auch informellen Exorzismus. Uns geht es hier um eine grundlegende Darstellung inneren Heilungsdienstes. Der *Befreiungsdienst* würde eine ähnliche Abhandlung erfordern. Sie gehört nicht hierher. Wir möchten hier aber den echten Stellenwert der Befreiung im Plan Gottes festhalten, Freiheit in unser Leben zu bringen. Wir möchten hier nur soviel dazu anmerken, wie es für die Wirksamkeit Inneren Heilungsdienstes unerläßlich ist. Mehr noch als Innerer Heilungsdienst erfordert der Befreiungsdienst einen *Zugang im Team*. Weiter bedarf es der Prüfung, ob das Grundübel von Menschen oder vom Bösen herrührt. Er erfordert intensive Vorbereitung der Mittler und des Kranken. Die Mittler geben sich ganz dem Gebet hin, so daß sie offen und empfänglich für die Weisungen des Herrn sind. Der Kranke bereut seine Sündhaftigkeit und widersagt allem Bösen, entscheidet sich, alle Verletzungen zu vergeben und bekennt im Maße des Möglichen Jesus als seinen persönlichen Herrn und Heiland. Alle Äußerungen des Kranken sollten vertraulich behandelt werden. Der Kranke selbst sollte zutiefst geachtet werden. Alle Beteiligten beten um Schutz. Die Mittler versuchen, den bindenden Geist auf verschiedene Art zu identifizieren. Dazu gehört, daß sie dem Geist befehlen, sich selbst zu erkennen zu geben. Ist der Geist identifiziert, so fordert man den Kranken auf, ihm zu widersagen. Der Mittler befiehlt ihm im Namen Jesu, zu weichen. Dieser Vorgang kann kürzere oder längere Zeit dauern. Oft gipfelt er in einem deutlichen Zeichen, immer mit dem Empfinden des Friedens im Herrn. Bestätigen Mittler und Kranker die Befreiung gleichzeitig, so loben und danken sie dem Herrn und beten, daß der Heilige Geist alle Wunden und alle Unordnung heilt und erfüllt, die durch die Gegenwart des Bösen entstanden sind.

Dieses Kapitel ist zwar vor allem der Aufgabe des Mittlers gewidmet, aber es soll doch noch kurz darauf eingegangen werden, daß auch der Kranke *Autorität ausüben* muß. Auch er gebietet dem bösen Geist, zu weichen. Nach der Befreiung verkündet er im Namen Jesu seine neue Freiheit und verweigert den bösen Geistern jede Rückkehr. Er gründet sich auf die Autorität der Schrift, daß Jesus alles Böse endgültig überwunden hat. Einige Leser werden diesen Abschnitt über die Befreiung unangenehm zu lesen finden. Das ist verständlich. Vor einigen Jahren würden wir, die wir im Inneren Heilungsdienst und im Befreiungsdienst zusammenarbeiten, ähnlich reagiert haben. In den vergangenen drei Jahren haben wir jedoch die Gegenwart des Bösen in sehr überzeugender Weise erfahren müssen. Gott sei Dank haben wir auch neue Freiheit erfahren. Im Leben jener, die Befreiung suchten, ist sie unmittelbar sichtbar geworden.

An dieser Stelle scheint es fruchtbar, über die Lehre Papst Pauls VI. nachzudenken, was die Kirche heute am dringendsten braucht, nämlich die Abwehr jencs Bösen, den wir den *Teufel* nennen. In der Generalaudienz vom 15. November 1972 sagte der Papst unter anderem: „Das Böse ist nicht nur ein Mangel, sondern es ist eine wirkende Macht, ein lebendiges geistliches Wesen, verderbt und verderbend, eine schreckliche Realität, geheimnisvoll und beängstigend... Und wie könnte man sich nicht erinnern, daß Christus sich dreimal an den Teufel als seinen Widersacher wendet und ihn als Herrscher dieser Welt bezeichnet (Joh 12,31; 14,30; 16,11)? Die Tatsache dieser unheilvollen Anwesenheit des Teufels wird an vielen Stellen des Neuen Testamentes erwähnt. Der heilige Paulus nennt ihn ‚den Gott dieser Welt' (2 Kor 4,4) und drängt uns zum Kampf gegen die Finsternis, den wir Christen nicht mit nur einem Teufel, sondern mit einem ganzen furchterregenden Heer zu führen haben: ‚Ziehet die Rüstung Gottes an, damit ihr den Schlichen des Teufels widerstehen könnt. Wir haben nicht gegen Menschen aus Fleisch und Blut zu kämpfen, sondern gegen die Mächte und Gewalten, gegen die Beherrscher dieser finsteren Welt, gegen die bösen Geister des himmlischen Bereiches‘ (Eph 6,11—12). Daß es sich nicht nur um *einen* Teufel handelt, sondern um viele, das berichten verschiedene Stellen des Evangeliums (Lk 11,21; Mk 5,9). Aber einer ist der Führer: Satan, was soviel heißt wie Widersacher. Mit ihm sind viele Widersacher, alle Geschöpfe Gottes, aber gefallen, weil sie aufbegehrten und verdammt wurden, eine ganze von einem heillosen Drama verzerrte geheimnisvolle Welt, über die wir nur wenig wissen.“[26]

Und schließlich noch eine Warnung: Ohne deutlichen Ruf durch die Kirche sollte man zögern, einen Befreiungsdienst anzunehmen. Die Gemeinschaft sollte dazu nur reife und fähige Menschen berufen. Im Idealfall sollte es der vom Ortsbischof zum Exorzisten ernannte Priester sein. Dazu gehört verständlicherweise eine gründliche Ausbildung in Theorie und Praxis. Reife des Mittlers bedeutet hier besonders Charakterstärke, verbunden mit dem rechten Verständnis für die Geistesgaben. In einem bekannten Jesaja-Text lesen wir über diese Gaben: „Auf ihm wird ruhen der Geist des Herrn, der Geist der Weisheit und des Verstandes, der Geist des Rates und der Stärke, der Geist der Erkenntnis und der Furcht des Herrn. Mit Freude erfüllen wird ihn die Furcht des Herrn“ (Jes 11,2—3).[27]

15. Entscheidung

Das häufigste Hindernis göttlicher Heilung ist das Unvermögen, dazu zu stehen. Die Leute sagen, sie wollen gesund werden, aber klammern sich an die Krankheit als Rationalisierung vergangener und gegenwärtiger Versagen oder als Sicherheitsvorkehrung, um Beachtung und Mitgefühl zu bekommen. Andere möchten von Christus geheilt werden, aber können sich nicht für ihn entscheiden. Aus Erfahrung wissen wir, daß selbst fromme und engagierte Menschen sich nicht immer für Jesus Christus als Herrn und Heiland entscheiden können. Paul Tillich analysiert treffend Menschen, die sich an die Krankheit klammern, und die durch echten Glauben dennoch geheilt werden: „Selbstverständlich bedeutet Glaube in diesem Zusammenhang nicht ein Fürwahrhalten von unbeweisbaren Behauptungen. In echter Religion bedeutet er das nie und sollte auch nie in diesem Sinne mißbraucht werden. Nein, Glaube bedeutet ein Ergriffensein von einer Macht, die uns aufrüttelt und umwirft, umwandelt und heilt. Sich dieser Macht ergeben, heißt glauben. Nur *die* Menschen konnte und kann Jesus heilen, die ihr ganzes Selbst der in ihm wirkenden heilenden Macht auslieferten und ausliefern. Diese Menschen lieferten ihre Person aus mit ihrer Zerspaltenheit und ihrem Selbstwiderspruch, mit ihrem Abscheu vor sich selbst, ihrer Verzweiflung über sich selbst, mit ihrem Haß gegen sich selbst und der daher stammenden Feindseligkeit gegen alle anderen. Sie lieferten sich aus mit ihrer Lebensangst und ihrer Schuldbeladenheit, mit ihren Selbstanklagen und ihren Entschuldigungen. Sie lieferten sich aus auf ihrer Flucht vor den anderen in die Einsamkeit, auf ihrer Flucht vor sich selbst zu den anderen. Sie lieferten sich aus mitten in dem Versuch, den Drohungen der Existenz endgültig zu entrinnen in die schmerzhafte und trügerische Sicherheit geistiger und körperlicher Krankheit. Als solche lieferten sie sich Jesus aus, und dieses Sichausliefern nennen wir Glauben. Er aber hielt sie nicht fest, was ein guter Helfer auch nicht tun sollte. Er gab sie sich selbst zurück als neue, geheilte und ganze Geschöpfe. Und als er starb, hinterließ er eine Gruppe von Menschen, die trotz vieler Ängste, trotz Zwietracht, Schwachheit und Schuld die Gewißheit besaßen, geheilt zu sein, und deren heilende Kraft stark genug war, um Einzelseelen und Völker überall in der Welt zu gewinnen. Wenn wir von der neuen Wirklichkeit, die in ihm erschienen ist, ergriffen werden, gehören auch wir zu dieser Menschengruppe. Wir selbst besitzen dann seine heilende Kraft."[28]

Es gibt *vielerlei Hindernisse,* sich für Heilung zu entscheiden. Bei Innerer Heilung ist es am häufigsten die mangelnde Bereitschaft zu vergeben. Wieder und wieder haben wir Menschen über längere Zeit beraten und mit ihnen gebetet und doch nur winzige Besserungen feststellen können. Und schließlich entdeckten wir dann eine Beziehung, in der noch Ressentiments gehegt werden und einfach nicht verziehen wird. Häufig ist sich der Betroffene dessen kaum bewußt. Er fühlt sich nicht in der Lage, zu vergeben. Er sagt, das übersteige seine Möglichkeiten. Und er hat recht. So fühlt er sich — und von diesem Gefühl kann er sich nicht befreien. Aber er kann sich für Vergebung entscheiden. Vergebung ist Willenssache, Entscheidungssache, keine Gefühlssache. Wenn man ihm das erklärt: „Nicht die Gefühle klagen uns an, sondern erst die falsche Reaktion darauf", so ist er wieder frei, sich zu entscheiden. Er sagt dann: „Ich habe mich entschieden, zu vergeben, und ich möchte niemand mehr etwas nachtragen." Die Worte des Herrn werden wieder wahr: „Seid barmherzig, wie euer Vater im Himmel barmherzig ist. Richtet nicht, so werdet ihr nicht gerichtet werden. Verurteilt nicht, so werdet ihr nicht verurteilt werden. Gewähret Nachlaß, so werdet ihr Nachlaß erhalten. Gebt, so wird euch gegeben werden, ein gutes, gediegenes, gerütteltes, überfließendes Maß wird man euch in den Schoß legen. Denn mit dem Maß, mit dem ihr meßt, wird auch euch gemessen werden" (Lk 6,36—38; vgl. Mt 7,1—2; Mk 4,24).

Der Herr segnet diese Entscheidung mit seiner Gnade, und der Betroffene ist offen, vom Herrn geheilt zu werden. Vergebung in Verbindung mit Sündenbekenntnis im Buß-Sakrament hat sich als Quell großartiger Heilungen erwiesen. In Vergebung und Heilung erfahren wir, was der Herr tat, als er dem Gelähmten die Sünden vergab, bevor er seine Heilung aussprach (Lk 5,17—26). Viele nehmen Jesus nicht als persönlichen Heiland an. Sie halten an der Schuld vergangener Taten fest. Sie meinen, ihre Schuld müsse jahrelang vergeben werden. Sie wollen nur eine Teil-Erlösung. Sie sind wie der verlorene Sohn, der meinte, bestenfalls könne er als Tagelöhner heimkehren — bis er nach Hause kam, sich der Liebe des Vaters öffnete und entdeckte, daß er *Sohn* ist. Man muß die volle Erlösung, die der Herr für einen bereithält, annehmen wollen. Oft rühmt man sich vergangener Sünden. Aufgrund dessen, was man falsch gemacht hat, nimmt man sich selbst besonders wichtig, hält daran fest — und blockiert seine Erlösung. Die Leute können sich nicht für Jesus als Herrn ihres Lebens entscheiden, weil sie Angst haben, ihre Zukunft hänge dann nur noch von ihm ab. Sie meinen, sie brauchten ihre Reserviertheit, ihre Gefühlsschablonen und ihre Routineangst als Flucht vor der Wirklichkeit von heute und morgen. Die Herrschaft Jesu zu wollen heißt, die eigenen Zukunftspläne loszulassen und zu glauben, daß die Kraft des Herrn alle Mächte des Bösen überwindet. Die ständige Reaktion des Christen ist darum, den Herrn für jeden Tag neu zu preisen.

Die Herrschaft Jesu zu wollen heißt, vertrauen wollen

und unsere Sicherheit in einem anderen zu sehen. Das ist vielen schrecklich. Sie haben nie vertraut. In jeder menschlichen Beziehung haben sie etwas für sich behalten. Nie war jemand anders die Mitte ihres Lebens. Sie scheuen sich, den Herrn auf diesen Platz zu laden. Gewöhnlich muß ihnen die Liebe des Herrn erst durch einen andern aufgehen, bevor sie selbst Jesus einladen können, Herr zu sein. Noch eine andere Entscheidung muß getroffen werden — und die ist für viele sehr verwirrend. Hat einer erkannt, daß er den Glauben hat, Heilung anzunehmen, das heißt sich der heilenden Kraft Jesu hinzugeben, so muß er auch *dazu stehen*. Heilungen, die der Herr geschenkt hat, gehen verloren, weil der Mensch nicht zu seiner Heilung steht. Jeder von uns muß sich im Glauben öffnen, er muß fest zu seinem Glauben stehen, den er als Gnadengabe bekommen hat, und er muß glauben, geheilt zu sein, solange die Gnade gegenwärtig ist. Es ist ein Dazustehen, kein Wunschdenken, keine vage Hoffnung, kein Wenn und Aber: „Wenn ich nur offen wäre“ oder „wenn es der Wille Gottes wäre“.

Das ist wirklich ein heikler Punkt für viele Christen. Uns scheint, die rechte Antwort auf jedes Heilungsgebet ist: Ich nehme den Herrn als Heiland an. Ich glaube von ganzem Herzen an diese Beziehung. Mit der ganzen Fülle der Glaubensgnade, die mir in diesem Augenblick zuteil wird, nehme ich meine Heilung an. Zuweilen mag die Glaubensgnade fehlen. Darum bleibt auch die Heilung aus. Der Kranke darf wirklich nur sagen, wovon er weiß, was wirklich in ihm geschehen ist. Es ist und bleibt die Heilung des Herrn. Der Mensch kann Heilung nicht einfach dadurch in den Griff bekommen, daß er sie möchte. Sie muß geschenkt werden und durch Glaubensgnade bestätigt. Ohne jede Bestätigung durch die Glaubensgnade Heilung zu fordern, schafft zwei gleich schlechte Möglichkeiten. Man kann dem Kranken, der der Heilung bedarf, eine zusätzliche Schuldenlast dadurch aufbürden, daß er nicht geheilt wird. Ist aber der Kranke nicht schuld, so muß es Gott sein, der sich anders besonnen hat. Im ersten Fall wird die Last des Menschen noch vergrößert, im zweiten Fall stellt man Gott als willkürlich und kapriziös hin. Beide Fälle sind durchaus nicht erstrebenswert. Darum sollte der Mittler darauf achten, keine Heilungsforderung des Kranken zu ermutigen, die nicht vorher im Gebet bestätigt wurde. Das ist wirklich ein schwieriges Problem. Wir haben Menschen um Heilung beten sehen, die ihre Heilung im Glauben annehmen und sich dann tagelang schlechter fühlen, aber auf ihrem Glauben bestehen — und schließlich geheilt werden. Aber wir haben auch Menschen erlebt, die ihre Heilung im Glauben annehmen, sich besser fühlen, aber nicht so gut, wie sie möchten; so kommen ihnen Zweifel, sie wenden sich vom Herrn als Heiland ab, und die Besserung ist dahin. Und schließlich erleben wir Menschen, die nach dem Heilungsgebet die Heilung einfordern und absolut darauf bestehen, daß sie geheilt sind. Aber sie bleiben krank und müssen vielleicht zusammen mit den anderen feststellen, daß gerade diese Heilung nicht eingetreten ist.

Und dennoch ist es wahr, daß irgend etwas geschieht, wann immer wir uns dem Herrn zuwenden und den Heiligen Geist anrufen und ihn um Heilung bitten. Unser Gebet wird erhört, Antwort wird uns zuteil. Diese Antwort ist eine Gabe der Liebe. Diese Gabe zielt auf unsere endgültige Freiheit und Gesundheit im Herrn. Aber die Antwort kann uns auch überführen wollen. Vielleicht müssen wir ungeordnete Beziehungen in Ordnung bringen. Vielleicht müssen wir jemand vergeben oder unser Leben dem Herrn übergeben. In Liebe ruft uns der Herr eher zur Umkehr, als daß er uns diesmal von Arthritis, Allergien, Rückenschmerzen oder Nervosität befreit. Wegen unserer gegenwärtigen Geistesverfassung geht es uns besser mit der Krankheit. Die Krankheit ist im Augenblick ein Instrument, uns von Gott und seiner heilenden Kraft abhängig zu machen. Heilung aber würde nur dazu führen, uns falsche Vorstellungen von unserer geistlichen Gesundheit zu machen. Ist die Krankheit geheilt, aber das notwendige geistliche Wachstum nicht eingetreten, so könnten wir der Eitelkeit und Loslösung von Gott anheimfallen. Deswegen sollten Mittler und Kranker nicht vorschnell feststellen, was der Herr im besonderen getan hat. Wir sollten nicht als bereits geschehen ausgeben, wovon wir möchten, daß es durch den Herrn geschehen wäre. Wir sind gerufen, uns für Jesus als Retter, für Jesus als Herrn und für Jesus als Heiland zu entscheiden. Wir sind gerufen, uns für Vergebung, für Verzicht auf das, was nicht von Gott ist, für die Annahme von Gottes Heilung und für das Dazustehen im Glauben zu entscheiden.

Ein letztes Wort über Entscheidung ist notwendig. Als Christen sind wir gerufen, uns nicht nur zur Heilung von Krankheit zu entscheiden, sondern noch mehr zur Gesundheit. Ist unser Leben in Christus geborgen und Jesus der Herr, so können wir zu dieser Wirklichkeit gegen alles Übel und sogar gegen alle Krankheit stehen. Paulus lehrte die Christen in Ephesus: „Einst wart ihr noch in Finsternis, jetzt aber seid ihr Licht im Herrn. So wandelt als Kinder des Lichtes. Des Lichtes Frucht ist lauter Güte, Gerechtigkeit und Wahrheit“ (Eph 5,8—9). Und weiter: „Erstarkt im Herrn und seiner allvermögenden Kraft! Ziehet Gott an zur Waffenrüstung, damit ihr gegen die Anschläge des Teufels bestehen könnt“ (Eph 6,10—11). Unserer Erfahrung nach ist vielen Christen Gesundheit und neues Leben zuteil geworden, weil sie allem Übel, aller Krankheit und Angst widerstanden haben. Indem sie sich auf den Schutz des Herrn und seine Kraft verlassen, verkünden sie, daß sie dem Pauluswort glauben: „Ihm aber, der über alles hinaus und überschwenglich mehr zu tun vermag gemäß der Kraft, die in uns wirksam ist, als wir erbitten oder erdenken können, Ihm sei die Ehre in der Kirche durch Christus Jesus“ (Eph 3,20—21).

16. Der Heilungsverlauf

Hervorrufen und Zurückgehen

In diesem Kapitel legen wir möglichst konkretes Material zur Methode vor. Es ist schwierig, einerseits das souveräne Wirken des Heiligen Geistes nicht zu stark zu systematisieren und andererseits das aus der Erfahrung Gelernte nicht in den Wind zu schlagen. Um die heilende Kraft des Herrn richtig zu vermitteln, erweisen sich einige Unterscheidungen als wesentlich. Als erstes wird man unterscheiden müssen zwischen Menschen, deren Glauben stark genug ist, schmerzliche Erinnerungen voll anzunehmen, und anderen, deren Glauben und geistlicher Allgemeinzustand durch ein Wiedererleben vergangener Leiden überfordert wäre. Ist der Betroffene sich der Liebe Gottes bewußt, glaubt er, daß diese Liebe stärker ist als all seine Angst, so kann er *schmerzhafte Erinnerungen annehmen* und gerade in der Zeit intensivsten Leidens sich als von Gott geliebt erleben. Die Liebe ist dann stärker als der Schmerz. Die Früchte des Geistes: Liebe, Freude, Frieden, können dann gerade in jenen Erinnerungen erlebt werden, die früher nur Furcht, Schuld und Schmerz hervorriefen. Ist aber der Glaube an die Liebe Gottes im Verhältnis zu den schmerzhaften Erinnerungen nicht stark genug, dann sollte die Erinnerung nicht ins Bewußtsein gerufen werden.

Bei der Anwendung dieses Maßstabs sollte man unbedingt daran denken, daß der *Glaube ein Geschenk* ist. Häufig gibt der Herr den rechten Glauben zur rechten Zeit, wenn nämlich für den Betroffenen gebetet wird. Der Mittler sollte zunächst immer für den Glauben des Betroffenen beten. Erst dann sollte er Weisung suchen, ob er bestimmte Erinnerungen hervorrufen kann. Erkennt der

Mittler, daß der Glaube des Betroffenen nicht stark genug ist, diese Erinnerung anzunehmen, so sollte er den Herrn bitten, durch die Kraft seines Geistes in diese Erinnerung zurückzugehen und sie mit der heilenden Kraft seiner Liebe zu durchströmen. Dann kann der Mittler von der Gegenwart aus die Erinnerung rückwärts durchgehen und den Herrn bitten, jede Erinnerung mit dem Geist seiner heilenden Liebe zu durchströmen. Der Mittler kann aber im Gebet auch von der Empfängnis ausgehen, als Gott den Betroffenen zum ersten Mal in Liebe beim Namen nannte und ihn an seinem Leben teilhaben ließ. Verdrängten Erinnerungen gegenüber übernimmt die Kraft des Heiligen Geistes im Betroffenen häufig die Führung, und ohne jedes ausgesprochene Gebet des Mittlers durchlebt der Betroffene jene Erinnerungen, die zur Heilung anstehen. Wird dem Betroffenen Angst bewußt, so kann der Mittler ihn fragen: „Wo sind Sie jetzt?“ oder „Wie alt sind Sie jetzt?“ Der Betroffene wird ihm gewöhnlich einfach antworten: „Ich bin 8 Jahre alt; ich bin zu Hause in meinem Zimmer.“ Dann wird er Einzelheiten angeben, die scheinbar seit langem vergessen waren. Der Mittler bittet die heilende Liebe des Herrn, den Betroffenen zu durchströmen, indem er ihm in angemessener Form die Hände auflegt. Gewöhnlich erlebt der Betroffene dann Frieden und Entspannung, und der Mittler dankt Gott für seine heilende Gegenwart. Nach kurzer Zeit wird eine neue Erinnerung aufsteigen, und derselbe Vorgang wiederholt sich.[29]

Oberflächliche und tiefliegende Erinnerungen

Zweitens wird man unterscheiden müssen zwischen oberflächlichen und tiefliegenden Erinnerungen. Zuweilen geht es nur um die Erinnerung an ein unangenehmes Geschehen, einen schuld- oder schreckerfüllten Zwischenfall. Diese Erinnerung kann im Bewußtsein des Betroffenen hervorgerufen werden. Der Mittler betet hier, daß die

Liebe Gottes die Erinnerung des Betroffenen durchströmt. Durch das Gebet erlebt der Betroffene diese Erinnerung gewöhnlich in Frieden. Geht es dagegen um eine tiefliegende Erinnerung, so haben viele störende Erinnerungen sie überlagert. Gebet um die Heilung vereinzelter oberflächlicher Erinnerungen führt kaum weiter. Diese Erinnerungen sind nichts anderes als die Spitze eines Eisbergs. Geheilt werden muß, was *unter der Oberfläche* liegt. Ist die Basis geheilt, so wird neue Freiheit in einer ganzen Reihe weiterer Erinnerungen erfahrbar. Kindheitserinnerungen, nachts allein im Dunkel zu sein, in der Menge verloren zu sein, von den Eltern unerwünscht zu sein, können zur Grundlage späterer Furcht vor Dunkelheit, vor Fremden oder vor Intimität werden. Erinnerungen an einen tyrannischen Vater können die Grundlage schlechter Erfahrungen mit Autoritätspersonen nach sich ziehen. Zuweilen ist die Wurzel so tief und die Heilung so radikal, daß die Freisetzung neuen Friedens und neuer Liebe an Intensität der ursprünglichen Geisterneuerung oder auch Geisttaufe vergleichbar ist oder sie noch übersteigt.

Tiefverwurzelte Erinnerungen werden oft mit Hilfe einer bildlichen Veranschaulichung geheilt. Hatte der Betroffene in frühester Kindheit ein Schockerlebnis, so kann der Mittler laut beten, daß der Betroffene Jesus sieht, wie er ihn gerade in der Zeit des Schocks in den Arm nimmt und das tut, was damals am meisten geholfen hätte. Wir haben erlebt, daß Menschen Jesus gesehen haben, wie er sie vor Gefahr bewahrt, wie er sie zum Vater mitnimmt und ihnen die erste väterliche Liebe vermittelt, die sie überhaupt gekannt haben, wie er sie zu Maria, seiner Mutter, mitnimmt und sie damit zur Erfahrung mütterlicher Liebe führt. Was immer der Betroffene am meisten braucht, das Herz des Herrn möchte, daß diese Not mit seiner rettenden Liebe erfüllt wird. Die bildliche Vorstellung ist nur *eine* Art, die vom Herrn dargebotene Liebe anzunehmen. Wir haben häufig die *Heilung von Vater-Erinnerungen* erwähnt. Lieblose Vaterbeziehungen sind vielfach die Wurzel weiterer Probleme. Gewöhnlich lernen Kinder Gott als Vater kennen. Bedeutet das Wort „Vater“ Gericht, Strafe, Abstand und Verlassenheit, dann nimmt das Kind auch Gott so an. Ein ganzes Leben geistlichen Wirkens kann dadurch auf ungesunden Grund gebaut sein. Trotz vieler lobenswerter Taten und Pläne hat der Betroffene im Grund weder annehmen können, daß Gott ihn liebt, noch, daß Vertrautheit und Vereinigung mit Gott möglich werden. Wir haben häufig gefunden, daß ein Mensch, der an der Oberfläche ein gottergebenes Leben führt, zutiefst in Auflehnung gegen Gott lebt. Tiefliegende Autoritätsprobleme und Auflehnung gegen Gott zeigen sich in grundsätzlichen Ressentiments gegen Autoritätspersonen, im Sich-Verraten-Fühlen von Menschen, denen man vertraute, solange sie nicht befördert und dadurch unerträglich wurden. Der Priester sollte speziell auf Beichten achten, die diesen Verhaltensmustern folgen. Spricht man nur über die augenblicklichen Probleme, dann bleibt die zugrunde liegende Situation ungeheilt und aktuelle Schwierigkeiten und Sünden wiederholen sich. Wie oft werden über Jahre dieselben Sünden der Lieblosigkeit und der Ungeduld mit einer bestimmten Person gebeichtet. Gewöhnlich ist die Wurzel des Übels nie bewußt gemacht und verarbeitet worden. Gute Vorsätze, sich zu bessern, und sogar ausgedehntes Gebet werden da vermutlich nicht viel weiterhelfen.

Heilung von Erinnerungen und Heilung des Herzens

Drittens ist zu unterscheiden zwischen der Inneren Heilung bestimmter und unbestimmter Erinnerungen. Wir alle haben Verhaltensweisen, die aus dem Kern unseres Wesens stammen. Volkstümlich ausgedrückt ist das „Herzenssache“. Diese Grundverhaltensarten bestimmen weitreichend unsere Beziehungen zu anderen und zu Gott. Im „Damn-Yankees-Song“ heißt es: „Herz muß man haben“

— aber wir scheinen kein Herz zu haben, um zu lieben, zu geben, uns aufzuopfern. Unser Herz scheint aus Stein. Für die Nöte bestimmter Menschen können wir nichts tun, auch wenn der Verstand sagt, es wäre gut, hier zu helfen. Wir wissen auch, was es heißt, wenn einem das „Herz bricht". Das Zentrum der Liebe scheint erschüttert, der Mensch nicht mehr derselbe Quell des Gebens und Nehmens. Wir haben Heilungen erlebt, bei denen das Herz verschieden intensiv verwundet, verhärtet oder gebrochen schien. Der Heilungsverlauf unterscheidet sich so deutlich von demjenigen der Heilung von Erinnerungen, daß wir sie *„Heilung des Herzens"* nennen können. Wir haben auch erlebt, daß der Mittler durch die Gabe der Erkenntnis wußte, diese Art Heilung würde hier nötig. Der Mittler spricht dann von einem gestörten Herzen, und der Betroffene bestätigt das zutiefst.

Einige der anfänglichen Anzeichen, die zur Heilung des Herzens geführt haben, waren ein urteilender Geist voller Ansprüche an sich selbst und andere, eine stark perfektionistische Haltung, die von sich selbst und von anderen Unmögliches verlangt, deutliche Angst vor kommenden Ereignissen, Gefühle des Alleinseins und der Verlassenheit zu Zeiten der Entscheidung, eine Beschäftigung mit der eigenen Schuld, schließlich Zwangsreaktionen, wo es um Ansehen und Erfolg geht. Diese Verhaltensmuster können sich auch bei tief religiösen Menschen finden. Gewöhnlich warten sie ständig auf geistliches Wachstum und den Aufbruch in neue geistige Freiheit, die dann nicht eintreten. Sie *können* gar nicht geschehen, denn das Herz ist verwundet. Wissenschaftlich ausgedrückt verstehen wir unter „Herz" das Zentrum der willentlichen und affektiven Kräfte des Menschen. Heilung des Herzens wird notwendig, wo Wünsche, Weisungen und Haltungen falsch zentriert sind.

Im Jakobus-Brief ist das so ausgedrückt: „Woher kommen Streitigkeiten und Zerwürfnisse in eurer Mitte?

Woher anders als aus den Antrieben der Selbstsucht, die in euren Gliedern den Kriegszustand bedingt? Ihr begehrt, ohne zu besitzen; ihr habt mörderischen Eifer, ohne ans Ziel kommen zu können; ihr kämpft und führt Kriege und bringt es zu nichts, weil ihr nicht betet. Und wenn ihr betet, empfangt ihr nicht, weil ihr schlecht betet mit dem Verlangen, eurer Begierde zu frönen. Ihr ehebrecherischen Seelen, wißt ihr nicht, daß Freundschaft mit der Welt Feindschaft mit Gott bedeutet? Daß also, wer sich mit der Welt gut stellen will, dadurch Gottes Feind wird? Meint ihr, die Schrift sage umsonst: Eifersüchtig verlangt es der Geist, den er in uns wohnen ließ? Um so reicher ist die Gnade, die er schenkt, weshalb es heißt: Den Hochmütigen widersteht Gott, den Demütigen gibt er Gnade. Darum unterwerft euch Gott und widersteht dem Teufel, so wird er vor euch fliehen! Kommt näher zu Gott, und er wird euch näherkommen. Reinigt die Hände, ihr Sünder, und heiligt die Herzen, ihr Unentschiedenen. Vergegenwärtigt euch euren armseligen Zustand, trauert und weint: Euer Lachen soll sich in Traurigkeit verwandeln, eure Freude in Betrübnis! Erniedrigt euch vor dem Herrn, und er wird euch erhöhen" (Jak 4,1—10). Die Autoren der Bibel sprechen häufig von Wandlung und Heilung des Herzens. Die Propheten des Alten Testaments künden ein neues Herz, das der Herr gibt: „Ich verleihe ihnen ein neues Herz und lege einen neuen Geist in ihr Inneres hinein. Ich entferne das Herz von Stein aus ihrem Leib und gebe ihnen ein Herz aus Fleisch. Sie sollen in meinen Satzungen wandeln, meine Gebote beobachten und diese zur Ausführung bringen. Sie werden dann mein Volk sein, und ich werde ihr Gott sein" (Ez 11,19—20). Der Psalmist betet: „Ein gereinigtes Herz erschaffe mir, o Gott, verleihe mir einen neuen gefestigten Geist" (Ps 51,12). Der Prophet sagt: „Der Geist des Gebieters und Herrn ruht auf mir, da der Herr mich gesalbt hat. Den Armen Frohes zu melden hat er mich gesandt." (Jes 61,1).

Im Neuen Testament ist das Herz der Ort göttlichen Wirkens, das den Christen wandelt. Der Geist ist ins Herz gesandt (Gal 4,6), durch den Heiligen Geist ist die Liebe Gottes ins Herz des Menschen ausgegossen (Röm 5,5; 2 Kor 1,22). Christus wohnt im Herzen (Eph 3,17). Der Geist der Weisheit und Offenbarung und die Kenntnis von Jesus Christus erleuchten die Augen des Herzens (Eph 1,17ff). Härte des Herzens dagegen bedeutet die Weigerung, den Worten Jesu zu glauben (Joh 12,40). Sieht man, was die Schrift über das Herz sagt, so überrascht es nicht, daß die im Herzen wirkende Liebe Gottes Quelle und Zentrum der Heilung des ganzen Menschen ist. Es scheint logisch, daß alle menschliche Heilung, die durch die erneuernde Gnade der Geisttaufe aktiviert wird, ins Herz fließt und es heilt und dann „von ganzem Herzen" alle Bereiche und Dimensionen eines Menschenlebens durchströmt. Der Herr möchte, daß wir statt des gebrochenen und verwundeten Herzens aus Stein mit einem neuen Herzen leben, einem reinen Herzen aus Fleisch und Blut. Aber das ist *sein Werk* — wir werden es zu seiner Zeit erkennen. Wir haben das erlebt bei denen, welchen wir zu dienen suchen. Auf dem Höhepunkt der Heilung von Erinnerungen bricht das Herz von Stein in einem Augenblick der Gnade zusammen, oder das verwundete Herz wird gereinigt und wird heil, oder das gebrochene Herz wird ersetzt durch ein neues Hirtenherz des Herrn.

Wir haben diese Gnade erlebt. Der Betroffene weiß, die Zeit des tiefgehenden Wandels ist gekommen. Der Mittler trägt im Gebet das Gute, das geschieht. Er ermutigt den anderen, durchzuhalten in dieser häufig sehr schwierigen Sitzung. Der Mittler betet für die Stärkung des Betroffenen in seinem geistlichen und manchmal auch körperlichen Leiden an der Wandlung des alten Herzens in ein neues. Dieser Vorgang ist Geheimnis. Wichtig ist, daß der Mittler weiß, daß es geschehen wird, daß er, ohne sich einzumischen, es mitträgt und um Trost und Frieden für den

Betroffenen bittet. Der Betroffene spricht davon, daß er Versöhnung in neuer Tiefe, eine neue Einheit in sich selbst und neue Einheit mit dem Leib Christi erlebt. Oft drängt es den Betroffenen zum Jesus-Gebet: „Herr Jesus Christus, Sohn des lebendigen Gottes, erbarme dich meiner." Er findet eine neue Identität. Er erkennt, daß er teilhat an der Sünde aller Menschen, aber auch an der Erlösung und am neuen Leben.

Der Mittler sollte für jene Gaben offen sein, die das Wirken des Geistes unterstützen. Durch die Gaben der Weisheit und Erkenntnis kann der Mittler Weisungen bestätigen und den Betroffenen versichern, daß der Herr gegenwärtig ist. Letztlich vermittelt er nur, was der Herr tut. Er trägt den Betroffenen voller Liebe mit und bestätigt damit das rettende Wirken Gottes. Der Betroffene weiß, wann neue Einheit und neuer Frieden kommen. Er erlebt eine neue Fähigkeit zu beten, eine neue Tiefe der Gottesbeziehung, ein neues Gefühl der Identität und des Beharrens in dieser Identität und einen neuen friedvollen Ruf zur Heiligkeit. Wir haben gefunden, daß diese Heilung Menschen in stilles Gebet führt oder in Gebetshaltungen aktiver oder passiver Beschauung. Zuweilen hat der Betroffene den Eindruck, daß der Herr ihn beim Namen ruft. Der Heilungsverlauf, der den Frieden eines neuen Herzens verleiht, kann sich über einen erheblichen Zeitraum erstrecken. Gewöhnlich folgt der anfänglichen Wandlung eine Zeit der Anpassung an die neue Situation. Dieses Gipfel-Erleben kann von Tränen als Zeichen der Freisetzung neuen Friedens und vom Eindruck des Krachens, Brechens, Wegspülens im Personkern begleitet sein.

Transparenz

Auf Heilungen von Erinnerungen und Heilungen des Herzens folgt gewöhnlich eine neue Transparenz. Der Betroffene bekommt andere Augen. Sie strahlen Offenheit der Welt gegenüber aus, verbergen oder manipulieren nichts, sondern sind einfach da. Natürlich geschieht das in einem verschieden intensiven Maß, je nach dem geistigen Zustand des Betroffenen. Auch wenn es unsere Erfahrung bestätigt, sollte es nicht als Kriterium gebraucht werden, ob Heilung stattgefunden hat oder nicht. „Ihr seid das Licht der Welt", sagt Jesus. Das wird offensichtlich bei Menschen, die auf diese Weise geheilt wurden. Im Prolog des Johannes-Evangeliums heißt es: „Im Anfang war das Wort, das Wort, es war bei Gott, und dieses Wort war selber Gott. Im Anfang schon war es bei Gott, und alles ist durch es, nicht ohne es geworden, was geworden ist. Das Leben war in ihm. Das Leben war der Menschen Licht, es leuchtet in der Finsternis, die Finsternis vermag es nicht zu greifen. Einer trat auf, von Gott gesandt, Johannes hieß er, der kam zum Zeugnis, vom Lichte Zeugnis zu geben, daß alle durch ihn glauben; er war nicht selbst das Licht, er sollte nur vom Lichte Zeugnis geben. Es war das wahre Licht, das jedem Menschen, der in diese Welt kommt, leuchtet" (Joh 1,1—9). — Jesus sagt: „Ich bin das Licht der Welt, wer mir folgt, wird nicht im Finstern wandeln, sondern wird das Licht des Lebens haben" (Joh 8,12). — Im ersten Johannes-Brief lesen wir: „Ein neues Gebot ist es, das ich euch schreibe, und es ist wahr in ihm und in euch: Die Finsternis schwindet, und schon leuchtet das wahre Licht" (1 Joh 2,8).

Diese Schriftstellen verkünden die Wirklichkeit Jesu als *Licht der Welt.* Wir haben Beweise dieser Wirklichkeit erlebt: Wir haben neues Licht und neue Kraft in denen gesehen, die durch den Geist Jesu geheilt wurden. Sie strahlen diesen Geist neu aus. Er ruft uns, Gott, von dem alles Licht kommt, zu loben und zu danken. Am Ende der Darstellung des Heilungsverlaufs bleiben viele Fragen unbeantwortet. Welche Reaktion können wir erwarten? Wie weit muß man jemanden auch nachher begleiten und mittragen? Wann können wir sagen, daß eine Heilung abgeschlossen ist? Bei jedem ist die Antwort anders. Jede

Beziehung mit Gott ist einzigartig. Der Mittler muß jeden einzelnen zutiefst achten. Er darf nicht annehmen, daß das, was gestern geschehen ist, heute genauso geschehen wird. Am besten geben wir einige unaufgefordert erhaltene Reaktionen wieder. Es gibt darunter spontane Antworten und andere mit erheblichem Abstand. Stunden nach dem Gebet um Heilung von ressentimenterfüllten Erinnerungen ging eine Schwester zur Eucharistie. Sie schreibt: „Was geschehen war, traf mich erst inmitten der Messe. Tränen der Liebe, der Dankbarkeit, der Reue, der Demut für Gottes verständnisvolle Liebe folgten. Muß ich sagen, daß ich an seiner Liebe zu mir nie mehr zweifeln kann? Helfen Sie mir, Pater, Gott zu loben und zu danken für diese wundervolle Gnade."

Eine junge Frau sprach auf ein Gebet um Innere Heilung überhaupt nicht an. Sie blieb kalt, schwer belastet und unfähig, sich an die frühe Kindheit zu erinnern, in der sie ernsthaft geschädigt wurde. Am nächsten Tag schrieb sie: „Ich möchte Freude und Dankbarkeit mit Ihnen teilen über die Heilung durch den Herrn und Ihr Gebet. Zunächst dachte ich, es würde nicht viel geschehen, ich fühlte mich nur wohl. Aber der Herr zeigte mir, wie auflehnend ich bin, wie verblendet durch Selbstmitleid und falsches Märtyrertum. Gott sei Dank sehe ich jetzt klarer. Zorn wurde aufgedeckt und freigesetzt — ich wußte nicht, daß er der Grund meiner Auflehnung war — leider Zorn über Gott. Danach konnte ich wie selbstverständlich annehmen, daß Jesus immer schon da war, mein Leben lang. Ich spürte es täglich deutlicher, bis es schließlich Licht wurde in mir und ich ihn auch in den Erinnerungen erleben konnte. Heute ist mir klar, daß seine Gegenwart immer da war. Ist es nicht wirklich wunderbar, zu wissen, daß Jesus immer mit uns ist. Ich bin so froh. Es hat mich wirklich *befreit*." Andere haben Heilung und Befreiung ganz spontan erlebt: „Seither habe ich die zärtliche Berührung durch Jesus gespürt. Mein Herz brennt tief innen. Er hat mich geöffnet, ihn zu empfangen." — „Die Kraft des Herrn durchströmte mein Inneres und rührte mein Herz an."

Ein Mann, der mehrfach um Heilung gebetet hatte, schreibt, bei früheren Gebeten wäre nichts geschehen. Jetzt aber wüßte er, daß Gottes Liebe seine Vergangenheit durchströmt hat und er selbst etwas dazugelernt: „Nicht mein Krampfen, Schubsen und Drängen entscheidet, sondern meine Offenheit für das Wirken des Herrn. Ich habe gelernt, ich muß gut zu mir selbst sein, um Heilung zu empfangen. Ich sehe entschieden eine Beziehung zwischen meiner Offenheit, Heilung zu empfangen, und der Freundlichkeit derer, die mit mir beten." Eine Schwester erlebte eine tiefe Heilung des Herzens. Sie wurde von Minderwertigkeits- und Unsicherheitsgefühlen befreit. Im Gebet erkannte sie, daß sie seit frühester Kindheit von Furcht besessen war, ihrer Augenstellung wegen würde sie mongoloid sein. Überall hatte sie verzweifelt nach Erfolg gestrebt, um sich ihren Selbstwert zu beweisen. Als diese grundlegende Furcht schließlich zum Vorschein kam, betete sie um die Erkenntnis, daß der Vater im Himmel sie auch in all ihren Kindheitserinnerungen erwählt hat. Sie sagte uns, daß sie Gottes tiefe Liebe zu ihr, gerade auch in diesen Erinnerungen, erfahren habe.

Es ist niemals ausgeschlossen, daß sogenannte Heilungen gefühlsmäßige Ausflüchte vor den wahren Problemen sind. Unsere Erfahrung zeigt jedoch, daß Menschen durch echte Heilungsgebete realistischer werden. Eine Schwester erkannte, die Grundstruktur ihres Lebens war ein Weglaufen vor ihrer Gemeinschaft; im Gebet sah sie, daß ihre Heilung erst innerhalb ihrer eigenen Gemeinschaft abgeschlossen werden konnte. Sie schrieb: „Mein Leben muß durch meine Gemeinschaft gestaltet werden, so wie sie ist. Ich empfange meine Heilung durch die Auseinandersetzung mit der Gemeinschaft, wie sie ist. Sie ist wie der Garten, in dem ich arbeite: Unkraut und Blumen sind gleich wirklich. Ich habe den *ganzen* Garten zu versorgen:

Unkraut *und* Blumen.“ — Eine andere Frau schrieb, erstmalig könne sie das Leben nehmen, wie es ist: „Wie Lazarus bin ich nicht mehr gebunden. Ich fühle mich durch und durch geheilt von Erinnerungen der Bitterkeit, der Entmutigung und der Depression. Ich kann zurückschauen, aber es ist kein Leid mehr, sondern Freude, echte Freude! Ich weiß, Er liebt mich und ich liebe Ihn. Ich kann jetzt aufschauen zum Himmel, die Wolken ansehen und die Sonne. Vorher klebten meine Augen am Boden. Ich war ein Stück Dreck. Jetzt möchte ich leben und nicht sterben, herausgehen und nicht mich verkriechen, meinen Körper lieben und nicht zerstören. Ich möchte überhaupt lieben und nicht hassen. Ich weiß, ich bin auch jetzt nur ein Mensch, die Wirklichkeit wird mich wieder verletzen. Aber Gott hat mich und meine Einstellung gewandelt. Ich bin eine freie Tochter Gottes. Helfen Sie mir, Gott zu loben!“

Können wir *beweisen,* daß all dieses Heilungserleben echt und dauerhaft ist? Wir können nur sagen, wir kannten die Menschen vorher, erlebten sie während des Zeitraums der Heilungsgebete und wissen, daß sie jetzt freier und friedlicher sind. Sie sagen zum Beispiel: „Der Beweis dafür, daß der Geist wirklich gekommen ist, als Sie für mich gebetet haben, ist ganz tief innen: Friede, Freude, überströmende Dankbarkeit und Ganzheit. Es war etwas in mir, das nicht von Gott war, ein schwer erklärbares inneres Getriebensein zu Selbstzufriedenheit und Selbstgefälligkeit. Jahre der Nachsicht und mangelnder Abtötung ließen die Überwindung der gewohnten Selbstsucht unmöglich erscheinen. Aber der Geist hat mich ganz werden lassen — ganz zu seinem Eigentum. Ich bin jetzt ganz Dankbarkeit, Freude und Liebe.“ Diese Gnadengaben bedeuten sicher nicht das Ende aller Probleme und Schwierigkeiten. Aber sie können jetzt in ganz anderer Freiheit angegangen werden: „Ich scheine nicht mehr viel Probleme zu haben. Ich bin wirklich sicher, daß Gott mich liebt. Und ich liebe ihn so sehr. Ich kann zu ihm gehen mit meinen Problemen. Vorher konnte ich das nicht. Irgendwie weiß ich, er hilft mir. Ich bin jetzt wirklich glücklich — ich habe das lange nicht mehr erlebt." — „Es ist ein großartiges Gefühl, zu wissen, *wirklich zu wissen,* daß Gott einen liebt. Noch besser ist, zu wissen, wie sehr man ihn wiederlieben kann. Ich scheine Gott so sehr zu lieben. Ich weiß gar nicht, wo anfangen, wenn ich jemand davon erzählen soll — und dieses Mal wird es auch halten."

Jeder Mensch ist anders. Jede Nachbetreuung ist anders. Jedes beständige Mittragen ist anders. Unsere Vitalität aber steht und fällt mit dem Wort: „Siehe, ich mache alle Dinge neu" (Offb 21,5). Er erneuert unser Herz. Er gibt uns Kraft zu neuem Leben und neuer Hoffnung in all unseren Beziehungen. Öffnen wir uns der heilenden Kraft Jesu als dem Herrn unseres Lebens, so gibt es keine Beziehung, die nicht erneuert werden könnte, keinen Menschen, den wir als hoffnungslos abschreiben müßten. Jeder kann angerührt werden. Die Liebe kann in jedem schwingen. Aber das ist ein andauerndes Geschehen, das niemals abgeschlossen ist. Unser gegenseitiges Gebet sollte das des heiligen Paulus sein, daß Christus durch den Glauben in euren Herzen wohne und Wurzel und Grund eurer selbst sei (vgl. Eph 3,17).

17. Heilende Gemeinschaft

Das Evangelium ruft uns, heilende Gemeinschaft zu werden. In solchen Gemeinschaften geschieht die in den vorigen Kapiteln beschriebene Heilung in ihrer ganzen Fülle. Der Herr möchte, daß sein Leib in Liebe verbunden ist, daß seine Liebe sich ausdrückt in der ständigen Gabe der Heilung. Eine wirklich eucharistische Gemeinschaft würde sich im ständigen Prozeß der Heilung befinden. Sie würde aus dem inständigen Glauben an das Kommuniongebet leben: „Herr, ich bin nicht würdig, daß du eingehst unter mein Dach, aber sprich nur ein Wort, so wird meine Seele gesund." Sie würde eins sein mit dem Kommuniongebet des Priesters: „Herr Jesus Christus, der Empfang deines Leibes und Blutes bringe mir nicht Gericht und Verdammnis, sondern Segen und Heil an Seele und Leib." Bisher haben wir die Aufgabe des Mittlers oder der Mittler behandelt. Jetzt wollen wir uns auf die *Dimension der Gemeinschaft* konzentrieren. Der zur Heilung notwendige Glaube ist nämlich nicht auf den Glauben des Betroffenen und des Mittlers beschränkt. Die Gemeinschaft kann eine lebendige Quelle des Glaubens sein. Das zeigt sich deutlich in einer der frühesten Heilungsberichte der drei Synoptiker: „So bestieg er ein Schiff, fuhr wieder hinüber und kam in seine Stadt. Da brachte man ihm einen Gelähmten, der auf einem Bette lag. Als Jesus *ihren* Glauben sah, sprach er zu dem Gelähmten: ‚Sei getrost, mein Sohn, deine Sünden sind dir vergeben'" (Mt 9,1—2; Mk 2,3—5, Lk 5,17—20).

Als Christus-Gläubige versuchen die Evangelisten zweifellos, ihren Glauben im Sinne spezifisch christlichen Glaubens an Christus als göttliche Person darzustellen. Alle drei Redaktoren betonen aber, der Glaube beziehe sich nicht nur auf den heilungsuchenden einzelnen, sondern dehne sich auf alle aus, die mit ihm sind, nicht aber auf die als feindselig dargestellten Schriftgelehrten. Während der vergangenen vier Jahre haben wir die Rolle des Glaubens der Gemeinschaft für die Innere Heilung von Seminaristen beobachten können. Bei Heilungen haben wir die Möglichkeit, mit einer Gruppe zu beten, die mit demjenigen, der in den nächsten Tagen geheilt werden soll, zusammenlebt und ihn mitträgt. Der Glaube des einzelnen und der Glaube der Gemeinschaft sind vom ersten Anruf des Glaubens bis hin zum Mittragen über lange Zeiträume miteinander verbunden. Ein Seminarist bemerkte, wie wichtig es sei, daß diejenigen, die mit ihm beteten, ihm auch in seiner größten Schwäche vertrauten. Er sagte: „Sie glaubten mehr an meine Heilung als ich. Sie vertrauten darauf, indem sie mich aufforderten, sie auf eine Art mitzutragen, zu der ich früher nie fähig gewesen wäre." Ein anderer Seminarist bemerkte, daß er die heilende Gegenwart Jesu in der Gebetsgruppe erlebte, bevor er zum ersten Mal um Gebet bat. Als er sich dem Ausdruck des Glaubens der anderen anschloß, fand er sich selbst in einen Menschen erwartenden Glaubens gewandelt. Bis dahin beschränkte sich sein Glaube auf die christliche Lehre, und er vertraute Gottes Vorsehung, irgendwann für alles zu sorgen und schließlich alles zum Guten zu wenden. Als er jedoch mit einer Gruppe betete, die sich in erwartendem Glauben zusammengefunden hatte, wurde in ihm eine neue Dimension des Glaubens lebendig, und er erwartete, von seinen Skrupeln geheilt zu werden.

Im Gespräch mit denen, die in der Seminargemeinschaft um Heilung anderer gebetet hatten, zeigte sich eine allgemeine Übereinstimmung, daß die Mittler das Licht, das sie selbst geheilt hatte und noch immer heilt, weiterströmen lassen sollten, um auch anderen Heilung zu vermitteln. Der Mittler ist zunächst ein überfließendes Gefäß des Friedens Gottes, erst dann Instrument der

Heilung. In dem Maß, wie sich echte christliche Gemeinschaft bildet, wird auch die Gegenwart der heilenden Kraft Gottes wachsen. In seiner ausgezeichneten Arbeit über die christliche Gemeinschaft definiert Max Delespesse Gemeinschaft als „eine organische und beständige brüderliche Vereinigung von Menschen, die füreinander Verantwortung übernehmen, indem sie teilen, was sie sind und was sie haben, um dadurch die Einheit der Menschheit herbeizuführen".[30]

Von echter Gemeinschaft kann man sprechen, wo jeder Verantwortung für den anderen übernimmt und sich selbst gibt. Nach der Lehre des Neuen Testaments wird eine besondere Kraft denen zuteil, die im Namen Jesu zusammenkommen. Gemeinsamkeit, Gemeinschaft oder „Koinonia" gehören zum Wesen der Kirche Jesu. Den Diensten, die sich nicht aus der Gemeinschaft im Herrn ergeben, wird es unvermeidlich an Kraft mangeln. Der deutlichste Text über die Koinonia ist Mt 18,20: „Wo zwei oder drei in meinem Namen versammelt sind, da bin ich mitten unter ihnen." Er zeigt den Glauben der Kirche an die Kraft gemeinsamen Gebets, wenn auch nicht notwendig der ganzen Kirche. Eine Gemeinschaft von zweien oder dreien genügt, solange sie im Namen des Herrn versammelt sind. Die christliche Gemeinschaft der Urkirche glaubte an die Lehre des Herrn, daß er besonders gegenwärtig ist, wenn sie in seinem Namen versammelt ist. Eine genaue Analyse der Johannes-Texte über die Kraft zeigt ebenfalls dieses Koinonia-Element. In seiner Abschiedsrede sagt Jesus zu den Jüngern: „Wenn ihr den Vater in meinem Namen um etwas bittet, so wird er es euch geben" (Joh 16,23). „Alles, was ihr dann in meinem Namen erbitten werdet, werde ich tun, damit der Vater im Sohne verherrlicht wird" (Joh 14, 13—14). „Wenn ihr in mir bleibt und meine Worte in euch bleiben, so bittet, um was ihr wollt, und es wird euch geschehen" (Joh 15,7). Diese Aussagen wenden sich an die Apostel als den versammelten Leib. Diese Verheißungen folgen den Jahren der Formung der Apostel zu jener Einheit, die sie zum Fundament der Kirche werden lassen.

Paulus beschreibt das Ideal christlicher Einheit in seinem Brief an die Epheser: „Darum ermahne ich euch... ihr möget würdig der Berufung wandeln, die ihr empfangen habt... in aller Demut, Milde, Langmut, einander tragend in Liebe... mit dem eifrigen Bemühen, des Geistes Einheit zu wahren, umschlossen vom Band des Friedens" (Eph 4,1—3). Auch die Johannesbriefe erwähnen die Koinonia: „Wandeln wir aber im Lichte, wie er selbst im Lichte ist, so haben wir Gemeinschaft miteinander. Und das Blut Jesu, seines Sohnes, reinigt uns von jeder Sünde" (1 Joh 1,7). Diese Gemeinschaft ist Zeichen und beständige Quelle der andauernden Kraft des Erlösungswerkes Jesu. Die Erfahrung lehrt uns, soweit Menschen in der Einheit des Geistes, in der Einheit des Herzens und der Sinne in Jesus wachsen, werden sie mit Kraft ausgerüstet. Diese Kraft schließt die heilende Kraft ein, ganz zu werden und eins zu werden. Aber das geschieht nur dort, wo die Leiter wirklich hingegeben sind. Sie ziehen andere sich selbst vor. Anhänglichkeiten, Geheimniskrämerei und Rationalisierung ihrer Versagen haben sie losgelassen. Sie sind hingegeben, wie der Herr es war; seine Kraft wird zu ihrer.

Außer von der Heilungsgabe des Herrn sprechen wir auch von einer Umgebung *liebevollen Mittragens.* Wie gesagt braucht der Mensch ein gewisses Maß an Bestätigung, um falsche Sicherheiten aufzugeben und sich zur Hingabe und zum Vorwärtsschreiten im Glauben zu entscheiden. Eine mittragende Umgebung ist auch zum Erhalt der Gesundheit und zur Vollendung der Heilung unerläßlich. Max Delespesse beschreibt diesen Vorgang: „Liebe aber, diese Kraft Gottes in uns, diese Dynamik, durch die wir Gott begegnen, beginnt mit dem Menschen. Alle Menschen, denen uns der Herr unterwegs begegnen läßt, müssen wir annehmen, wie sie sind. Sie müssen sicher sein, daß sie niemals gerichtet werden. Jeder hat *seinen Weg* zu gehen. Gottes Plan für jeden Menschen, erwachsen zu werden, ist nicht unser Plan. Liebe, die stark, heilend und schöpferisch ist, wird darum zu unendlich respektvoller Liebe werden. Man kann nie wissen, was man zum Tragen bringt. Um uns wirklich gegenseitig annehmen zu können in unseren Gemeinschaften, müssen wir die anderen kennenlernen und uns von ihnen kennenlernen lassen. Ohne uns zu kennen, können wir uns nicht lieben. Und mehr noch, ohne uns zu lieben, können wir uns nicht wirklich kennen. Die Glieder einer Gemeinschaft entscheiden sich also, sich den andern in der Tiefe zu offenbaren, um von ihnen in Wahrheit und Demut gekannt zu werden. Sie verbergen sich nicht hinter einer Fassade, denn sie wissen, daß sie einander brauchen. Diese gegenseitige Kenntnis, die nur durch einen Großteil an Liebe möglich wird, befähigt sie, einander noch mehr zu lieben, ihr Leben füreinander hinzugeben und einander zu heilen. Darin besteht die Stärke einer Gemeinschaft."[31]

Stephen Clark analysiert diese Umwelt gut in seinem Buch über christliche Gemeinschaften. Er definiert die christliche Basisgemeinschaft als „christliche Umwelt, die die Grundbedürfnisse ihrer Glieder sichert". Die Umwelterfordernisse definiert er als „personale, das heißt beziehungs- und nicht funktionsorientierte Interaktion zwischen den einzelnen innerhalb der sozialen Gruppierung".[32] Clark zeigt hier die Notwendigkeit grundlegend Christus-zentrierter Beziehungen auf: Beziehungen, die auf persönlicher Kenntnis gründen, auf regelmäßigem Austausch, auf persönlicher Begegnung, in der jeder als Mensch von Wert angenommen ist und jeder den andern mitträgt. Wir lernen viel dazu über Heilung in der Gemeinschaft. Der Geist Jesu, der in uns lebt, ist ein Geist, der Einheit sucht. Der Epheser-Brief ist die Charta christlicher Einheit. Der Geist bewegt dort ständig alle Glieder in Richtung auf das, was Frieden und Eintracht fördert. Man hört die Botschaft, weiß, sie ist echt, und doch findet man es schwierig, sie im Glauben zu bejahen, in einem Glauben, der erwartet, daß diese Kraft der Einheit wirksam wird. Gebet, das die Kraft des Geistes bildlich ausdrückt, kann bei der Heilung von Beziehungen zwischen einzelnen und Splittergruppen der Gemeinschaft sehr machtvoll wirken. Sind Männer und Frauen ergriffen vom Geist Gottes, so kennen sie die Unermüdlichkeit des Geistes, zu lieben und in Liebe zu vereinen, an sich selbst und an den anderen zu glauben und auf die Erneuerung des Lebens und die Heilung von Beziehungen zu hoffen. Wir haben solche Menschen zu neuer Einheit durchbrechen sehen, wenn man sie im Gebet um Heilung der Beziehungen begleitet.

Wir möchten hier ein typisches Gebet für eine Gruppe zusammenfassen. Häufig wird den Beteiligten gesagt, sie sollen sich zunächst bildlich vorstellen, wie der Herr auf sie zukommt, sie berührt und sie umarmt. Diese *Veranschaulichung im Gebet* kann heilend wirken, denn sie bedeutet, Vergebung anzunehmen und sich der Heilung zu öffnen. Dann sollen die einzelnen sich jenen Menschen bildlich vorstellen, mit dem sie die schwierigsten Beziehungen haben. Sie stellen sich noch einmal den Herrn vor, wie er auf diesen Menschen zukommt, ihm die Arme entgegenstreckt, ihn berührt und umarmt. Bei dieser Vorstellung wissen sie innerlich, daß der Herr dem anderen vergibt. Sie erinnern sich, wie der Herr auch ihnen vergeben hat, und sie öffnen sich, dem anderen zu vergeben und Vergebung von ihm anzunehmen. Dann stellen sie sich den Herrn vor, wie er beide gleichzeitig umarmt und sie langsam aufeinanderzubewegt. Der Herr nimmt ihre Arme und legt sie um den andern. Kommen sie zusammen, sich versöhnend zu umarmen, so umschließt der Herr beide. Haben die Betroffenen betend mitgemacht, so wissen sie sich von neuem geheilt. Das kann in einem nächsten Schritt, den sie selbst tun müssen, zu voller Versöhnung führen.

Dieses bildliche Vorstellen mag manchem zu fiktiv und

gefühlsbetont erscheinen. Tatsächlich ist es eine echte Vorstellung der Einwirkung des Heiligen Geistes und seiner Gnade auf unser Leben. Gefühlsbetont ist es nur soweit, wie emotionale Probleme zum Bruch geführt haben. Die Gefühlsintensität bei der Lösung persönlicher Probleme entspricht direkt der Gefühlsintensität beim Zustandekommen des Bruches. Gefühlsbetontheit ist eine Art Sentimentalität, bei der die Gefühle ungleich viel stärker sind, als die Tatsachen es rechtfertigen. Mit Tränen und Freudenschreien muß man allerdings bei Durchbrüchen zur Heilung rechnen. Freudige Umarmung von denen, die Heilung von Beziehungen erleben, ist ein Zeichen Seines Reiches und Ausdruck von Entzücken. Im Februar 1974 verfolgten wir ein Treffen von 1200 Gebetsgruppenleitern in Washington-Township, New Jersey. Sie gingen in sich in Reue, öffneten sich der heilenden Liebe Jesu, folgten dem Ruf, zu vergeben und sich vergeben zu lassen, öffneten sich dem Herrn, den anderen bei sich einzulassen und Versöhnung anzunehmen. In der Turnhalle war es derart still, daß eine Teilnehmerin sagte, zum ersten Mal hätte sie „die Stille gehört“. Die Stille wich nach und nach leisem Lob, dann friedlichem Singen und schließlich einem Ausbruch der Freude und der Danksagung, der zwanzig Minuten währte. Die Beteiligten wurden zu Zeugen intensiven Gefühlsausdrucks, aber keiner Gefühlsbetontheit. Etwas Neues und Schönes war geschehen. Alte Beziehungen hatten neue Kraft und Hoffnung gewonnen. Wer sich vorher noch fremd vorkam, erlebte jetzt eine geheimnisvolle Verbundenheit mit Brüdern und Schwestern in Jesus, dem Herrn.

18. Der Geist spricht zu den Kirchen

Was sagt der Geist uns über Innere Heilung? Seine Botschaft drängt uns, die Liebe in neuer Fülle zu erleben. Sein Wort zerreißt nicht, es vereint und vollendet. Es ist Hoffnung für ein von Gewalttätigkeit zerrissenes und gebranntes Volk. Der Geist sagt: „*Ein* Herr, *ein* Glaube, *eine* Taufe, *ein* Gott, der Vater aller, der über allen ist und durch alle und in allen wirkt“ (Eph 4,5—6). Gott ist der Gott der Medizin, der Gott der Psychiatrie und der Gott psychologischer Beratung. Gott, der Vater, sucht in Liebe all seine Kinder zu umarmen, die ihn schmerzen. Er sucht ihre Wunden zu heilen. Jesus ist der Herr aller. Seine Herrschaft währt nicht nur heute. Sie erstreckt sich über unser ganzes Leben bis in die innersten Wunden. Die Zärtlichkeit des Vaters und seiner heilenden Liebe übersteigt all unsere Möglichkeiten. Eine so tiefe, persönliche, heilende Liebe können wir kaum glauben.

Heute aber *müssen* wir glauben. Gottes Volk ist gebrandmarkt von der Gewalttätigkeit der Gesellschaft: Ablehnung, Entfremdung, seelischer Mißbrauch, Zerrissenheit der Gefühle und Leere des Lebens sind stärker denn je. Die Massengesellschaft, ihr Überaktivismus, ihre ständige Mobilität und ihre technologischen Träume lassen ein Schlachtfeld ausgehöhlter Männer und Frauen hinter sich. Gott aber sorgt sich um uns! Der Geist Gottes umfängt seine Kinder, tröstet und heilt sie, bewahrt das Gute in aller Wissenschaftlichkeit und ergänzt es mit erneuernder Kraft. Der Geist ruft uns, seiner Liebe zu vertrauen, zu glauben, daß Gott uns durch diese Liebe nicht nur heilen *kann,* sondern auch heilen *will.* Er ruft uns, sich ihm in erwartendem Glauben hinzugeben.

Glaube ist so wesentlich. Der Geist ruft uns in die evangelische Dimension des Glaubens. Das ist nicht nur lehrmäßiger Glaube, vertrauender Glaube, der auf die allgemeine Vorsehung Gottes vertraut, daß er schließlich alles zum Guten wendet, sondern es ist *erwartender Glaube,* der erwartet, daß Gottes rettende Liebe hier und jetzt in mein Leben eingreift. Es ist jener Glaube, der Gottes Kraft freisetzt. Es ist der Glaube, der in den Schriften der Urkirche pulsiert. Der Geist sorgt sich nicht so sehr darum, ob wir glauben, daß die Wunder der Urkirche heute neu geschehen werden, sondern vielmehr darum, daß wir vom rettenden Herrn erwarten, daß er sich voller Kraft und Liebe in unserem Leben engagiert. Der Geist ist immer derselbe und doch immer neu. Wir können dieses Geheimnis nicht verstehen. Aber wir können verstehen, daß Gott heute das gleiche wirkt wie gestern und doch etwas unerhört Neues. Wir dürfen nicht bei seinem Wirken stehenbleiben, sei es nun das Werk von gestern oder heute. Wir müssen zum Herrn aufsehen und erwarten, daß er da ist. Der Geist ist der Geist Jesu. Er läßt Jesus in unserer Mitte gegenwärtig sein. Dieser Geist ruft uns zu erwartendem Glauben, der sich zu Jesus als dem Heiland ausstreckt. Unser Glaube sollte nicht mit Wundern beschäftigt sein, sondern mit dem Herrn, der in unserer Mitte wirkt.

Der Geist spricht zu den Kirchen. Er ruft sie zu neuer Fülle des Lebens. Er bekräftigt das Gute, nämlich den Einsatz der Gaben Gottes zur Heranbildung kompetenter Führer und Fachleute in vielen Bereichen, zur besseren Organisation des Dienstes an den Armen, zur Lehre und Erforschung der Bedeutung der Schrift und der Traditionen, die sich unter der Inspiration des Geistes entwickelt haben. Der Geist aber hat gegen die Kirchen, daß sie die größte Quelle ihrer Kraft so leicht verlassen: jene lebenspendende Kraft, die aus der Herrschaft Jesu Christi fließt. Zur Mitte ihres Lebens werden Lehren, Strukturen, Aktivitäten und Funktionen. So gut das alles sein mag, es kann dem Gottesvolk kein neues Leben einhauchen. Der Geist spricht: Wacht und glaubt! Schafft, solange es Tag ist! Seid barmherzig, wie euer Vater barmherzig ist! Heilt mein Volk, mein auserwähltes Volk, das ich liebe, das ich im Schatten meiner Flügel sammeln möchte! Heilt es!

Jeder Mensch ist heilig. Das wollten wir in diesem Buch zeigen. Das Geschehen Innerer Heilung kann diese Würde nirgendwo verletzen. Verletzen wird der Mittler den Betroffenen nur dann, wenn er den Forderungen des Evangeliums nicht Rechnung trägt. Der Mittler wird dann versucht sein, aus falschem Eifer von sich aus Forderungen zu stellen und sogar abrupt zu reagieren, um den Betroffenen endlich geheilt zu sehen. Die folgenden *zehn Punkte* möchten vor dem Mißbrauch dieses Buches und seiner Lehre warnen:

1. Einige Menschen sind zu stark gebunden, um vergeben zu können oder sich vergeben zu lassen. Sie können sich nicht einmal entschließen, zu vergeben, weil ihre negativen Gefühle sie zu stark beherrschen. Das will respektiert sein. Häufig muß man ihnen Zeit lassen oder sie in anderen Bereichen stärken, bevor ein Heilungsgebet in der Tiefe stattfinden kann.

2. Viele Menschen, die Befreiung oder Heilung brauchen würden, haben Hemmungen, sie zu suchen. Man kann versucht sein, sie zu einem Hilferuf zu drängen. Seien wir vorsichtig! Gott respektiert den freien Willen des Menschen so sehr, daß er ihm auch die Freiheit läßt, nein zu sagen. Wir sollten ebenso handeln. Gottes Plan für einen Menschen kann nicht auf einmal und auch nicht mit Gewalt offenbar werden. Er kann nur durch freie Entscheidung, durch Hingabe geschehen. Die Verteidigung, die einer vorbringt, kann in diesem Stadium einer echten Notwendigkeit entsprechen. Wir sollten ihn daher sicher nicht zu schnell herausfordern.

3. Man kann nicht wissen, was alles im Unbewußten begraben ist. Auftauchende Gefühle machen oft verlegen,

besonders in Bereichen, wo man sich für reif und fortgeschritten hielt. Wir müssen das respektieren und zur Kenntnis nehmen: Was lebendig begraben ist, bleibt auch lebendig, bis es verarbeitet wird. Ein tugendhaftes Leben auf dieser Grundlage kann gewöhnlich nicht zur Heilung führen, ohne daß bestimmte Erinnerungen ausgegraben werden.

4. Menschen werden auch verlegen und frustriert, wenn stark negative Gefühle zum Vorschein kommen und sie nicht wissen, warum. Wir sollten sie respektieren und sagen, daß wir sie verstehen. Wir können ihnen versichern, daß sie zur rechten Zeit die Wurzeln und Gründe erkennen werden. Die Zeit des Herrn kann ein Leitbild sein. Das geschieht häufig, wenn fromme Menschen entdecken, daß sie einen leidenschaftlichen Zorn haben auf Gott.

5. Einigen fehlt es an Glauben, sie fühlen sich deshalb schuldig. Wir sollten niemals andere damit belasten, es fehle ihnen an Glauben. *Glaube ist ein Geschenk*. Wir müssen regelmäßig darum beten, daß unser Glaube wächst. So intensiv wie möglich sollten wir uns auf den Glauben stützen, den wir haben. Mangelt es einem Menschen in Not an Glauben, so verlangen wir nicht von ihm, er solle sich zusammennehmen und mehr glauben. Wir bestätigen ihn in dem Glauben, den er hat, und danken Gott dafür. Wir bitten den Vater um Wachstum im Glauben und erwarten, erhört zu werden. Wir fragen den Betroffenen nach seinem Glauben und ermuntern ihn und helfen ihm, diesen Glauben zu leben.

6. Oft fühlen Menschen sich unterlegen, wenn sie Hilfe suchen. Es ist wichtig, eine *Atmosphäre der Gleichheit* zwischen allen Anwesenden zu schaffen. Wir sollten keinen „Untersuchungsstuhl" haben, um den sich die „Doktoren" sammeln, um zu diagnostizieren und etwas zu verschreiben. Die Atmosphäre sollte von der Liebe zu Gott und zu den anderen getragen sein. Alle Beteiligten dienen und danken dem Herrn in Freude.

7. Menschen kommen zu uns, nachdem oder während sie ärztliche Hilfe in Anspruch nehmen. Oft ist die ärztliche Versorgung gut. Manchmal hilft sie nicht, ist aber dennoch wichtig für den Patienten. Nur gelegentlich ist sie schädlich. Alle gute Hilfeleistung sollten wir möglichst bestätigen. Soweit wie möglich sollten wir dabei eine Atmosphäre der Zusammenarbeit schaffen.

8. Hat ein Mensch neues Leben und neue Hoffnung durch die Kraft des Heiligen Geistes erfahren, so pflegen seine Erwartungen drastisch zu steigen. Er erwartet die ganze Heilung noch heute. Für gewöhnlich tritt aber das nicht ein. Ein regelmäßiger Fortschritt über einen gewissen Zeitraum ist Gottes üblicher Weg. Der Betroffene kann also entmutigt werden. Wir müssen ihm helfen, das Gute zu sehen, das bereits geschehen ist, und Gott dafür loben. Dann wird er mit unserer Hilfe sehen, daß Gott das Gute, das er begonnen hat, auch vollenden wird.

9. Manch einer spricht von Heilung und bekommt genau dieselben Schmerzen, von denen er geheilt zu sein glaubte. Der Betroffene sollte dennoch geachtet und mitgetragen werden. Wir sollten ihm versichern, daß er kein Versager ist, nur weil er deutlich noch einen langen Weg vor sich hat.

10. Hat jemand neue Hoffnung und neues Leben durch die Begegnung mit dem rettenden Herrn erfahren, so fühlt er sich denen eng verbunden, die als Mittler dienten. Es ist wichtig, daß die Mittler das erkennen und sich weiter beständig dieses Menschen annehmen. Gewöhnlich besteht auch nach der Heilung noch ein Bedürfnis, ermutigt und umsorgt zu werden. Manchmal werden zusätzliche Gebete und Beratungen nötig. Die Mittler sollten im voraus wissen, wie und durch wen man dafür aufkommen kann, bevor sie ein tiefergehendes Heilungsgebet für jemand beginnen. In der Praxis wird der Mittler die Liebe des Herrn zu seinem Volk erfahren. Sie wird ihm weiterhelfen, sich in Liebe der Herde des guten Hirten anzunehmen.

19. Versöhnung und Heilwerden

Um die Kraft der Buße recht zu schätzen, muß man zunächst verstehen, was *Versöhnung* heißt. Der Mensch ist von Gott getrennt durch die Sünde. Er wird mit Gott versöhnt durch das Erlösungswerk Jesu Christi. Um wirklich versöhnt zu werden, muß er Rettung *persönlich erfahren*. Er muß *ständig* mit Gott versöhnt werden durch die Kraft Jesu Christi. Sie bringt Einheit, wo Auflehnung und Unabhängigkeit als Auswirkung der Sünde ihn getrennt haben von Gott. Die Kraft des Bußsakramentes ist es, andauernde Versöhnung und Vertiefung der Einheit zu vermitteln. Gebet um Erleuchtung, um Heilung und Befreiung von den Mächten des Bösen führt in Verbindung mit dem Sakrament zu noch tieferer Versöhnung. Durch die Berichte vom Sündenfall im Paradies, dem Turmbau zu Babel und der Sintflut lehrt das Buch Genesis: Die Ursache des Bösen in der Welt ist die *Auflehnung des Menschen* und seine Unabhängigkeit von Gott. Und weiter lehrt die Schrift, die grundlegenden Voraussetzungen zu Heilung und Befreiung vom Bösen sind die Abkehr des Menschen von der Sünde und seine Vereinigung mit Gott durch das Erlösungswerk Jesu Christi. Die Grundlage aller Versöhnung in Christus ist für Paulus die neue Schöpfung: „Wenn jemand in Christus ist, so ist er ja eine neue Schöpfung: Das Alte ist vergangen, Neues ist geworden. Das alles verdanken wir Gott, der uns durch Christus mit sich versöhnt hat" (2 Kor 5,17—19).

Die neue Ordnung entsteht durch die Versöhnung in Christus. Sie führt zum Wirken Gottes am Menschengeschlecht, als wäre die Sünde nie geschehen. Das ist die objektive Versöhnung, die von jedem persönlich angenommen werden muß. Paulus drängt uns: „Wir bitten an Christi Statt, versöhnt euch mit Gott!“ (2 Kor 5,20) Die persönliche Annahme der Versöhnung durch Jesus erfordert eine spezifische Handlung des Menschen. Den Römern schreibt Paulus mit einer frühen Taufformel: „Wenn du also mit deinem Munde Jesus als Herrn bekennst, wenn du in deinem Herzen glaubst, daß Gott ihn vom Tode auferweckt hat, so wirst du Heil empfangen“ (Röm 10,9). Die Apostelgeschichte läßt Petrus sagen: „Kehret um! Jeder von euch lasse sich auf den Namen Jesu Christi taufen zur Vergebung eurer Sünden, und ihr werdet den Heiligen Geist als Gabe empfangen!“ (Apg 2,38) Versöhnung geschah also durch Umkehr und Taufe. Sie war verbunden mit Heilung und Befreiung vom Bösen. Von der Sendung der Zweiundsiebzig heißt es: „So zogen sie denn hin und riefen zur Umkehr auf, zahlreiche böse Geister trieben sie aus, auch salbten sie viele Kranke mit Öl und heilten sie“ (Mk 6,12—13).

Die Geschichte des Bußsakramentes weist eine gewichtige Tradition der Beichte als Heilmittel und Therapeutikum[33] auf. Der Priester wird als „Seelenarzt“ und „geistlicher Arzt und Wundheiler“ dargestellt.[34] Diese Tradition erwuchs aus der urkirchlichen Praxis der Beichte und geistlichen Führung durch einen heiligen Mann, gewöhnlich einen Mönch, der aber nicht notwendig Priester war. Im übrigen hat die Kirche immer gelehrt, durch die Gnadenwirkung des Sakraments würden uns Heilung, Befreiung und Stärkung zuteil. Es ist allzu richtig, wenn Thomas von Aquin feststellt, daß die meisten Menschen sich von ihren Sünden bekehren und daß ihnen vergeben ist, *bevor* sie zum Sakrament gehen.[35] Das Sakrament wird dann zur *Befreiung,* oder wie Petrus Lombardus sagt, zur „Befreiung von den Binden des bereits auferstandenen Lazarus“.[36]

Heutige Theologen weisen erneut hin auf die Bedeutung geistiger Heilung durch das Sakramentenleben der Kirche.

In einer Ausgabe der Zeitschrift Concilium: „Sakramentale Versöhnung", schreibt Felix Funke, Tradition und Schrift bestätigen, daß man die sieben Sakramente als Heilung des einen Sakramentes, nämlich der Kirche, ansehen kann.[37] Das übernatürliche Gnadenleben sollte nicht als dem Menschen innewohnend und dennoch von seiner natürlichen Menschlichkeit getrennt verstanden werden, sondern als Befreiung, Heilung und Stärkung jener Bereiche, die ihn zu tieferer Einheit mit Gott und den Menschen führen. In seinen *„Grundlagen christlicher Theologie"* besteht der anglikanische Theologe John McQuarrie darauf, daß „durch den Besitz heilender Kräfte die Kirche zeigt, sie habe das Recht, Sünden zu vergeben", und daß „der Heilungsdienst in den Versöhnungsdienst eingeht".[38] Letztlich werden durch eine Theologie der Versöhnung die durch das Bußsakrament neu geschaffenen Bande der Einheit und der positiven Beziehungen deutlicher sichtbar als durch die engherzige Beschäftigung mit juristischer Sündenvergebung. Neue Beziehungen aber führen zur Heilung jener Wunden der Vergangenheit, die die Einheit zerrissen.

Zugang zur Beichte

Es scheint daher wünschenswert, hier einen eigenen Zugang zum Bußsakrament vorzulegen. Ich habe mich dieses Zugangs seit fast zwei Jahren bedient, die Ergebnisse sind überzeugend. Die üblichen Wiederholungen in der Beichte sind fast ganz unterblieben. Viele Beichtende sind von Gewohnheitssünden und Zwängen befreit. Ich erlebe eindrucksvolle Zeichen des Wachstums an Gesundheit und Heiligkeit. Viele Beichtende erachten das Sakrament jetzt wieder als so wichtig, daß sie erhebliche Zeit opfern, um regelmäßig beichten zu gehen. Sie sprechen von der Freude, im Sakrament dem Menschen Jesus Christus und seiner Kraft zu begegnen. Um mein Vorgehen so deutlich wie möglich zu machen, möchte ich einen allgemeinen, in der Anwendung durchaus flexiblen Plan vorlegen, der eine Reihe klar abgegrenzter Schritte vorsieht: a) Sünden bekennen; b) Schwierigkeiten feststellen; c) Schwierigkeiten bestätigen; d) Erklärung; e) Buße und Lossprechung; f) Gebet um Heilung, Befreiung, Stärkung. Die Schritte, die zum Gebet um Heilung, Befreiung, Stärkung führen, und das Gebet selbst gehören nicht notwendig zum Sakrament. Sie möchten es zusätzlich fruchtbar werden lassen.

a) Sünden bekennen

Für die meisten Beichtenden, besonders die geistig reiferen, erweist es sich als hilfreich, wenn man gemeinsam festlegt, welche Lebensbereiche in der Beichte behandelt werden. Oft sagt der Beichtende eine Sündenliste her. Sie schließt Versagen ein, die er selbst für so banal und unbedeutend hält, daß sie ihm weder leid tun noch er den Vorsatz zur Umkehr hat. Er mag in seinen Grundschuljahren damit begonnen haben, sie so und nicht anders herzusagen, oder er mag sie einer noch ausführlicheren Liste in einem Beichtspiegel entnommen haben. Besonders ein geisterfüllter Beichtender kann Sünden hersagen, von denen er genau weiß, daß er nichts dafür kann. Und dennoch meint er: „Ich bin ein Sünder, und ich weiß sonst nichts zu sagen.“ — Unter diesen Umständen kommt man weiter, wenn der Priester freiwillig von sich aus Fragen stellt. Er kann zum Beispiel sagen: „Stellen Sie sich ganz in die Gegenwart Gottes. Schalten Sie ganz ab. Lassen Sie den Heiligen Geist Sie überführen und Ihnen zeigen, welche Lebensbereiche der Umkehr bedürfen. Seien Sie sich des Vaters bewußt, der seinen Sohn Jesus Christus mit der unendlichen und vollkommenen Liebe des Vaters liebt. Seien Sie sich Jesu Christi bewußt, der den Vater mit der vollkommenen Hingabe des Sohnes liebt. Der Vater aber liebt Jesus durch Sie. Er liebt Sie als seinen angenommenen Sohn. Jesus liebt den Vater durch Sie. Jesus liebt Sie als seinen Bruder. Der Vater liebt seine anderen Kinder durch Sie. Seine Liebe strömt von Ihnen zu den andern über. Jesus liebt seine anderen Brüder und Schwestern durch Sie, mit seiner Liebe, die von Ihnen zu den andern überströmt. Der Vater und der Sohn lieben einander beständig. Ihre Liebe durch Sie ist beständig. Die Liebe, die durch sie hindurchströmt und den Vater und den Sohn vereint, ist der Heilige Geist. Bitten Sie den Heiligen Geist, Ihnen zu zeigen, was Sie tun, die Liebe zu blockieren oder daran zu hindern, daß sie Sie durchströmt? Was müssen Sie aus Ihrem Leben entfernen, daß der Kreislauf des Lebens in Gott nicht mehr stockt?" Daraufhin bekennt der Beichtende ein oder zwei Sünden mit eigenen Worten. Die vielleicht notwendige Nuancierung in bezug auf Zahl und Art der Sünden kann diesem Bekenntnis folgen.

Der andere verbreitete Fehler beim Sündenbekenntnis ist eine zu *allgemeine Aussage.* Dazu gehört, daß dem Beichtenden nichts wirklich leid tut und daß er gar nicht umkehren möchte. Dieser Zustand mag von einer übermäßigen Sorge herrühren, keine Todsünde zu begehen. Das führt zu dem Kurzschluß, soweit keine Todsünde vorliegt, brauchen die Sünden nicht gebeichtet zu werden. Er kann sich aber auch von einer oberflächlichen Moral der Nächstenliebe ableiten, Sünde liege nur dann vor, wenn durch meine Handlungen *ein anderer direkt verletzt wird.* In diesen Fällen hilft oft die Frage weiter, ob der Beichtende glaubt, daß er ein Sünder ist, ob er glaubt, daß er Gott gegenüber sein Wort gebrochen hat, ob er glaubt, daß er der Familie und den Nachbarn wirklich genug geholfen hat. Gesteht er ein, daß ihm die Sünden leid tun, und sei es auch nur im allgemeinen, so kann der Priester die Gewissenserforschung auf die erwähnte Weise einleiten.

b) Schwierigkeiten feststellen

Gewöhnlich ist jene Sünde, die der Beichtende bekennt, nur die Spitze des Eisbergs. Der wahre Grund wird nicht angegeben und vielleicht auch gar nicht gesehen. In den seltensten Fällen kann der Beichtende die Wurzel des Übels einsehen und aussprechen. Zum Beispiel sind viele Alkoholiker oder Drogenabhängige geworden, nicht weil sie Alkohol oder Drogen lieber mögen als andere, sondern weil sie tiefliegende Probleme und Bedürfnisse haben, denen man durch Trunksucht und Drogengenuß zeitweilig entkommt. Manche Menschen benehmen sich anderen gegenüber unfreundlich, zornig, auflehnend, nicht weil sie das möchten, sondern weil sie aus tiefliegenden Gründen nicht anders können. Sie hassen, beneiden, zerstören, lügen, sind anderen gegenüber gewalttätig, weil bei ihnen selbst etwas nicht in Ordnung ist. Diese Schwierigkeiten festzustellen braucht nur einige Augenblicke in Anspruch nehmen. Priester und Beichtender werden sich gemeinsam klar über das Grundübel, das zur Sünde führte. Der Priester hört das Sündenbekenntnis des Beichtenden aufmerksam an. Dann bittet er den Heiligen Geist, beiden den Grund der Sünde zu zeigen. Oft wird er sagen: „Wir wollen jetzt einfach beten, daß der Heilige Geist Ihnen offenbart, was Sie wissen sollten.“ Das fordert Vertrauen: Die Furcht muß überwunden werden, nur aus der eigenen fehlerhaften Intuition zu sprechen. Der Priester sollte sich im Gebet so weit wie möglich öffnen. Er sollte unterscheiden können, welche Zeichen auf eine Erleuchtung durch den Heiligen Geist hinweisen und welche rein menschlichen Ursprungs sind. Hier sollten Priester und Beichtender mehr hören als werten. Die Gefahr ist größer, gar nicht auf den Geist zu hören, als sich Eingebungen anzumaßen, die keine sind. Der Priester darf Offenbarungsgaben erwarten, die ihm ausdrückliche Einsichten gewähren. Ich habe diese Erfahrung selbst gemacht. Andere Priester und Laien haben sie bestätigt. Offensichtlich handelt es sich dabei um etwas wie das „Geheimnis des Herzens“ (vgl. 1 Kor 14,25—26).

Nach einiger Zeit des Hörens auf den Heiligen Geist kann entweder der Priester oder der Beichtende ein oder zwei Fragen stellen oder sofort aussprechen, wo seiner Meinung nach das *Grundübel* liegt. Diese Aussagen können sehr verschieden ausfallen. Der Beichtende kann etwa sagen: „Ich glaube wirklich, ich bin besser als der andere, und behandle ihn minderwertig." — „Ich beneide sie um den Erfolg, und ich hatte doch so hart dafür gearbeitet." — „Ich glaube nicht, daß ich liebenswürdig bin. So halte ich mir alle Menschen durch Aggressivität vom Leib." — „Was ich auch tue, es führt zur Sünde." — „Ich beneide ihn, weil er beliebter ist als ich." — „Ich verliere die Kontrolle, wenn ich auch nur ein Glas getrunken habe." — „Ich habe ihm niemals wirklich verziehen." — „Ich werde wütend, wenn er mir sagt, ich soll etwas tun." — „Ich habe Angst, man merkt, wie falsch ich bin." — „Ich bin wütend auf Gott wegen der Situation, in die er mich gestellt hat." — „Ich glaube nicht, daß Gott mich liebt, er urteilt und bestraft." — „Ich kann nicht ertragen, daß jemand etwas für mich tut." — „Es macht mir Spaß, sie zu erobern." — „Ich denke nur an mich." — „Es tut mir wohl, meine Wut auf sie zu hegen." — „Ich muß immer beweisen, daß ich besser bin als die andern." — „Ich habe fürchterliche Angst, daß ich ein Versager bin."

Oder der Priester sagt: „Sie fühlen sich verfolgt und schlagen zurück." — „Sie trauen niemand." — „Sie nutzen die Situation aus, um Mitleid für sich selbst zu erheischen." — „Sie haben zuviel Angst, was andere über Sie sagen." — „Sie wollen sich selbst bestrafen." — „Sie haben Ihre Freiheit dafür hergegeben." — „Sie glauben nicht, daß Ihnen vergeben werden kann." — „Sie wollten die Kinder nicht." — „Sie fühlen sich von Ihren eigenen Gelübden betrogen." — „Sie haben Angst, was Gott von Ihnen verlangt, wenn Sie sich ändern würden." — „Sie wollen sich auf niemand verlassen, nicht einmal auf Gott." — „Sie suchen Ausflüchte, um Ihrer Verantwortung zu entgehen." — „Sie möchten, daß aller Ruhm zuerst auf Sie selber fällt." — „Sie wollen die Macht des Geldes und des

Ansehens mehr als Gott." — „Sie sind machtlos, wenn das auf Sie zukommt."

Diese Fragen und Antworten sind nur ein Ausschnitt aus der Vielfalt der Aussagen, die zur Feststellung des Grundübels führen können. Oft genug spricht der Beichtende von einer *Kindheitserfahrung der Ablehnung* durch die Eltern, einem Schulerlebnis, bei dem man ihn lächerlich gemacht hat, einer unpersönlichen sexuellen Beziehung in der Pubertät oder einer betrogenen ersten Liebe. Diese Erinnerungen kommen jetzt ans Licht, sie werden dem Beichtenden bewußter und verständlicher als je zuvor. Er erkennt sie als Störfaktoren und Verdrängungen. Im Heiligen Geist erkennt er, daß sie zu seiner Sündhaftigkeit beigetragen haben. — Ein Beichtender schreibt über seine Erfahrung: „Seit jenem Nachmittag, als Sie über mich um Heilung der Erinnerungen beteten, bin ich voller Frieden. Ich bin ein anderer Mensch: frei und so glücklich, daß ich es manchmal selbst nicht glauben kann. Es ist ein Glück, das ich noch nie erlebt habe. Ich weiß, nichts kann mir geschehen. Ich bin aus allem heraus. Niemand kann mir nehmen, was mir gegeben wurde. Ich weiß, ich habe noch einen langen Weg vor mir, aber nicht mal das bedrückt mich wie früher. Gott hat mir zu oft gezeigt, daß er mit mir ist, um noch daran zu zweifeln."

Zwei Fragen können besonders hilfreich sein, die Schwierigkeiten festzustellen: „Was ist Ihrer Meinung nach die Ursache Ihrer Schwierigkeiten?" und: „Wo sind diese Schwierigkeiten zum erstenmal aufgetreten?" Pater MacNutt empfiehlt, die Antwort auf diese Frage abzuwarten, bevor man um Innere Heilung betet. Sicher werden sich die Antworten direkt oder indirekt auf die zugrundeliegenden Ursachen beziehen. — Durch die Beichte hat die Mutter einer großen Familie entdeckt, daß sie dem Selbstmitleid und einem gewissen Martyrerkomplex erlag, der sich in Zwangshandlungen ihren Kindern gegenüber zeigte. Einen Monat später beschrieb sie ihre Heilung: „Durch

Aussprache und Gebet und durch eine gründliche Gewissenserforschung haben Sie genauestens erkannt, daß ich eine angestammte Gewohnheit hatte, auf den Kindern herumzuhacken, die sich über Jahre entwickelte. Sie beteten für mich um Heilung. Innerhalb von Minuten begann ich einen inneren Frieden zu empfinden, wie ich ihn jahrelang nicht erlebte." — Ein anderer Beichtender schrieb rund zwei Monate nach dem Empfang des Sakramentes: „Ich habe kürzlich an Sie gedacht. Ich möchte Ihnen sagen, wie sehr ich Ihnen für das Gespräch bei Ihnen danke. Ich preise den Herrn, daß er Sie meine Schwierigkeiten feststellen ließ. Seit Sie für mich beteten, bin ich frei! Die Wand zwischen Ihm und mir ist fort, fort für immer! Dank, Lob und Preis für Seine wunderbaren Taten! Wie großartig ist es, von der Last befreit zu sein! Während Sie für mich beteten, fühlte ich das Gewicht ganz besonders, aber im Glauben wußte ich, daß alles gut werden wird. Und es ist gut geworden. Am Abend in der Kapelle erlebte ich die Kraft des Herrn: Er hat mich befreit."

Eine Frau, die jahrelang unter Schuld- und Minderwertigkeitsgefühlen litt, schrieb drei Monate später: „Ich werde dem Vater im Himmel und auch Ihnen immer dankbar sein für die Heilung, die er mir durch Ihre Anteilnahme und durch Ihr Gebet zuteil werden ließ. Sie zeigten mir den Weg der Selbstannahme und Gottes Liebe zu meiner Vergangenheit, die ich in meinem Stolz bis dahin nicht annehmen wollte. Diese ungeheure Einsicht und Gnade sollte noch von einer andern gefolgt werden. Ich nehme die Vergangenheit jetzt nicht nur an, sondern ich tue es mit Freude." — Ich habe Situationen erlebt, in denen ich dem Beichtenden das mögliche Grundübel andeutete — und er sagte mir darauf, er hätte einen Psychologen oder einen Psychiater konsultiert, der erst nach vielen Sitzungen zur gleichen Diagnose kam. Zuzeiten besteht die Feststellung im ganzheitlichen Verstehen eines Gewebes verschiedener Erfahrungen, die den Beichtenden in die gegenwärtigen Schwierigkeiten brachten. Oft aber genügt eine genaue Erkenntnis des Grundübels, so daß der Beichtende weiß, welcher Heilung er bedarf. Manchmal geschieht die Heilung natürlich auch ohne jede Feststellung des Grundübels und wird erst hinterher erkannt.

c) Schwierigkeiten bestätigen

Das alles mag langwierig erscheinen und mehr ins Seelsorgegespräch gehören als ins Bußsakrament. Es bedarf aber keiner langen Gespräche dazu. Der Priester braucht nicht die ganze Lebensgeschichte des Beichtenden aufzurollen, sondern nur auf die Weisung des Heiligen Geistes zu hören. Es ergeben sich dabei eine Einsichtigkeit und ein Tiefgang, der dem Entwicklungsstadium des Beichtenden angepaßt erscheint. Priester oder Beichtender machen einen Vorschlag; wird er vom andern bestätigt, so geht man zur Lossprechung über. Es ist wichtig, daß der Priester das *Beichtgespräch* nicht zu beherrschen sucht. Er sollte die Feststellung der Schwierigkeiten auf jener Ebene belassen, auf der der Beichtende seine Verfehlungen bereitwillig einsieht und ausspricht. Der Priester ist dann zum Werkzeug des Heiligen Geistes geworden, wenn er dem Beichtenden bei der Umkehr hilft und ihn zu Lossprechung, Heilung, Befreiung und Stärkung hinführt. Natürlich bieten sich dabei viele Gelegenheiten zur Erkenntnis. Der Priester wird sicher prüfen müssen, ob Einsichten und Schlüsse vom Heiligen Geist oder vom Geist des Menschen kommen. Zuweilen kann es sich auch um den Einfluß böser Geister handeln. Hat der Beichtende einen solchen Einfluß nicht erwähnt, so sollte der Priester sich in acht nehmen, das Thema im Beichtstuhl anzuschneiden. Er sollte still dafür beten, daß der Beichtende von den Mächten des Bösen befreit wird.

Vielen Beichtenden mangelt es nämlich an geistiger Reife, auf die vermutete oder tatsächliche Gegenwart böser Mächte ausgeglichen zu reagieren. Das Böse ist ein

Geheimnis, die Ursachen sind selten mit Sicherheit festzustellen. Die Auswirkungen der Erbsünde sind radikal. Zwischen den Auswirkungen dämonischer Einflüsse und jenen der Erbsünde kann leicht verwechselt werden. Die Bibelwissenschaftler gestehen zu, daß Störungen, die von der Erbsünde herrühren, wie etwa körperliche oder seelische Erkrankungen, jene Wirklichkeiten sein könnten, die geheilt wurden, wenn es von Jesus heißt, er trieb die bösen Geister aus. Das alles ist eine Frage der Demut. Einige Priester sind in der Lage, dämonische Bedrängung mit Sicherheit festzustellen. Den meisten, auch mir, mangelt es an dieser Gabe. Sie müssen das Problem dem Herrn überlassen im Vertrauen, daß seine Liebe durch ihre Unwissenheit nicht geschmälert wird. Wurde Bedrängung durch Dämonen eingestanden, so kann der Priester den Beichtenden fragen, ob er je mit dem Okkulten in Berührung kam. Satanische Kulte, schwarze Magie, spiritistische Sitzungen und Gläsel-Alphabet sind Gegebenheiten, durch die Menschen die Freiheit der Entscheidung verlieren können. Einige Bereiche der Unterhaltungsindustrie, unmoralische Geschäfte und bestimmte Wohngemeinschaften sind derart von der Gegenwart des Bösen erfüllt, daß Bedrängung naheliegt.

Nach der Bestätigung der Schwierigkeiten sollte festgestellt werden, ob zur Behebung des Grundübels zusätzlich zur Lossprechung noch um Heilung, Befreiung oder Stärkung gebetet werden muß. Heilungsgebet wird notwendig bei Verwundungen und Störungen persönlichen Wachstums, nämlich wo Mangel an Liebe und Verständnis, Betrug, Ablehnung, Entfremdung oder Schockerlebnisse das Grundübel sind. Folgen wie Skrupellosigkeit, Drogenabhängigkeit, Trunksucht, gewohnheitsmäßige Selbstbefriedigung und Angstzustände erfordern gewöhnlich Heilungsgebet. Befreiungsgebet ist angezeigt, wenn fremde Einflüsse böser Mächte festgestellt werden. Mit „fremd“ ist hier jenes Böse gemeint, das *nicht* von den

Verwundungen aus der Vergangenheit des Beichtenden herrührt, oder aber Mächte des Bösen, die im Widerspruch zum Charakter und geistigen Gesamtzustand des Beichtenden stehen. Gewöhnlich genügt die Feststellung, daß diese Mächte des Bösen den freien Willen des Beichtenden blockieren, binden oder hindern; man braucht dabei nicht ins Detail zu gehen.

d) Erklärung

Sind Grundübel und Sünde bestätigt, so erklärt der Priester dem Beichtenden, daß der Herr Jesus Christus ihm vergeben wird, oder genauer gesagt, die bereits empfangene Vergebung durch die sakramentale Lossprechung bestätigen. Ist das Grundübel eine Wunde oder eine Störung, die der heilenden Kraft des Herrn bedarf, so sagt der Priester, der Lossprechung werde ein Heilungsgebet folgen. Ist die Wurzel des Übels ein direkter Einfluß der Mächte des Bösen, so sagt er, der Lossprechung folge ein Befreiungsgebet. Wurde keine Notwendigkeit zur Heilung oder Befreiung festgestellt, so schlägt er vor, der Lossprechung ein Gebet der Stärkung für den Bereich der offenbarten Schwächen folgen zu lassen.

e) Buße und Lossprechung

Der Priester sollte dem Beichtenden eine Buße geben, die sich aus dem Sündenbekenntnis ergibt, zum Beispiel einen Schrifttext über Heilung lesen oder ein Gebet des Vertrauens sprechen, wie das „Vaterunser“ oder das „Magnificat“, oder denjenigen, der einem unsympathisch war, um Verzeihung bitten und ihm helfen. Ist der Beichtende offen dafür, so ist auch *Zeugnisgeben für die Liebe* und die Kraft des Herrn eine gute Buße. Manchmal ist Teilnahme am Heilungsgebet für andere die geeignetste Wiedergutmachung. Diese Bußen sind zukunftweisend. Sie zeigen eine neue Orientierung im Leben des Beichtenden auf. Oft schlägt der Beichtende selbst eine geeignete Buße vor, wenn man ihn darum bittet. Sie sollte das künftige Wachstum zum Ausdruck bringen und nicht etwas, das Vergebung verdient. Denn Vergebung ist die Gabe Gottes, eines Gottes, der liebt. Die Lossprechung wird in der vorgeschriebenen Form erteilt. Dabei herrscht eine Stimmung freudiger Versöhnung. Das der Lossprechung folgende Gebet: „Dankt dem Herrn, denn er ist gütig. Sein Erbarmen währet ewig", ist die natürliche Überleitung zum Gebet um Heilung, Befreiung, Stärkung.

f) Gebet um Heilung, Befreiung, Stärkung

Der Priester leitet dieses Gebet einfach und ruhig ein. Es ist absolut natürlich, daß Jesus den Beichtenden in seiner heilenden, befreienden und stärkenden Liebe anrührt. Hervorgehoben wird die Liebe Jesu; der Priester tritt ganz zurück. Es ist der Herr, der heilt, befreit und stärkt. Große Gesten mit bebender Stimme sind hier fehl am Platz. Ist das praktisch möglich, so legt der Priester dem Beichtenden die Hände auf. Das war jahrhundertelang die wesentliche Geste der Lossprechung. Paulus erwähnt sie in seinen Weisungen an Timoteus (1 Tim 5,22). Der Bischof erteilte die öffentliche und kanonische Lossprechung durch Handauflegung.[39] Der neue Beichtritus von 1973 sieht vor, daß der Priester während der Lossprechung über dem Beichtenden die Hände ausstreckt.[40] Handauflegung ist eine herkömmliche und wirksame Art des Fürbittgebets. Der Priester kann dabei in den Händen ein Gefühl der Kraft empfinden. Das geschieht häufig, wenn er erstmals die der Lossprechung folgenden Gebete spricht. Die Salbung der Hände während der Priesterweihe erfährt dadurch eine vertiefte Bedeutung. Der Beichtende erlebt das Empfangen neuer Kraft oft in Form von Wärme und elektrischem Strom. Zu Beginn dieses Gebets kann der Priester den Beichtenden im Namen der Kirche und durch die Kraft des Bußsakramentes dem Herrn darbringen. Es ist hilfreich, ihn dabei an die Abkehr von der Sünde und die Hinwendung zu Gott als seinem Herrn und Heiland zu erinnern. Das kann schon zum Gebet gehören und gleichzeitig den Priester und den Beichtenden disponieren.

Heilung: Der Priester kann auf verschiedene Art um Heilung beten. Entscheidend ist dabei seine Aufrichtigkeit. Er muß ehrlich und seinem Glauben entsprechend handeln. Einige beten: „Nach deinem Willen heile ihn, o Herr.“ Andere sind von Gegenwart und Wirken des Herrn so überzeugt, daß sie gebieten können: „Sei geheilt!“ Zuweilen müssen tieferliegende Probleme oder Sünden genauer erkannt werden. Manchmal geschieht Heilung erst, wenn der Beichtende sein Leben dem Herrn übergibt oder bereit ist, zu tun, was der Herr seit einiger Zeit von ihm fordert. Ich bete häufig: „Im Namen Jesu nimm deine Heilung an.“ Das Gebet um Heilung bringt die Wunden dem Herrn dar, damit sie im Namen Jesu Christi geheilt werden. Die heilende Kraft ist die Liebe Gottes. Sie wirkt durch Jesus. Anerkennung und Ehre für die Heilung gebühren Jesus. Dem Vater gefällt es, den Namen Jesu erneut zu verherrlichen.

Bitten wir ihn darum, so kann Gott alles heilen, was der Heilung bedarf. Dieses Vorgehen würde es uns jedoch unmöglich machen, ihn für das Geschehene zu loben und zu preisen. Auch dem Arzt können wir nur mit leeren Worten danken, solange wir nicht wissen, was er geheilt hat. Dem Arzt sagen wir, was uns fehlt. So sollten wir auch Gott darbringen, wovon wir meinen, daß es geheilt werden müsse. Im Heilungsgebet des Priesters sollten jene Wunden erwähnt werden, die durch Erinnerungen an bestimmte Ereignisse und Beziehungen entstanden. Er kann auch sagen, daß der Beichtende von seinem Vater nie geliebt worden ist und daß er deswegen auch Gott nicht als Vater annehmen konnte. Er kann auch schmerzhafte Erinnerungen wie hintergangenes Vertrauen, eine zu frühe sexuelle Erfahrung, Geschlagenwerden oder eine Katastrophe im Gebet erwähnen, wenn sie zu jenem Zustand führten, der jetzt der Heilung bedarf. Er bringt Gott die Erinnerung zur Heilung dar und betet, daß sie nicht länger Krankheitsherd zu sein braucht, sondern in Zukunft die Gegenwart eines liebenden und heilenden Gottes einschließt. Geht es um eine ganze Reihe störender Erinnerungen, so scheint es besser, jede einzelne im Gebet darzubringen.

Wird dem Priester keine besondere Offenbarung zuteil, so sollte er dem Beichtenden nicht vorschnell sagen, er wäre nun geheilt. Der Priester sollte auch vom Beichtenden nicht mehr Glauben verlangen, als Gott ihm gibt. Der Glaube des Beichtenden ist sicher wichtig, aber er ist nicht entscheidend für die Heilung. Ohne göttliche Weisung eine Heilung einzufordern, ist keine Garantie dafür, daß sie geschieht. Erfolg oder Mißerfolg der Heilung vom Glauben des Beichtenden abhängig zu machen, enthält das Risiko, ihm ein falsches Schuldgefühl mangelnden Glaubens aufzuerlegen. Der folgende Briefauszug ist typisch für den Zustand nach dem Heilungsgebet. Die Betroffene befindet sich auf dem Weg der Besserung und hätte die Last zusätzlichen Schuldgefühls nicht ertragen können: „Nachdem ich Sie in Loretto sah, war ich zunächst noch ziemlich verstört und unglücklich. Ich kam mir wirklich vor, als hätte die Heilung nicht gewirkt bei mir. Ich war entmutigt, aber erinnerte mich immer wieder an das, was ich einzig tun sollte, nämlich mich auf *Ihren* Glauben verlassen und nicht auf meinen. Ich versuchte, wirklich nur das zu tun. Ich betete andauernd, wie ich meine Heilung einfordern kann. Langsam ließen die Ängste und Befürchtungen nicht ganz, aber doch teilweise nach. Ich falle zwar immer wieder zurück, aber nicht lange Zeit. Er stellt mich immer wieder auf. Es ist großartig, sich gut und frei zu fühlen. Das Leben bedeutet mir jetzt viel mehr. Die größte Last, von der ich befreit bin, ist das Schuldgefühl. All diese merkwürdigen Dinge, die mich bis dahin bedrängten, bringen mich nicht mehr aus der Fassung. Seine Liebe und Gegenwart sind stärker. Ich weiß auch, all das kommt mir nicht zu, ohne daß auch ich etwas tue. So habe ich zusätzlich zu meinem Krankendienst einige gute Werke getan, die dem Herrn sicher gefallen. Ich fürchte Gott nicht mehr, ich kann ihn jetzt richtig anschauen, und wenn ich sage: ‚Dein Wille geschehe, nicht meiner', dann meine ich es auch. Das war ein Riesenschritt für mich. Ich liebe Ihn auf eine gute und gesunde Art. Die Angst ist weg."

Für den Priester ist es besonders hilfreich, die heilende Liebe des Herrn bewußt dem Beichtenden zuteil werden zu lassen. Er kann sich Jesus vorstellen, wie er den Beichtenden anrührt und heilt, er kann einfach bewußt erleben, wie die Kraft heilender Liebe durch ihn hindurch in den Beichtenden einströmt. Dabei kann der Priester leicht sich selbst mit allen Sorgen, Zweifeln und Versuchungen der Eitelkeit zurücknehmen. Der Priester sollte auch hier *im Geiste beten,* sich ganz dem inneren Stöhnen und Drängen des Heiligen Geistes überlassen, sich auf den Herrn konzentrieren und sich den Eingebungen des Geistes hingeben. Worte und Gedanken kommen dann mühelos von selbst. Der Priester betet plötzlich für Anliegen des Beichtenden, die im Schuldbekenntnis nicht erwähnt wurden. Die Aufmerksamkeit beim Gebet sollte sich ganz auf die erwartete Heilung konzentrieren. Das Gebet wird dadurch präzis und vertrauensvoll. Am besten stellt man sich den Beichtenden geheilt vor, wie er seine neue Gesundheit erlebt.

Abschließend dankt der Priester dem Herrn für seine Gegenwart und sein Wirken: Weil er ein liebender Gott ist, kann er nichts anderes geben als Liebe. Den folgenden Brief schrieb eine Schwester kurz nach dem Empfang des Bußsakraments und eines Heilungsgebetes wegen Verbitterung und Unfähigkeit, zu vergeben: „Ich bin in der Kapelle, um zu schreiben. Ich möchte deutlich sagen, was der Herr für mich getan hat. Ich habe den Geist um Weisung gebeten, mir Worte zu geben, seinen Namen zu verherrlichen. Meine Geschichte begann letztes Jahr. Ich sah Gott nicht mehr am Werk. Ich versuchte alles, um die Situation zu retten. Aber alles machte sie nur noch schlimmer. Einer Schwester, ja der ganzen Gemeinschaft gegenüber war ich verbittert! Ich sagte mir, ich kann im Haß nicht leben, vielleicht ist es besser, die Gemeinschaft zu verlassen. Ich wußte, es ist falsch, aber ich wußte mir nicht anders zu helfen. Ich litt unter der Entscheidung, zurückzunehmen, was ich Ihm vor Jahren durch meine Gelübde gegeben hatte. So beschloß ich, einen Sommer lang einen letzten Versuch in einem Haus des Gebets zu machen. Am ersten Tag merkte ich, daß ich nicht beten kann, so voller Haß und Bitterkeit war ich. Ich wollte es nicht, aber es war einfach so. Ich konnte mich nicht davon befreien. Abends ging ich zum Pater. Ich sagte ihm, ich wolle wieder gehen, ich könne hier nicht beten. Er fragte mich, ob ich *wirklich* wolle, daß Christus mir vergibt. Ich wollte es von ganzem Herzen. Der Pater betete mit mir. Ich wußte, ich hatte nichts zu verlieren. Was dann geschah, ist unbeschreiblich. Der Herr hat mich berührt — mit seiner Liebe voll Erbarmen und Geduld. Zum ersten Mal dankte ich Gott für das Leid, das er mir auferlegte. Ich erkannte, daß er die ganze Zeit mit mir gewesen war. Zum ersten Mal betete ich für die Schwester, von der das Leid ausging. Zum ersten Mal erlebte ich wirklich den Frieden, die Freude und die Liebe Christi. Ich wollte die Situation retten, ich wollte gehen, ich wollte lieben und vergeben — von mir aus. Aber ohne Gott geht das nicht. Darunter litt ich. Allein Gottes Liebe und Freundlichkeit halfen mir zur Einsicht, daß ich allein nichts kann, aber mit Gott alles kann. Ich weiß, Gott war zu gut zu mir. Alles, was ich tun kann, ist, ihn zu preisen in Ewigkeit. Er hat mich mit Liebe überschüttet. Er hat meine Schwächen geheilt. In ihm allein kann ich lieben und vergeben."

Befreiung: Meint der Priester, der Beichtende sei besessen, so sollte er den Bischof um Exorzismus bitten. Ich habe

noch keinen Fall von Besessenheit erlebt. Bei Bedrängung spricht der Priester ein einfaches, direktes Befreiungsgebet. Vorangehen sollte jedoch ein Gebet um Schutz, zum Beispiel: „Der Tod und die Auferstehung unseres Herrn Jesus Christus und sein kostbares Blut bewahre Priester und Beichtende vor allen Mächten des Bösen." Das Befreiungsgebet kann lauten: „Im Namen Jesu Christi, des Herrn und Meisters dieses Kindes Gottes, gebiete ich allen bösen Geistern: Seid gebunden, weicht von ihm, seid ausgeschlossen für immer!" Es ist ratsam, auch hier im Geiste zu beten. Das Gebet des Geistes Gottes kann auch jener Situation noch gerecht werden, die das Verstehen des Priesters übersteigt. Der Priester kann dem ein einfaches Heilungsgebet hinzufügen.
Stärkung: Dieses Gebet ist ganz natürlich und dem Priester vertraut. Es ist eine spezifische Ausweitung des Gebets nach der Lossprechung. Die einzelnen Bereiche offenkundiger Schwäche sollen durch Leben und Liebe unseres Herrn Jesus Christus gestärkt werden. Gebetet werden sollte um Glauben, Hoffnung, Liebe, Freude, Friede, Geduld, Freundlichkeit, Güte, Treue, Milde, Keuschheit (Gal 5,22). Die Gebete um Heilung, Befreiung und Stärkung ergeben sich direkt aus der Umkehr des Beichtenden und der Vergebung des Herrn im Sakrament. Der Beichtende sollte sich bewußt sein, daß seine Umkehr ihn nur offen macht für die rettende Gnade des Herrn. Es ist der Herr, der rettet. Je tiefer und je länger sich der Beichtende auf den Herrn konzentriert, umso besser. Der Priester sollte ihn durch ein unverbindliches Gespräch nicht im Gebet unterbrechen.

Schlußgedanken

Einige mögen einwenden, der hier aufgezeigte Zugang zur Beichte stände im Widerspruch zu den gegenwärtigen Strömungen in Dogmatik und Liturgie. In gewissem Maße ist das richtig. Es gibt heute Tendenzen, die Einzelbeichte durch die Bußfeier, das Schuldbekenntnis der Messe und die gemeinschaftliche Generalabsolution zu ersetzen. Unser Zugang aber bedeutet praktisch eine *Aufwertung der Einzelbeichte.* Während der ersten fünf Jahrhunderte kannte die Kirche zwei verschiedene Traditionen, die schließlich zu jener Form der Beichte verschmolzen, die sich bis in unsere Tage erhalten hat. Die eine Tradition war diejenige der kanonischen Buße, die öffentlich vom Bischof verhängt wurde: Berüchtigte Verfehlungen wie Mord, Ehebruch und Irrlehre wurden öffentlich eingestanden und nach erfolgter Buße ebenso öffentlich losgesprochen. Die andere Tradition war diejenige geistiger Führung und des Gebets um Vergebung und Versöhnung. Sie entwickelte sich aus der Praxis, Einsiedler und Mönche aufzusuchen, die für ihre Heiligkeit bekannt waren. Im sechsten Jahrhundert begegnen wir in den Klöstern Irlands und Schottlands erstmals der Einzelbeichte in festgelegten Formen. Heute steht die Kirche offenbar vor einer Rückkehr zum doppelten Zugang zum Bußsakrament. Gleichzeitig mit der Aufwertung des gemeinschaftlichen Charakters der Buße könnte dadurch die Einzelbeichte als vollgültiges Versöhnungsgeschehen neu belebt werden. Nichts braucht der Mensch heute so dringend wie Umkehr und Versöhnung. Verschiedene Formen der Einzelbeichte und auch der gemeinschaftlichen Bußfeier könnten zu machtvollen Mitteln der Vereinigung mit Gott werden.

Um Heilung betet man heute fast ausschließlich außerhalb des Bußsakraments. Das scheint weder der Bibel noch der Tradition zu entsprechen. Jesus verband Heilung mit Vergebung der Sünden. Die Kirche entwickelte daraus eine *Theologie der Versöhnung.* Das Bußsakrament wurde dabei zum normalen Weg Innerer Heilung. Die Vorstellung von Erlösung ist mit „Heil" (salus) verbunden, das heißt mit *Gesundheit und Ganzheit.* Das Erlösungswerk Gottes durch die Umkehr des Menschen sollte Heilung als Weg zu Gesundheit und Ganzheit einschließen.

Es wäre wünschenswert, daß Priester in jeder Gebetsgemeinschaft den Heilungsdienst als wertvollen und vollgültigen Dienst am Leib Christi entwickeln. Die Priester sollten auch für jene Beichtenden um Heilung beten, die nicht in der Charismatischen Erneuerung engagiert sind. Man mag meinen, der hier vorgeschlagene Zugang zur Beichte wäre zu neu und zu verwirrend für den Beichtenden. Mitglieder Charismatischer Gebetsgemeinschaften aber hungern nach dieser Form der Versöhnung. Ganz allgemein passen sich die Gläubigen ihr leicht und natürlich an. Der folgende Brief einer Schwester zeigt, wie Heilungsgebet innerhalb des Sakraments ein Menschenleben verändert: „Um das, was wir in Jesus Christus schon sind, zu aktualisieren, bedürfen viele Lebensbereiche ständiger Heilung: Vorurteile, Gewissensbisse, Selbsthaß, Hemmungen, Angst und Furcht, Neid, Rachsucht, Selbstgefälligkeit, verletzte Gefühle, Kränkungen, Vernachlässigungen usw. und weiter alle körperlichen Gebrechen, die uns hindern, so frei, offen, großzügig und andauernd die Nächsten zu lieben wie Gott das möchte! Ich glaube wirklich nicht, daß wir uns immer weiter Beschränkungen auferlegen sollen. Wir sind bestimmt, *frei* zu sein, frei im Geist Jesu Christi! Frei, alles zu tun und alles zu sein, wozu uns der Vater berufen hat. Nur dadurch, daß wir Heilung wirklich wollen, daß wir Heilung erwarten, daß wir uns aufrichtig abkehren vom Gesetz der Sünde, daß wir uns der andauernden Heilung und immer tiefergehenden Vereinigung mit Christus bewußt sind, werden wir jene neue Schöpfung recht verstehen lernen, die Jesus für uns und in uns vollbracht hat. Jetzt schafft er uns neu im Ebenbild des Vaters! Amen!"

Die gängige Beichtpraxis neigt dazu, Probleme sozialer Gerechtigkeit und des Friedens auszuschließen. Das Anliegen unseres Büchleins ist Versöhnung. Wird der Mensch eins mit sich und versöhnt mit Gott, so ist er auch in der Lage, Werkzeug Gottes zur Versöhnung der Welt zu sein.

Versöhnung im Bußsakrament ist der notwendige Anfang eines andauernden Prozesses der Versöhnung in Familie, Ordensgemeinschaft, politischer Gemeinde und Welt. Beginnen kann ich mit Versöhnung immer nur bei mir. Lebe ich nicht im Frieden mit mir und mit Gott, so kann ich den Frieden auch nicht weitergeben. Frieden in Gerechtigkeit ist so entscheidend wichtig. Zu lange ist das von allzu bequemen Christen übersehen worden. Wir sollten sie nicht verurteilen wegen ihres Versagens, sondern ihnen die Versöhnung Christi bringen, so daß sie verantwortlich Schwarzen und Weißen, Managern und Gastarbeitern den Frieden Gottes weitergeben. Vielleicht klingt das für einige zu idealistisch. Vielleicht ist es das auch; es ist sicher nicht idealistischer als das Evangelium, das nicht aus dem Fleisch lebt, sondern aus dem Geist Gottes: „Das alles verdanken wir Gott, der uns durch Christus mit sich versöhnt und uns den Dienst der Versöhnung verliehen hat“ (2 Kor 5,18). — „Herr, lasse mich ein Werkzeug Deines Friedens sein“ (Franz von Assisi).

Anmerkungen

[1] „Die Kirche ist ja in Christus gleichsam das Sakrament, das heißt Zeichen und Wirkung für die innigste Vereinigung mit Gott wie für die Einheit der ganzen Menschheit." Zweites Vatikanisches Konzil, *Dogmatische Konstitution über die Kirche „Lumen Gentium"*, Nr. 1.

[2] Konst. über die Heilige Liturgie, Abschnitt 72.

[3] Kommentar der Amerikanischen Bischofskonferenz zum Firmritus, Washington 1972, S. 2.

[4] Das Gebet findet sich in der amerikanischen Ausgabe des neuen Firmritus.

[5] So der englische Text.

[6] Die Feier der Krankensakramente in den katholischen Bistümern des deutschen Sprachgebietes, 53, 164.

[7] A. a. O. 56, 57, 166.

[8] Vgl. F. McNutt, Die Kraft zu heilen. Graz 1976.

[9] K. Rahner, Exerzitien für Priester (private Mitschrift des Autors).

[10] Mt 4,23; Mt 9,35; Mk 6,56, Apg 10,30.

[11] M. Kelsey, Healing and Christianity. New York 1973.

[12] A. a. O. 345, 359.

[13] Griechisch „akátharos" (unrein) und „poneros" (böse).

[14] A. a. O., 299.

[15] Vgl. Kap. 3, 9, 14, 16, 20, 28.

[16] P. Tournier, Geborgenheit — Sehnsucht des Menschen. Freiburg 1971.

[17] Von Trina Paulus (1972).

[18] Keith Miller, *So fingen wir als Christen an*, Wuppertal 1977, bietet eine gute Anwendung dieser Freudschen Begriffe auf die christliche Wirklichkeit.

[19] Thomas A. Harris, *Ich bin o.k. — Du bist o. k.*, Hamburg 1975, erweist sich als sehr hilfreich für den Beratungsdienst und den Inneren Heilungsdienst.

[20] H. Nouwen, The wounded Healer. Ministry in contemporary society. New York 1974.

[21] M. Kelsey, a. a. O., 212.

[22] M. Mayeroff, On Caring. New York 1972, zeigt, wie die Bestätigung des Guten im anderen zum eigenen Wachstum beiträgt.

[23] Die Arbeiten von Carl Rogers sind besonders hilfreich, die Wichtigkeit des Feedback im Rahmen nichtdirektiver Beratungen zu erkennen. Die brauchbarste Quelle für unser Thema ist *Entwicklung der Persönlichkeit. Psychotherapie aus der Sicht eines Therapeuten,* Stuttgart 1973.

[24] Merlin Carothers hat zwei ausgezeichnete Bücher über den Stellenwert des Gotteslobs im Leben eines Christen geschrieben: *Ich suchte stets das Abenteuer,* Schorndorf 1972, und *Leben in neuen Dimensionen,* Schorndorf 1974.

[25] *Das* Werk über Besessenheit ist heute: John J. Nicola, *Diabolical Possession and Exorcism.* Rockfield, Illinois, 1974. Ein Kurzartikel über Besessenheit und ihre Beziehung zu Einflüssen des Bösen und Krankheit findet sich in Karl Rahner und Herbert Vorgrimmler, *Kleines Theologisches Wörterbuch,* Freiburg 1976, S. 56.

[26] Osservatore Romano vom 24. November 1972, lf.

[27] Das Rituale Romanum stellt fest, ein Priester, der vom Ortsbischof ausdrücklich und ausschließlich zum formalen Exorzismus autorisiert worden ist, sollte reif an Jahren sein und nicht nur seiner Amtsführung, sondern auch seiner moralischen Qualitäten wegen geschätzt werden.

[28] Paul Tillich, *Das neue Sein,* Stuttgart 1957, S. 45.

[29] Paul Tournier berichtet die folgende Erfahrung über die Kraft des Glaubens in der Psychoanalyse: ,,Während ich still bete, erzählt sie von schrecklichen Gefühlserschütterungen aus ihrer Kindheit, die während ihres ganzen Lebens auf ihr gelastet haben. Ich kann sie selbstverständlich hier nicht vorbringen, aber was ich zeigen will, ist, daß sie zu jenen verdrängten Erinnerungen gehören, die das psychoanalytische Verfahren manchmal, aber nie so rasch, ans helle Licht zu bringen vermag. Als ich Florence für das mir mit solcher Offenheit geschenkte Vertrauen danke, antwortete sie mir einfach, es sei ihr nur darum möglich gewesen, weil sie sich mit mir vor Gottes Angesicht gestellt hatte.“ Paul Tournier, *Krankheit und Lebensprobleme,* Basel 1945, S. 239.

[30] M. Delespesse, The Church. Community Leaven and Life-Style. Ottawa 1969, S. 4.

[31] Vgl. M. Delespesse, a. a. O., 26.

[32] St. Clark, Building Christian Communities. Indiana 1972, 10f.

[33] B. Poschmann, Buße und letzte Ölung. Hb. d. Dogmengeschichte IV, 3. Freiburg 1951, 120.

[34] Origenes, Homilia I in Psalmos 371, Pg. 12, Col. 1369.

[35] Thomas v. Aquin, IV. Sent., d, 17 q, 3 a. 2 sol 1 u. 2.

[36] Vgl. B. Poschmann, S. 160.

[37] Felix Funke, *Die Veröffentlichungen aus den letzten zehn Jahren über die Beichte,* Concilium 7 (1971), S. 63—68.

[38] John McQuarrie, *Principles of Christian Theology,* New York 1966, 428f.

[39] Zur Handauflegung im Bußsakrament siehe Karl Rahner und Herbert Vorgrimmler, *Kleines Theologisches Wörterbuch,* Freiburg [10]1976, S. 174.

[40] *Die Feier der Buße nach dem neuen Rituale Romanum,* Studienausgabe 1974, S. 32.